미래를 위한 역사의식

한영우 역사 에세이

지식산업사

미래를 위한 역사의식

한 영 우

초판 제1쇄 인쇄   1997. 11. 1
초판 제1쇄 발행   1997. 11. 5

펴낸곳   (주)지식산업사
펴낸이   김 경 희
등록번호 1-363   등록날짜 1969. 5. 8
서울특별시 종로구 통의동 35 - 18
전화 (734) 1978·1958 (735) 1216
팩스 (720) 7900   모뎀 (725) 6612
천리안·하이텔 ID jisikco

책 값 8,000원

ISBN 89-423-3030-9 03910
ⓒ 한영우, 1997

* 이 책을 읽고 저자에게 문의하고자 하는 이는
지식산업사 편집부로 연락바랍니다.

책을 내면서

▼

　우리 역사를 공부하면서 항상 마음 속에 느끼는 감정은 바로 '희망'과 '자신감'이다. 그래서 그런지 몰라도 나는 내 나이에 비해서는 젊게 살고 있다. 젊게 보이는 이유를 누가 물어올 때에는 서슴없이 우리 역사 때문이라고 말한다.

　나는 기업인들이나 그 밖의 주요 정부기관의 간부들을 상대로 하는 역사강의도 비교적 많이 하는 편인데, 청중의 반응이 예상 외로 뜨겁다. 그것은 우리 학계의 새로운 역사해석과 새로 발굴된 자료에 대하여 깊은 감동을 얻기 때문일 것이다.

　우리 역사가 우리 국민들의 사랑을 받을 수 있다는 것을 느낄 때마다 나는 착잡한 감정에 사로잡힌다. 한편으로는 희망과 자부심도 가지면서 다른 한편으로는 왜 이토록 우리는 우리 역사를 잃어버리고 살고 있는지 안타까운 심정이다.

　나의 안타까운 심정은 때로는 국가의 교육문화정책을 책임지고 있는 당국에 대한 섭섭함과 노여움으로 이어지기도 한다. 이른바 세계화시대가 열리는 이 마당에, 무엇보다 지도층이 챙겨야 할 것은 국민

들의 건전한 역사의식과 자신감 그리고 주체성이 아
닌가.

　세계화는 우리가 일류국가로 도약할 수 있는 '기회'
이기도 하지만 동시에 국가와 민족이 송두리째 분해
될 수도 있는 '위기'를 내포하고 있다. 현재의 상황은
세계화가 위기를 증폭시키는 쪽으로 나아가고 있다.
그 이유는 주체성 배양을 위한 교육문화정책을 지나
치게 소홀히 하였기 때문이다.

　다가오는 21세기는 20세기와는 다른 모습의 문명이
형성될 것이다. 지난 20세기는 서양문명이 전지구를
압도한 시기였다. 그러나 미래의 세기는 동양문명, 특
히 그동안 숨겨져 온 우리의 문명이 당당하게 세계
속에서 자리잡고 서양문명과 만나 새로운 제3의 문
명이 창조되는 시대가 될 것이다. 또 그렇게 되어야
만 세계평화와 우리의 생존이 더욱 안전하게 보장될
수 있을 것이다. 그것은 우리의 정신문명이 물질 중
심의 서양문명의 한계를 극복할 수 있는 상당한 대안
을 가지고 있다고 믿는 까닭이다.

　나는 평소 이러한 문제의식에서 기회가 있을 때마

다 신문이나 잡지 등 대중매체와 여러 학술모임을
통해서 단편적인 글을 써왔다. 그 글의 주제는 모두
가 바깥의 주문에 의해서 정해진 것이지만, 그것은
바로 국민들이 알고 싶어하는 현안의 주제라고 믿고
있다. 그래서 그 주문에 대해서 내 나름의 답을 보낸
것이다.

이 책에 담긴 글들은 1990년대에 들어와 쓴 비교적
최근 것들이다. 원래 체계적인 저술을 염두에 두고
쓴 것이 아니기 때문에 내용이 중복되는 점도 있고,
글의 무게나 양이 고르지 못한 점도 없지 않다. 그러
나 이를 그대로 모으기로 한 것은 나의 지나온 발자
취를 사실대로 남기려는 뜻도 있다. 이 점 독자의 양
해를 구하는 바이다.

끝으로 이 책을 아담하게 꾸며준 나의 친구 지식산
업사 김경희 사장을 비롯하여 변선웅 편집국장의 후
의와 노고에 깊은 감사의 뜻을 전하고자 한다.

1997년 10월
관악산 서실에서 저자 씀

차 례

제3부 한국사를 경영한 위인들

제4부 오늘의 한국학

제1부

한국, 한국인이란 무엇인가

檀君의 역사적 위상과 민족화해

　단군(檀君)은 우리 역사의 시작과 더불어 나타나서 수천 년이 지난 오늘에 이르기까지 한국인의 가슴 속에 깊이 새겨져왔다. 그런 만큼 이를 지워버리고 싶다고 해서 쉽사리 지울 수 있는 존재가 아니다.

　그러나 우리 조상들은 단군을 어떤 존재로 인식해왔는가, 지금 우리는 어떤 모습으로 단군을 보아야 하는가는 결코 간단한 일도 쉬운 일도 아니다.

　역사적으로 보면 단군은 시대에 따라 그 모습이 다르게 묘사되어 왔다. 그것은 인간 지혜의 발달에 따른 자연스러운 현상이라고 할 수 있다. 옛날 사람들은 그 시대의 가치관과 과학의 수준에서 단군을 보았듯이 오늘의 우리는 오늘의 과학과 가치관 위에서 단군을 바라보는 것이 온당하다. 단군을 멀리하려는 허무주의도 옳지 않으며, 지나친 당위성과 정치적 목적을 위해 단군을 과대포장하는 것도 바람직하지 않다.

■ 고대·고려시대의 단군

단군은 처음부터 민족시조(民族始祖)로 존재했던 것은 아니었다. 우리 조상들은 처음에 수많은 열국(列國)이 차츰 통합되면서 4국(고구려·백제·신라·가야)이 되고, 4국이 다시 합쳐져서 3국(고구려·백제·신라)이 되었으며, 삼국은 뒤에 2국(신라·발해)으로 통합되었다.

우리가 하나의 국가로 통일된 것은 고려 이후부터이다. 그러나 고려시대에도 하나의 통합된 민족이라는 의식은 아직 뚜렷하지 않아 고구려 계승의식과 신라 계승의식이 끊임없이 갈등하고 있었다. 물론 언어와 풍습 등에서 서로 공통점이 많아 어느 정도의 문화 동질의식은 있었지만, 전체 주민이 하나의 시조를 떠받드는 혈연공동체라는 생각은 확립되어 있지 않았다.

고구려·백제·신라는 각각 자신의 시조신을 따로 가지고 있었다. 그 가운데서 단군을 시조신의 하나로 숭배한 나라는 고구려뿐인 것 같다. 《구당서(舊唐書)》, 《후한서(後漢書)》, 《북사(北史)》, 《양서(梁書)》 등 중국측 기록에 의하면, 고구려는 10월의 동맹제천(東盟祭天)에서 별[靈星神], 태양[日神], 가한(可汗), 수신(襚神), 하백녀(河伯女), 주몽(朱蒙), 기자(箕子) 등을 제사했다고 하는데, 이 가운데서 단군에 해당하는 것이 가한(可汗)이 아닌가 추측된다.

《삼국사기(三國史記)》 〈고구려본기(高句麗本紀)〉 동천왕(東川王) 21년 기사에도 "평양은 본시 선인왕검(仙人王儉)이 살던 곳이다"라고 쓰여 있는데, 여기에서 선인왕검은 단군을 가리킨다고 보이므로 고구려가 단군을 알고 있었음을 확인할 수 있다.

통일신라에서 단군신앙이 중앙에 있었다는 기록은 없다. 단군신앙이 확실하게 나타나는 것은 고려시대 이후부터이다. 고려는 처음에 고구려의 계승국가임을 자처했던 만큼 고구려가 숭앙하던 단군을 주목하고, 고려 초에 쓴 《구삼국사(舊三國史)》 속에 〈단군본기〉를 넣었다. 말하자면 우리 역사의 뿌리를 단군에서 찾아 삼국의 역사를 고쳐 쓴 것이다.

한편, 고려 초기(목종)에 황해도 구월산에는 삼성사(三聖祠)라는 사당이 있어 환인·환웅·단군을 세 성인으로 모시고 가뭄이 들거나 질병이 돌면 이곳에서 치성을 드리는 풍습이 민간에 있었다 한다. 아마도 고구려 때부터 전해오던 단군신앙이 황해도 지방의 풍습으로 맥을 이어오고 있었음을 알 수 있다.

고려 초기에 국가적으로 주목을 받고, 민간풍습으로 숭앙되던 단군은 고려 중기의 묘청(妙淸)에 의해서도 관심을 끌었다. 묘청은 서경천도(西京遷都)를 주장하면서 팔성당(八聖堂)의 건설을 임금(인종)에게 요청한 일이 있는데, 팔성 가운데 '호국백두악태백선인(護國白頭岳太白仙人)'과 '구려평양선인(駒麗平壤仙人)'이 보인다. 여기서 태백선인과 평양선인은 환웅과 단군을 가리키는 것이 아닌가 추측된다. 그렇다면 단군은 이 시기까지도 여러 지방의 지방신 가운데 하나일 뿐 아직은 전 민족의 시조라는 차원으로 인식된 것은 아님을 알 수 있다.

단군의 위상이 한 단계 높아진 것은 고려 말 몽고 간섭시기였다. 이 시기의 지식인들은 몽고에 의해서 손상된 국가 위신을 회복하려는 지적 활동의 일환으로 우리 역사와 문화의 원류를 탐구하게 되었고, 그 결과 단군의 존재에 크게 주목하게 되었다. 일연(一然)의 《삼국유사(三國遺事)》(1281년)와 이승휴(李承休)의 《제왕운기(帝王韻紀)》(1287년)는 그 대표적 저술로서, 일연은 승려 사이에 전승된 단군신화를 정리하였고, 이승휴는 유가(儒家) 사이에 전승된 단군신화를 정리하였다. 이 두 책은 우리 민족 전체의 시조로서 단군을 보려는 이승휴의 시각과 부여·고구려의 조상으로 보려는 일연의 시각에 차이가 나타나고 있지만, 환인(桓因)이라는 천신(天神 ; 일연은 帝釋, 이승휴는 上帝)이 아들 환웅(桓雄)을 태백산으로 내려보내 홍익인간(弘益人間)의 이념을 가지고 다스리게 하였으며, 그 아들 단군이 조선을 건국하였다는 사실을 공통적으로 소개하고 있다.

두 사람이 정리한 단군신화는 《위서(魏書)》《고기(古記)》《단군본기(檀君本紀)》 등의 자료에 의거한 것으로 마음대로 창작한 것이 아니다. 또한 《삼국유사》에서 홍익인간의 구체적 내용으로 삼성이 인간의 360여 가지 일을 주재하였고, 특히 주곡(主穀), 주명(主命), 주병(主病), 주형(主刑), 주선악(主善惡)의 다섯 가지 일을 대표로 꼽은 것은 황해도 구월산 삼성사의 풍습과도 일치하는 것이며, 오늘날까지도 곡식·목숨·질병·형벌·선악과 관련하여 삼성(삼신)을 숭배하는 풍습은 면면히 이어져오고 있다.

■ 조선 전기의 단군

조선왕조가 건국되면서 단군은 새롭게 해석되었다. 단군신화에서 합리적이라고 생각되는 부분은 역사적 사실로서 받아들이고, 황당무계하다고 생각되는 부분은 삭제 배격하였다.

우선 단군이 요(堯)임금과 비슷한 시기에 평양에 도읍을 두고 조선을 건국했다는 것을 사실(史實)로 받아들여, 모든 역사 서술에서 단군조선을 최초의 국가로 싣고는 있으나, 단군의 수명이 1,048년이라는 것은 믿지 않고, 그 숫자는 단군조선 전체의 역년(歷年)으로 보아야 한다고 새롭게 해석했다. 그 밖에 곰이 여자로 변했다든가 환인이나 환웅에 관한 이야기는 모두 삭제하였다.

단군을 조선의 개국시조로 인정한 조선왕조는 평양에 단군사당을 짓고 정식으로 국가에서 제사를 지냈다. 중국 사신이 평양을 거쳐 서울에 올 때 단군사당에 참배하도록 조처하기도 했다. 한편 문화유씨(文化柳氏) 출신의 정승 유관(柳寬)의 건의를 받아들여 황해도 구월산의 삼성사에 대해서도 국가에서 제사를 지내는 조처가 내려졌고, 단군의 제천소(祭天所)로 알려진 강화도 마니산 참성단(塹聖

壇)에 대한 초제(醮祭)도 시행되었다.

'조선'이라는 국호에도 단군조선과 기자조선의 영광을 계승한다는 정신이 깃들어 있었다. 단군조선은 중국과 동등한 역사를 가졌다는 자부심을, 기자조선은 우리가 문명국가로 발전했다는 자부심을 각각 심어주는 것으로 믿었다.

서울을 한양으로 옮긴 것도 한양의 지리적 조건이 일차적으로 작용한 것이지만, 한양이 세계로 웅비하는 명당이라는 설이 단군시대의 신지(神誌)가 쓴 〈비사(秘詞)〉에서부터 비롯되었다는 믿음이 바탕에 깔려 있었다.

조선왕조는 이렇듯 건국이념의 일각에 국조 단군에 대한 숭앙이 깃들어 있었고, 이것이 토대가 되어 고려왕조보다 한층 높은 사회통합을 달성할 수 있었다. 적어도 조선왕조시대에는 고구려 부흥이니 신라 부흥이니 하는 삼국유민(三國遺民) 의식은 더 이상 나타나지 않았고, 지역간의 경제적 편차나 인재 등용의 차별도 크게 완화되었다. 조선 초기의 대표적 역사서인 《동국통감(東國通鑑)》에서 삼국은 균적(均敵)하므로 어느 한 나라를 위주로 하여 쓰지 않겠다고 선언한 것은, 삼국보다 앞서 있었던 고조선에서 역사의 뿌리를 찾았기 때문이었다.

▣ 조선 후기의 단군

조선 전기의 단군이 국조로서의 위상을 국가적으로 인정받고, 민간풍습으로 내려오던 삼성(三聖)신앙이 국가로부터 공인받는 변화가 있었다면, 조선 후기의 단군은 민족시조로서의 위상을 찾아가는 시기였다고 할 수 있다.

왜란과 호란의 거듭된 국난을 만나면서 고양된 애국심은 우리 역사와 문화의 뿌리에 대한 탐구열을 한껏 부추겼다. 조선 후기에는 홍수가 터지듯 수많은 역사서가 개인 혹은 국가사업으로 편찬되었는데, 그 사서들의 대부분은 고대사를 새롭게 써보려는 목적을 가지고 쓰여진 것들이었다.

조선 후기 사서들이 해명하고자 했던 고대사의 문제들은 헤아릴 수 없이 많았는데, 단군에 관한 연구도 중요한 자리를 차지하고 있었다. 조선 후기 학자들의 단군 연구 개요를 소개하면 다음과 같다.

첫째, 단군의 혈통이 어떻게 이어졌느냐의 문제이다. 이 점에 관해 고려 말 일연과 이승휴의 견해가 다르다는 것은 앞에서 설명한 바 있는데, 조선시대의 학자들은 대체로 두 사람의 설을 절충하여 부여·고구려·비류·옥저·동예 등 북방국가만을 단군족으로 간주하고, 한강 이남의 한족(韓族)은 단군족과 다른 족으로 보고 있다. 따라서 단군이 우리 민족 전체의 시조라는 인식을 갖지는 않았지만, 우리 민족의 주류가 단군족이라는 인식이 널리 확산되었다. 특히 17세기 초의 학자 허목(許穆 ; 1595~1682)과 18세기의 학자 이종휘(李種徽 ; 1731~1797)가 단군족의 위상을 특히 강조하여 뒷날 대종교(大倧敎) 성립에 큰 영향을 주었다.

둘째, 단군의 업적으로서 백성들에게 편발(編髮)과 개수(蓋首)를 가르쳐주고, 음식·의복·거처와 남녀·군신(君臣)의 제도를 세웠으며, 아들 부루(夫婁)를 중국에 보내 하(夏)의 우(禹)임금을 만나게 했다는 등, 말하자면 우리나라의 문명이 기자에 앞서 단군 때부터 시작되었다는 인식이 보편화되었다. 그래서 단군을 '최초의 성인'이라고 호칭하게 된 것이다.

셋째, 단군이 세운 나라 이름은 '조선'이라고 보는 것이 일반적이었지만, 18세기 중엽의 이익(李瀷 ; 1681~1764) 같은 이는 나라 이름이 '단(檀)'이라고 새롭게 해석하였으며, 19세기 중엽의 홍경모(洪敬謨 ; 1774~1851)도 이에 동의하였다. 따라서 '단군(檀君)'은 '단국(檀國)의 임금[君]'이라는 일반명사이지 고유명사일 수 없다는 해석을 내렸다. 19세기 초의 정약용(丁若鏞 ; 1762~1836)은 여기서 한걸음 더 나아가 조선이라는 국호는 기자 이후에 생겼을 것으로 추정하고, 단군조선의 실재 자체를 의심하였다. 19세기 이후에도 엄격한 고증적 역사학이 발달하면서 단군에 관한 사적을 점차 부정하는 방향으로 나아갔다.

넷째, 조선의 중심지는 지금의 평양이라고 보는 것이 통설이었으나, 일부 학자들은 요동 혹은 요서 지방에 비정하기도 하여 결론을 내리지 못하였다. 그러나 고조선의 마지막 도읍지가 현재의 평양이라는 데에는 이의가 없었다.

다섯째, 단군의 무덤에 대해서는 16세기 중엽에 편찬된《신증동국여지승람(新增東國輿地勝覽)》강동현조(江東縣條)에 두 개의 큰 무덤을 소개하면서, 그 가운데 하나가 '언전단군묘(諺傳檀君墓)'로서 그 둘레가 410자라고 기록하였다. 이 기록에 근거하여 숙종 때에는 해마다 단군 무덤을 수치(修治)하였으며(《숙종실록》권 31, 숙종 23년 7월 壬午條), 영조 때에도 몇 차례에 걸쳐 기자·박혁거세·고주몽·온조 등 여러 개국시조의 무덤과 함께 단군무덤을 수리하도록 하였다(《영조실록》권 49, 영조 15년 5월 戊辰條). 그 다음 정조 때에는 승지 서형수(徐瀅修)의 건의에 따라 단군묘를 수리하고 비석을 세우고, 무덤을 돌보는 수총호(守塚戶)를 배정하기도 하였다(《정조실록》권 22, 정조 10년 8월 己酉條). 그러나, 단군무덤에 대해서 국가가 제사는 지내지 않았다. 그것은 고로(故老)들이 단군무덤이라고 주장할 뿐, 그 진위를 가릴 근거가 없기 때문이다.《신증동국여지승람》에서도 '언전(諺傳)'이라고 유보적인 태도를 기록해 놓은 것이지 이를 단군무덤이라고 단정한 것은 아니었기 때문에, 조선 후기 학자들도 대부분 단군무덤에 대해서는 회의적이거나, 싣더라도 '언전'이라는 단서를 붙이는 경우가 많았다. 다시 말해 국조 단군의 무덤에 대해서는 파손을 막는 정도의 수호에만 머물렀다. 그러나 정부 및 학자들 사이에 단군무덤에 대해서는 회의적이었다고

하더라도, 평양의 단군사당은 오히려 1729년(영조 5) 숭령전(崇靈
殿)으로 격상시켜 동명왕(東明王)과 함께 국가에서 제사를 지냈다.

■ 일제시대의 단군

왜란과 호란의 충격 속에서 민족의식이 고양되면서 단군의 위상이
높아졌으나 18세기 후반 이후로 냉정을 되찾아가고 실증적 역사연
구가 발달하면서 단군이나 단군조선에 대한 평가는 점차 냉각되어
갔다.

단군에 대한 관심이 퇴조하는 것과 비례하여 한강 이남의 삼한
(三韓)에 대한 재평가가 적극적으로 이루어지고, 한강 이북의 조선
에 못지않은 문명사회라는 인식이 널리 확산되었다.

삼한을 높이는 역사의식은 개화기에도 그대로 이어져서 1897년
에 '대한제국(大韓帝國)'으로 국호가 바뀌는 변동이 일어났다. 임시
정부로 출발한 대한민국도 '대한(大韓)'이라는 칭호를 그대로 계승
한 것이다.

그러나 1905년 을사조약 이후로 국운이 쇠약해져가면서 민족주
의운동이 거세게 일어나고, 이와 병행하여 단군에 대한 관심이 다시
고조되었다. 우리나라 민족주의는 단군민족주의라고도 할 수 있을
만큼 단군을 중심에 두고 전개되었다.

특히 1909년에 중광(重光)된 단군교(檀君教 ; 뒤의 大倧教)는 민
간으로 전승되던 단군신앙(三神신앙)을 근대종교로 발전시키면서,
그 교리체계 속에 단군상(檀君像)을 극대화시켜놓았다. 그리하여 중
화족(中華族)을 제외한 몽고·여진·거란 등 동북아 모든 민족을 단
군족(배달족)으로 간주하고, 이를 하나의 문화권으로 묶어서 웅대한
민족사로 재구성하였다.

일본의 천황주의에 맞대응한 단군주의는 1910년대의 항일운동에
큰 영향을 주었고, 실제로 만주에서의 독립운동과 식민사업의 정신

적 지주가 되었다.

그러나 1920년대 이후로 일본은 대종교의 민족주의를 역으로 이용하였다. 일본은 처음에는 단군주의를 못마땅하게 생각하고 탄압하였지만, 차츰 그 논리가 일본의 대동아공영(大東亞共榮) 정책이나 일선동조론(日鮮同祖論), 그리고 신사참배정책과 모순되지 않음을 발견하였다. 단군주의에 입각하여 평생 단군을 연구하고, 마침내 우리나라를 세계 3대 문화권의 하나인 불함문화권(不咸文化圈)으로 이론화시킨 최남선(崔南善)이 뒷날 일본의 신사정책(神社政策)을 찬성하도록 한 이유가 여기에 있었다. 단군과 단군문화를 일본까지 포함하는 대동아의 보편적 신격(神格)으로 국제화시킨 것은 일본의 신도(神道)까지도 단군문화의 일부로 받아들이는 결과를 가져 왔다.

우리의 극단적 국수주의가 일본의 극단적 국수주의와 손을 잡게 된 것이다. 그러나 일제시대에 대종교의 영향을 받으면서도 이를 과학적으로 승화시켜 개방적 민족주의를 지켜간 인사들도 적지 않다. 이 흐름이 해방 후 우리 나라 국학(國學)의 토대가 된 것을 잊어서는 안 된다.

■ 오늘의 단군

해방 후 단군은 우리 곁에서 멀리 떠났다. 1910년부터 대종교도들이 시작한 개천절 행사가 지금까지 시행되고 있고, 마니산 참성단에서의 점화 행사가 전국체전에 활용되고 있지만 단군이 국민정서에 미치는 영향은 미미하다. 단군을 어떻게 역사에 쓸 것인가도 논란이 많고, 단군사당 건립을 둘러싼 논란도 합의를 이루지 못했다.

북한에서의 단군은 남쪽보다도 더 소외되어 왔다. 조선시대까지 평양에 있었던 숭령전이나 황해도 구월산의 삼성사가 지금 어찌 되었는지 알 수 없다. 북한은 1960년대까지만 해도 강동현(江東縣)의 단군무덤을 황당무계한 전설로 일소에 붙여왔고 단군조선도 인정하지 않았으며, 고조선의 중심지를 평양이 아닌 요동지방으로 비정해왔다.

그러다가 1970년대에 이르러 주체사상이 등장하고 평양을 남북 유일의 수도로 정하면서 역사해석을 크게 바꿔가기 시작하였다. 평양 중심, 북한 중심의 역사체계 속에서 단군이 등장하리라는 것은 어느 정도 예상되었던 일이다. 그러나, 1993년에 이루어진 단군릉 복원은 예상을 훨씬 앞지르는 충격적 사건이 아닐 수 없다. 단군을 국조(國祖)로서 존숭하는 일과 단군릉을 복원하는 것은 전혀 별개의 문제이다.

북한의 단군릉 복원은 한 마디로 잘못된 것이다. 이른바 단군릉은 1936년에 강동군(江東郡) 유지들이 돈을 모아 석상(石箱)과 정자각(丁字閣), 그리고 단군의 기적비(紀蹟碑)를 세워놓았는데, 옛날부터 단군릉으로 주장해오던 이 지방 인사들이 일제시대에 단군릉 수호에 나선 것은 이해할 만하다.

그러나 이번에 북한에서 발굴 복원한 단군릉은 결과적으로 고구려 무덤임이 확인되었다. 무덤양식(石室封土墳)이 우선 그러하고, 무덤 안에서 발굴된 금동 유물도 5,011년 전에는 있을 수 없는 것이다. 북한에서는 이 무덤이 고구려 양식이지만, 그것은 고구려 때 개축했기 때문이라고 한다. 하지만 고구려 때 단군릉을 개축했다고 하는 것은 아무런 근거가 없는 억측에 불과하다.

이 무덤이 단군릉이라는 것을 결정적으로 증명해주는 자료로서, 이곳에서 발견된 인골(人骨)이 전자상자공명연대측정법에 의해 5,011년(+267) 전으로 판명되었다는 것을 내세우고 있다. 그러나, 이 측정법은 10만 년 단위가 넘어가는 연대를 측정하는 데 사용되는 방법이지, 수천 년 전의 연대를 측정하는 방법으로는 적합하지 않다는 것이 권위있는 고고학자들의 견해이다.

백보를 양보하여 단군이 기원전 5천 년경에 나라를 세웠다 하더라도, 3천 년간의 고조선 역사를 어떻게 설명할지 의문이다. 북한은 단군릉 복원을 계기로 대종교 계통의 특유의 역사책을 자주 인용하고 있는 것이 눈에 띈다. 《규원사화(揆園史話)》, 《단기고사(檀奇古史)》 등 대종교에서 애용한 역사책에는 47대의 왕 이름과 그들의 업적이 상세히 기록되어 있는데, 앞으로 이러한 자료들을 이용할 가능성이 있다. 현재 북한에서는 단군시대의 고유문자인 신지(神誌) 글자를 인정하고 있는데, 이 역시 대종교 계통의 역사서에서 이미 주장되어 오던 것이다. 이제 북한은 대종교로 가고 있다.

북한은 처음에 마르크스-레닌주의 사관에서 출발하여 1970년 이후로 주체사관으로 바뀌었으며, 1990년대에 들어서면서 조선민족제일주의로 또 한번 탈바꿈하였다. 그때마다 역사 해석이 달라진 것은 말할 필요도 없다. 그런데 이번 단군릉 복원을 계기로 조선민족제일주의의 역사해석이 결국 1910년대에 풍미했던 대종교의 극단적 단군민족주의로 돌아가고 있다는 것이 드러났다.

마르크스-레닌주의도 종교적 신념에 가까운 역사학이지만, 주체사관과 조선민족제일주의로 가면서 북한 역사학의 종교성은 더 한층 극한으로 치닫고 있는 것이다.

■ 앞으로의 과제

민족통일은 남북 주민의 혈연적 경제적 정치적 문화적 동질성의 회복으로 완결된다. 단군문제는 이러한 동질성의 회복과 긴밀하게 관련되어 있다. 단군문제는 크게 보아 개국시조로서의 단군과, 후세 사람들이 인식한 단군을 구별할 필요가 있다. 전자는 고고학과 역사학에서 다룰 문제이고, 후자는 국민 모두가 관심을 두어야 할 사상사의 문제이다.

개국시조로서의 단군은 역사학의 영원한 숙제이다. 그리고 그것은 과학적 방법으로 해명할 문제이지 종교나 신념으로 해결할 문제가 아니다. 극단적으로 말한다면, 역사학과 고고학이 단군의 역사적 실체를 밝혀내지 않더라도, 그것은 민족통일이나 민족화해에 조금도 지장을 주는 것이 아니다. 비유해서 말한다면, 어느 씨족이 자기 씨족의 먼 조상에 대해 생몰연대나 자세한 행적을 모르더라도 씨족의 자존심과 유대를 높이는 데 지장을 주지 않는다. 다만 그 조상이 자기 씨족의 뿌리라는 것을 오래도록 잊지 않고 존경하면서 살아왔느냐 그렇지 않느냐는 씨족의 자존심과 단결을 가져오는 데 큰 영향을 준다.

단군 문제도 단군의 실체가 중요한 것이 아니라, 우리 조상들이 오래도록 단군을 존숭하고, 단군의 건국이념으로 홍익인간과 재세이화(在世理化)를 믿고 살아왔다는 것이 중요하다. 단군을 시조로 하는 단일민족이라는 생각은 몽고 간섭시기와 일제시기에만 있었다. 민족이 와해될 위기의 시기를 맞이하여 혈연공동체의식이 필요한 까닭이었다. 그러나, 그 밖의 시기에는 단군을 과학적으로 바라보고자 하는 시각이 우세했고, 단일민족의식이 강조되지도 않았다.

지금 민족통일과 민족화해를 추구하는 오늘의 위치에서 단일민족의식은 필요하다. 그러나, 지나치게 경직된 단일민족의식이나, 종교적 신념에 가까운 단군 해석은 오히려 통일과 화해에 지장을 줄 뿐만 아니라, 국제적 우의 증진에도 좋은 영향을 주지 않는다. 특히 고대사 연구에 종교적 신념이 작용하는 것은 절대 피해야 한다. 극단적 국수주의가 자기 국민이나 국제사회에 해를 끼친 사례는 역사가 증명한다.

지금 우리가 해야 할 것은 단군에 관련된 역사적 유적과 풍습을 원형대로 보존하는 일이다. 평양의 숭령전, 구월산의 삼성사, 강화도의 참성단과 삼랑성(三郎城)은 그 대표적 유적지라 할 수 있다. 또한 홍익인간과 재세이화의 건국이념을 통일지향의 가치관으로 접맥시켜 이데올로기의 갈등을 대승적으로 조정하는 노력도 필요하다.

단군신화에는 인간과 생명을 존경하고 인간은 영생한다는 낙천적 인생관이 들어 있다. 이는 원시농경사회의 소박한 정서를 반영한 것이지만, 그것은 수천 년간 한국인의 고유한 정서로 자리잡아 우리의 문화적 유전인자로 잠복되어 있는 것이다.

우리는 20세기 100년의 격동기를 살아오면서 약육강식의 경쟁원리와 산업화, 물질적 풍요만을 지나치게 추구한 나머지 착하고 점잖고 낙천적이고, 협동적이고, 인간과 생명을 존중하고, 자연에 순응하면서 살아온 원한국인의 인간상을 상실하였다.

우리는 단군을 통해서 잃어버린 원한국인의 모습을 되찾아가야 한다. 그것이 통일의 길이요, 화해의 길이요, 21세기 세계문명의 새로운 출발점이기도 하다.

단군릉을 인위적으로 만드는 것이 중요한 것이 아니라, 우리의 마음속에 단군의 마음을 심는 것이 중요한 일이다.

(통일광복학술회의 발표문, 1995. 10. 2)

철저한 한국인 먼저 되자

우루과이 라운드(UR) 태풍이 불기 시작하면서 국가경쟁력 강화의 필요성이 커지고 그 방법으로서 국제화·세계화의 목소리가 높아지고 있다. 세계인이 되자는 캠페인도 일어나고 있다.

경제의 국경이 없어지는 시대에 경쟁력을 키워야 한다는 것은 당연한 말이다. 그런데 그 방법이 국제화·세계화요, 세계인이 되자는 주장에는 선뜻 동의하기 어렵다. 이제는 국가니 민족이니 우리 것이니 하는 것들을 모두 걷어치우고 외국의 흉내나 내면서 살자는 것으로 잘못 받아들여질 위험성이 크기 때문이다.

세계무역기구(WTO)로 상징되는 세계질서의 새로운 개편이 우리에게 희망과 기회를 키워주는 측면도 있지만 아직 경제·기술분야에서 뒤져 있는 우리에게는 새로운 제국주의 시대가 오는 것이 아닌가 하는 의구심이 더 크다. 특히 초강대국 일본·중국과 함께 동아시아 경제블록에 묶이게 될 가능성이 큰 우리의 경우는 경쟁력 강화를 통한 생존전략이 결코 쉬운 일이 아니다. 이러한 시기에 섣부른 국제화·세계화는 제2의 망국으로 갈 위험성도 적지 않다.

밖으로 나갈수록 집안단속을 잘 하고 철저한 정신무장을 하는 것이 상식이다. 상대를 잘 알고 나를 잘 알아야 백전백승한다는 손자(孫子)의 병법도 있지 아니한가. 원심력이 커질수록 중심을 잡아주는 구심력이 똑같은 비중으로 커져야 한다.

그런데 지금 구심력에 대한 방안은 없이 원심력만 키워놓는다면 결과는 어떻게 되는 것인가. 우리가 우리 스스로를 진단할 때 흔히 빠지는 오류는 구심력의 바탕이 되는 민족문화의 기반이 얼마나 취약한가를 간과하는 일이다. 다시 말해 세계 어느 나라도 우리처럼 전통문화가 심하게 파괴된 나라가 없다. 이는 유물의 파괴만이 아니라 우리 스스로가 전통문화에 별 가치를 두지 않으려는 마음가짐에 더 큰 문제가 있다.

새로운 것을 창조하는 것과 옛 것을 배우고 계승하는 것은 똑같이 중요하다. 이것이 이른바 법고창신(法古創新)이요, 서양식 말로 르네상스다. 우리가 지금 전세계를 무대로 열심히 뛰면서도 새로운 것을 많이 만들어내지 못하는 것은 법고창신의 정신이 부족한 데 원인이 있다. 일본이 앞서가고 있는 것은 일본상품 밑에 일본혼(日本魂)이 깔려 있기 때문이다. 일본처럼 전통문화가 잘 보전되어 있고 그것을 상품으로 활용하고 있는 나라도 드물다. 경제를 떠받치고 있는 문화, 특히 민족문화를 소홀하게 생각하면서 과학과 기술을 장려한다고 갑자기 창의력이 생기는 것이 아니다.

세계인이 되기 전에 먼저 철저한 한국인이 되어야 한다. 세계가 따로 있고 한국이 따로 있는 것이 아니다. 한국 속에서 세계를 찾아야 한다. 세계는 공간적으로만 존재할 뿐이며 그 내용은 여러 민족, 국가의 다양한 특수성의 복합체일 뿐이다. 그 특수성이 공간을 초월하여 공감을 얻을 때 세계적인 것이 된다.

우리의 전통문화는 특수하면서도 세계적 공감을 얻을 것들이 무수히 많다. 우리는 국제경쟁에서 살아남을 것만 생각할 것이 아니라 강대국 중심으로 개편될지도 모를 세계질서를 정의롭게 바로잡을 새로운 가치관의 창조까지도 내다보아야 한다.

사람은 배고플 때는 빵을 그리면서 살지만 생활이 넉넉해지면 이상을 찾아서 산다. 지금은 이상을 세울 때다. 강대국을 좇아가는 것이 반드시 이상은 아니다. 그 이상의 모델은 조그만 나라에서도 찾을 수 있고 가까이 우리 조상으로부터도 배울 수 있다.

우리는 이웃 나라와 평화공존하면서 당당하고 선진적인 문화국가로 살아온 역사전통이 있다. 천만금을 주고도 살 수 없는 문화자산(文化資産)을 물려받고도 이를 활용할 줄 모른다면 그보다 어리석은 일이 어디 있겠는가.

WTO 태풍이 불어닥친다 해서 국제화·세계화를 서두를 일이 아니다. 오히려 신토불이(身土不二)의 정신을 농산물에만 국한시킬 것이 아니라 교육·문화 각 방면에 확산시켜야 한다. 이제야말로 민족문화를 바탕으로 한 경제, 즉 문화경제가 뿌리를 내려야 할 때이다. 그리고 법고창신의 문화부흥을 서두를 때이다.

(《서울신문》, 1994. 1. 16)

獨島를 지키는 길

일제침략을 정당화하는 일본정치인과 관료들의 망언이 잇따라 일어나더니, 드디어 우리의 독도(獨島) 접안공사(接岸工事)를 중지하라는 주권침해적인 요구까지 해오고 있다. 태평양전쟁 패전 후 한동안 자숙하는 모습을 보이던 일본이 경제대국으로 성장한 자신감을 바탕으로 다시금 한국 재침략의 본성을 드러내고 있는 것이다.

지금 우리가 분명히 알아야 할 것은, 일본 지도층의 잇따른 망언이 결코 우발적인 것이 아니라 일본의 정치·경제·문화가 이미 그러한 방향으로 재편성되어 있고, 한국에 대한 발판 구축이 상당한 정도로 이루어져 있다는 사실이다. 따라서 이에 대한 우리의 대응도 장기적이고 근원적이어야 한다. 망언에 대한 사죄나 받아내고 문제가 해결된 듯이 만족하는 우리의 태도에 더 큰 문제가 있다.

일본의 심상치 않은 변화나 WTO 체제의 출범이나 우리의 생존에 심각한 위협을 주는 것이고, 더욱이 북한의 동향마저 예사롭지 않아서 자체붕괴가 나타나든 군사분쟁이 일어나든 우리로서는 엄청난 시련이 될 것이 틀림없다. 이러한 시기에 우리가 해야 할 일은 내부결속을 다지면서 국제감각을 키우는 것이다. 다시 말해 국제적이면서도 도덕적인 민족주의를 하자는 것이다. 그래야만 원심력과 구심력의 균형이 유지되고, 자존심을 가지고 세계인과 협력할 수 있는 토대가 다져질 수 있다.

그런데 요즘 정부에서는 외향적인 세계화만 강조하고 국민의 자존심과 응집력을 키워주는 민족교육과 민족문화정책에는 이렇다 할 적극성을 보이지 않아 안타깝다. 이는 과거 군사정부가 민족주의를 정치적으로 이용한 전철을 따라가자는 뜻이 결코 아니다. 문민시대에 맞는 새로운 형태의 문화민족주의가 필요하다는 뜻이다. 세계화도 우리 것의 세계화가 중핵을 이룬다면 당연히 우리 문화에 대한 적극적인 후원이 있어야 마땅하지 않은가.

더욱이나 지금은 삶의 질을 추구하는 시대이고 국민정서상으로도 전통문화에 대한 애정과 관심이 그 어느 때보다도 높아져 있다. 기업도 미국식이나 일본식을 탈피하여 우리식 경영과 우리 문화의 혼이 담긴 문화상품을 개발하여 경쟁력을 높이려는 노력이 있어야 하며, 또 그러한 자각이 나타나고 있다.

정치계나 관료사회에서도 이와 같은 흐름을 주목하여 구습을 탈피하려는 노력이 있어야 할 것이다. 정치개혁이라는 것도 문화기반의 정리 없이는 뿌리를 내릴 수 없다. 사법적 처리나 사정(司正) 차원의 개혁은 오히려 쉬우나 효과는 일시적이다. 국가를 창업하는 단계에서는 물리적 처방이 유효하고 사회적 합의를 얻기가 쉽지만, 이미 국가건설의 틀이 잡힌 수성(守成)의 단계에서는 문화적 접근이 훨씬 효과적이고 지속적이다. 그래서 세종이나 정조 같은 수성의 영주(英主)들은 높은 문화적 안목을 가지고 왕조의 중흥과 문화의 르네상스를 가져온 것이다.

역사의 흐름이 이와 같이 바뀌고, 고금의 정치원리가 이러하다면 지금이야말로 교육과 문화기반의 정리에 총력을 기울여야 할 때가 아닌가. 그것은 단순한 제도의 개혁이 아니라 실질적인 투자가 뒷받침되어야 한다는 것을 의미한다.

　요즘 공산권이 붕괴하고, 국내적으로도 이념의 시대가 끝나면서 오히려 국민정서에 일종의 허탈감이 조성되고 있는 듯하다. 세상이 편안해질수록 이상(理想)이 흔들리고 있는 것도 같다. 그 허탈한 정서의 공백을 메우고 나타나는 것이 대의(大義)를 저버린 이익 다툼이요, 천박한 대중문화의 범람이요, 소비풍조의 만연이다.

　나라가 건실하려면 나라의 기초가 건실해야 한다. 위로는 인재등용이 적재적소라야 하고, 야(野)에는 천금의 무게를 가진 원로와 석학들이 버티고 있어야 하며, 학문과 교육의 기초가 단단해야 한다. 그리고 일반 시민들이 전통문화와 현대문화를 쉽게 향유할 수 있는 박물관·도서관·공연장이 곳곳에 즐비해야 한다. 더욱이 우리처럼 역사와 전통문화가 비참할 정도로 파괴된 나라에서는 역사교육의 강화와 문화재의 복원·연구·보전 사업에 국력을 쏟는 것이 당연한 정책순서이다.

　우리의 국력으로 보아 마음만 먹으면 못할 일이 아니다. 문제는 우리의 능력에 있는 것이 아니라, 역사와 문화의 중요성을 제대로 인식하지 못하는 역사의식과 문화의식의 빈곤에 있다. 이번 교육개혁에서 역사과목을 선택으로 돌리고, 문민정부 출범 이후 대학의 국사과목을 자율선택으로 돌린 것, 대학 수능고사에서 국사과목이 거의 빠진 것, 각종 국가고시에서 국사를 제외한 것 등 국사 밀어내기 정책만 추구해왔다. 어떻게 국사가 배워도 좋고 안 배워도 좋은 과목인가. 그러고도 미래의 문화대국의 길이 열린다고 보는가! 더 위험한 시기가 오기 전에 예방책을 강구하는 것이 현명하다. 눈을 조금 더 미래에 두고 나라의 기초를 다질 때이다.

(《조선일보》, 1996. 2. 23)

한국 속에도 세계가 있다

컴퓨터산업이 눈부시게 발전하면서 엄청난 정보를 담을 수 있는 조그만 메모리칩이 우리나라에서 개발되어 세계시장을 석권하고 있다고 한다. 참으로 놀랍고 반가운 일이다. 작은 고추가 맵다는 옛말도 있지만, 작고 고귀한 것이 이 세상에는 많다. 보석도 그 가운데 하나일 테지만, 이제부터는 인간의 지능을 담은 새로운 보석이 속속 나타날 전망이다.

국가라는 것도 보석에 비유할 법하다. 작지만 보석 같은 나라가 있을 수 있고, 덩치는 크더라도 잡석(雜石) 같은 나라도 있을 것이다. 우리나라는 어떤가. 옆에 중국이 있어서 상대적으로 더 작아 보이지만, 세계적으로는 중상위권에 든다. 삼천리 국토 속에 다양한 풍토와 문명이 집약되어 있고, 그것이 엄청난 잠재적 경쟁력을 지니고 있다는 사실이다. 말하자면 덩치는 작아도 보석 같은 가치를 지니고 있다.

옛날 중국 사람들은 우리나라를 신선이 살고 불로초가 있는 곳이

라 했고, 이 땅에서 태어나 금강산을 보는 것이 소원이라고 한 이도
있다. 우리 자신도 이 땅을 금수강산이라고 자랑하고, 이 땅의 산수
의 기(氣)를 마시면 신선이 된다고 하여 예로부터 수련도교(修鍊道
敎)가 특별히 발달했다.

일년 사계절이 뚜렷하다는 것은 해마다 열대·한대·온대기후를
골고루 경험하는 사람과 이 땅의 모든 생명체를 강인한 체질로 만들
었다. 그래서 한국인은 지구상의 어느 곳에서도 살 수 있는 체력을
가지고 있지 않은가. 요즘 외국 농산물이 들어오면서 우리 농산물의
우수성이 드러나고 있다. 그도 그럴 것이 우리 농산물은 식품인 동
시에 약재의 효과도 함께 지니고 있어서 건강식품으로 으뜸이다.

계절에 따라 의식주의 생활양식이 크게 바뀌는 가운데 생활문화도
매우 다양하다. 음식과 술의 종류는 얼마나 많고, 겨울의 온돌과 여
름의 돗자리는 얼마나 위생적이며 또 운치가 있는가.

게다가 산은 얼마나 좋으며 물은 얼마나 맑은가. 전국이 자연공원
이니 평지에 공원을 꾸미고 물이 없어 맥주를 마시는 서양인들을 부
러워할 필요가 없다. 우리는 자연을 그대로만 놔두면 지구상의 낙원
이 되는데 지나치게 개발을 좋아하는 까닭에 아름다운 자연을 파괴
하는 경우가 얼마나 많은가.

더욱이 축복받은 것은 지진·태풍·홍수 같은 자연재해가 우리나
라만큼 적은 나라가 드물다는 것이다. 그래서 인성이 낙천적이고 인
심이 착한 국민이다.

우리는 자원이 부족한 나라라고 한탄하지만 반드시 그런 것은 아
니다. 지질학자들은 우리나라가 지하자원의 박물관이라고 한다. 산
림자원도 마찬가지다. 비록 건축자재는 부족하다 하더라도 가구나
공예산업에 필요한 재목은 얼마든지 있다. 심지어 길가에 흔해 빠진
잡초인 명아주도 최고급 지팡이의 원료가 아니었던가. 요즘 서양인
들이 동양의 전통종이에 매료되어 수요가 급증하고 있는데, 일본이

그 재미를 독차지하고 있다고 한다.

가까운 길을 두고 우리는 멀리 돌아가고 있는 어리석음을 범하고 있다. 지나치게 바깥 세상에 기준을 두고 있기 때문에 우리의 장점이 보이지 않는 것이다.

자연환경이 좋은 곳에서 우수한 생명체가 탄생하고 고급문화가 생성되는 것은 자연의 이치다. 흔히 외국여행을 통해 우람하고 화려한 건축물이나 미술품을 보고 우리 문화재의 왜소함에 위축되기도 한다. 그렇지만 크고 화려한 것이 반드시 고급문화인 것은 아니다. 크고 화려한 것은 순간적인 감동을 주지만 거기에는 인간의 죄악이 숨어 있는 경우가 많다.

또 그것이 우리의 생활문화 속에서도 행복감을 줄 것인가 생각해 봐야 한다. 가령 피라미드를 옆에 놓고 즐길 것인가, 베이징의 자금성(紫禁城)을 매일 가서 보고 싶은 충동이 생길 것인가. 아니다. 우리의 문화재는 사뭇 다르다. 비록 작지만 기품이 있고, 따뜻하고 평화로우며 가까이서 품어주고 싶은 은근한 아름다움이 있다.

인간에게 행복감을 오래 줄 수 있는 문화가 진정 고급문화일 것이다. 우리의 고려자기나 백자를 외국의 자기와 나란히 놓고 보면 당장 품격의 차이를 느낄 수 있다. 외국의 미술품 경매장에서 우리 미술품이 높은 가격으로 거래되는 이유가 여기에 있다.

우리의 정신문화도 금수강산 만큼이나 아름다운 면이 있다. 인(仁)이니 도덕이니 하는 옛 선비들의 사상이 어느 면에서는 현대에 맞지 않는 것도 있지만, 그 속에 인간과 생명을 아끼고, 자연을 사랑하는 마음이 있음을 알아야 한다. 또 원칙을 하늘처럼 중히 여기고 살려는 태도도 우리가 배워야 한다. 교육과 교화를 통해서 세상을 바로잡으려는 의지도 다시 보아야 한다.

요즘 WTO 체제가 출범하면서 경쟁력을 키우려는 노력이 다방면으로 모색되고 있다. 그러나 지피지기(知彼知己)면 백전불태(百戰不

殆)라고 하지 않았는가. 바로 자기의 장점을 아는 것도 경쟁력을 키우는 길의 하나다.

우리가 나아가려는 세계는 바깥세상에도 있고, 우리 국토와 우리 문화 안에도 있음을 알자. 한국 속에도 세계가 있다.

(《문화일보》, 1996. 2. 21)

독서왕국의 어제와 오늘

국립 경주박물관에는 6, 7세기경 신라 청소년의 독서열을 엿보게 하는 작은 돌멩이가 있다. 길이가 약 30센티미터 되는 이 돌에는 두 소년이 두 가지 일을 서로 맹서하는 글귀를 새겨놓았다. 하나는 3년 안으로 충성스럽고 허물이 없는 사람이 되겠다는 것이고, 다른 하나는 《시경》, 《서경》, 《예기》 등의 유교경전을 읽겠다는 약속이다. 경전을 읽고서 훌륭한 사람이 되겠다고 하늘에 맹서한 이 두 청소년은 아마도 화랑이나 낭도일 가능성이 있다.

세계에서 가장 오래된 목판 인쇄는 얼마전까지만 해도 일본 호류지(法隆寺)에서 나온 〈백만탑다라니〉로 보았다. 이것의 제작연대는 770년이다. 그런데 몇 년 전에 불국사 석가탑에서 7미터 길이의 목판인쇄물인 《무구정광대다라니경》이 발견되면서 호류지 다라니의 최고기록이 깨지고 말았다. 석가탑이 세워진 것인 751년이므로, 여기서 나온 다라니경은 적어도 일본 것보다 19년 이상이 앞서는 결과가 된다. 앞에서 소개한 두 소년의 독서에 대한 맹서와 이 다라니

경은 서로 깊은 관계가 있어 보인다. 역시 신라인의 무서운 독서열
이 세계 최초의 목판인쇄술을 낳은 것이 아니겠는가.

우리 조상의 독서열과 책문화는 그 다음 시기에도 여전히 선두를
달리고 있다. 세계 최초의 금속활자를 만든 것이 고려사람이라는 것
은 다 아는 사실이다. 그런데 금속활자보다 더 중요한 것은 고려사
람의 교육열이다. 고려 인종 때(12세기 초) 사신으로 온 송나라의
서긍(徐兢)은 고려견문기를 적은 《고려도경》에서 고려사람의 교육
열에 감탄을 보내고 있다. 위로는 왕궁으로부터 아래로는 사대부와
서민에 이르기까지 학문과 교육의 발달에 경이로움을 감추지 못하고
있는 것이다. 왕궁 안에도 수만 권의 장서를 가진 임천각이라는 도
서관이 있어서 원로학자들이 학문을 토론하고 있다는 것이다. 청연
각이라는 도서관에도 경사자집(經史子集)의 각종 책들이 모아져 있
다고 한다. 당시 수도인 개경에는 관립학교인 국자감 이외에도 12
개의 사립학교가 있었으니 거리마다 글 읽는 소리가 들린다고 한 것
도 과장이 아닐 듯하다.

고려가 얼마나 책이 많았는지는 송나라에서 수천 권의 책을 고려
에 와서 필사해간 사실에서도 드러난다. 그러니까 고려는 책에 관한
한 송나라보다도 더 많은 장서를 가지고 있었다는 말이 된다. 저 유
명한 〈적벽부〉를 쓴 송나라의 문인 소동파(蘇東坡)를 모르는 사람
은 없을 것이다. 그런데 소동파는 항저우(杭州)지사를 할 때 황제에
게 문인답지 않은 이상한 건의를 올렸다. 고려와 무역을 끊자는 주
장이었다. 이유인즉 송나라의 정보가 모두 고려에 흘러들어가 적대
국인 거란으로 흘러나갈지도 모른다는 것이었다. 당시 항저우에는
고려 승려들과 상인들이 집단적으로 거주하여 요즘 말로 코리아타운
이 생길 정도였다. 대각국사 의천도 이곳에서 활약했다. 이들 고려
인들이 송나라의 각종 문헌정보를 빼내고 있었던 것이다.

송나라에 간 고려사신들도 지나는 곳마다 지방지도를 입수해갔다

는 기록이 보인다. 당시 고려와 송나라 사이에는 치열한 정보전쟁이 벌어지고 있었다. 세계정보의 중심지가 누가 되느냐의 경쟁인 셈이다. 이 싸움에서 고려가 결코 뒤진 것이 아니다. 세계 최초의 금속활자를 고려가 만든 것은 바로 문헌정보 싸움에서 고려가 앞섰음을 의미한다.

조선왕조는 금속활자를 더욱 개량하고, 여기서 한 걸음 더 나아가 금속활자를 이용한 인쇄기술을 혁신적으로 발전시켰다. 종이의 질도 세계 최고급으로 올라서고 종이생산량도 비약적으로 늘어났다. 이미 고려 때도 고려종이는 최고급품으로 중국인의 사랑을 받았지만, 조선에 와서는 등피지(等皮紙)니 경면지(鏡面紙)니 하는 별명이 붙을 정도로 그 품질의 우수성을 인정받았다. 명나라, 청나라의 유명한 궁정화가들은 조선종이에 그림을 그리는 것을 큰 영광으로 생각하였다. 중국인들이 가장 원하는 조공무역품이 바로 종이였다. 조선의 황모필(족제비털로 만든 붓)도 중국의 양모필(羊毛筆)보다 우수한 것으로 평가받았다.

세종 때 학자관료인 변계량(卞季良)은 갑인자(甲寅字)로 찍은 책의 발문에서 "인쇄되지 않은 책이 없고, 독서하지 않는 사람이 없다"고 쓰고 있다. 이 말은 물론 다소 과장이 들어 있다. 그렇지만 세종시대에서 성종시대에 걸쳐 국가에서 간행한 서책을 보면 변계량의 말이 결코 지나친 허풍이 아니라는 것을 알 수 있다. 《고려대장경》이라든가 《자치통감》과 같은 거질의 책을 무더기로 찍어내고 있기 때문이다. 세조 때 《대장경》을 찍기 위해 46만 권의 종이를 소비했다고 한다.

《경국대전》을 보면, 조선 초기 국립인쇄소에 해당하는 교서관에는 8종의 장인들이 146명이나 소속되어 있다. 이러한 규모의 인쇄소는 당시 다른 나라에 없었다. 조선왕조가 수준 높은 문민정치를 열고, 《조선왕조실록》을 비롯하여 엄청난 기록문화를 남긴 것은 이러한 출판문화의 발달에 힘입은 것이다. 이제는 학교에서만 공부하는 시대가 아니라 집에서도 학교에 가지 못하는 아녀자들이 책을 놓고 공부할 수 있는 시대가 열린 것이다. 왕이 어리면 왕대비가 수렴을 하고 뒤에서 정승들을 지휘하면서 정치를 이끌어갈 수 있는 힘이 이러한 가정교육에서 얻어진 것이다.

배워야 출세한다. 출세하려면 공부하라는 것은 한국인의 오랜 생활철학이다. 또한, 공부하지 않으면 사람이 되지 못한다는 것도 한국인의 좌우명이다. 율곡선생이 어린이 교육을 위해 쓴 《격몽요결》의 서문에도 "사람은 공부하지 않으면 사람이 되지 못한다(人生斯世 非學問 無以爲人)"고 하였다. 공부해야 사람이 된다는 믿음을 가지고 선진적인 공부문화를 발전시켰던 우리 조상은, 바꾸어 말하면 '사람스럽게 살았다'는 뜻이 된다.

조선 말기, 구체적으로 이웃 일본이 정한론(征韓論)을 내걸고 한국을 침략하기 시작했을 때, 천황이 직접 군대를 끌고 한국을 쳐야 한다고 주장한 저 후쿠자와 유기치(福澤諭吉)는 정한론자이면서도 한국인의 독서문화를 부러워하고 이를 일본사람이 배워야 한다고 하였다. 일본인은 끄떡하면 칼을 빼들고 싸움을 즐기지만, 한국인들은 집집마다 책을 읽고 있다는 것이다. 저들은 군사력이 약한 한국을 무력으로 누를 수 있다고 생각하면서도 한국인은 일본보다 앞선 문화민족이라는 것을 인정하지 않을 수 없었다.

그런데 오늘날 독서문화라고 하면 일본을 첫째로 꼽는다. 독서의 계절이 오면 우리의 언론과 방송은 으레 지하철 안에서 책을 읽고 있는 일본시민의 모습을 영상으로 보여주면서 우리도 일본인을 본받아야 한다고 한다. 독서왕국 한국의 명예는 어디로 가고, 우리를 모범으로 생각하고 열심히 따라온 일본을 우리가 오히려 배우는 시대가 되어 버린 것이다. 독서왕국의 어제와 오늘이 이렇게 달라질 수 있는지 금석의 차이를 느끼지 않을 수 없다.

　요즘 외형상으로 우리 출판계는 크게 성장한 듯이 보인다. 양적으로 본다면 세계에서 몇 째 안 가는 출판대국이라 한다. 그러나 정말로 사람을 만드는 책과 사람이 되기 위한 독서가 얼마나 되는지 의심스럽다. 감각적 흥미를 유발하는 출판과 독서가 늘어난다고 해서 출판대국이 되는 것은 아니다. 우선 전 세계 문헌정보의 중심지로서 외국에 책을 수출하는 나라가 되고, 책을 읽지 않으면 사람이 될 수 없다는 믿음이 깔린 나라가 될 때 우리는 비로소 출판왕국의 명예를 되찾을 수 있을 것이다.

(《서평문화》 26집, 1997. 6. 25)

일본에 의지한 잘살기

“잘살아보세, 잘살아보세, 우리도 한번 잘살아보세.”

새마을운동이 한창 벌어지던 공화당시절에 널리 유행했던 이 노랫말 속에는 가난에 대한 한(恨) 같은 것이 서려 있었다.

초가집에 꽁보리밥도 잇기가 어렵고, 누더기옷으로 겨우 알몸을 감추고 살던 시절에 ‘잘살아보세’운동이 일어난 것은 충분한 이유가 있다. 그리고 그로부터 한 세대가 지난 오늘, 우리는 자가용이 거리를 가득 메우고, 국민 대부분이 호의호식하는 부자나라가 되었다.

그런데 오늘 우리 사회의 가장 심각한 문제점은 바르고 평화롭게 사는 부자나라가 아니라, 항상 불안하고 짜증스런 기분으로 살아가는 부자나라가 되었다는 점이다.

무엇이 그토록 불안하냐는 일일이 설명할 필요가 없다. 그것은 국민 모두가 일상생활에서 피부로 느끼는 각종 범죄와 무질서 그리고 공해를 의미한다.

세상이 이토록 불안하게 돌아가는 이유는 한마디로 ‘잘살아보세’

의 표준을 기계문명의 이용과 물질적 풍요에만 두어온 천박한 정신 풍토에 있다.

아직도 우리주변에는 정말로 가난한 사람이 적지 않고, 그런 점에서 잘살기운동이 유효하다고 할지도 모른다. 그러나 요즈음과 같이 병 주고 약 주는 잘살기 철학이 그대로 지속된다면, 이 사회는 엄청난 위기에 부딪히게 될지도 모른다.

우리가 특히 심각하게 따지고 넘어가야 할 것은, 새로운 기계문명의 매력을 따라가면서 살아가는 '잘살아보세' 풍조가 사실은 알게 모르게 우리 자신을 일본화시키고 있다는 점이다.

엊그제 일본의회는 이른바 평화유지활동(PKO)법안을 통과시키고 자위대의 캄보디아 파병을 결정하였다. 장차 자위대의 파병대상지역 가운데에는 한반도가 포함되어 있다고 한다. 《일본서기》에서부터 일본인은 한반도를 수복되어야 할 고토(故土)로 설정해 놓고 두 차례의 침략을 자행한 바 있음은 너무도 잘 아는 사실이거니와, 역시 일본은 아무리 세상이 바뀌고 시대가 변해도 변하지 않는 나라가 아닌지 의심하지 않을 수 없다.

그런데 이와 같이 위험한 나라를 옆에 두고도 그 나라의 자본과 기술과 문화의 도움을 받아 선진국으로 도약하여 더 잘살아보겠다는 우리의 안이한 발상에 크나큰 문제점이 있는 것이다.

세상에 공짜가 어디 있는가. 돌이켜보면, 우리가 역사적으로 일본의 도움을 받고 살아온 민족인가. 반만 년의 기나긴 민족사를 통틀어 보면, 일본의 과학과 기술과 학문 등 모든 것이 우리가 전해준 것을 받고 자라왔다. 왜 그 역사의 엄청난 잠재력을 되살려서 우리 힘으로 우리 기술을 개발하지 않고 일본 기술에 매달리는지 알 수 없다.

언 발에 더운 물을 부으면 일시적으로는 따뜻하지만, 마침내는 동상에 걸리는 법이다.

금세기 초에 우리가 망국의 비운을 맞이했던 것도 따지고 보면, 일본에 의지해서 잘살아보겠다는 일부 주체성이 없는 선인들의 단견에 상당한 책임이 있다. 고양이보고 생선가게를 지키게 한 것과 일부 친일적 개화파의 근대화정책은 본질적으로 다른 게 없다.

우리는 이제 21세기의 선진사회 진입을 위한 국가전략을 크게 바꾸지 않으면 안 될 것이다.

무엇보다도 수천 년간 대륙국가의 일원으로 살아온 본래의 모습으로 되돌아가야 한다. 남북관계도 미국이나 일본의 시각에서만 다루어져서도 곤란하다. 미국이 PKO법안을 부추긴 것은 저 1904년의 태프트—가쓰라 협약을 연상시켜서 여간 착잡한 것이 아니다.

국제관계뿐 아니라, 우리의 생활철학을 혁신하는 것은 더욱 긴급하고 중요하다. 우리 민족은 원래 '잘살아보세'를 추구하면서 살아온 것이 아니라, 무엇이 사람답게 사는 바른길인가를 고민하면서 살아왔다.

그래서 우리는 위대한 선비문화, 예의문화, 군자의 나라를 가꾸어온 것이고, 일본의 침략을 받을 때에는 그래도 예의와 도덕을 함께 숭상하던 중국의 도움을 받기도 했던 것이다. 나라가 위급할 때 구국투쟁에 가장 적극적이었던 것은 잘살기주의자가 아니라 바르게 살기주의자였다는 것도 깊이 새겨두어야 한다. 국력은 경제와 군사에 의해서만 결정되는 것이 아니다. 수준 높은 정신문화야말로 계산할 수 없는 무한한 국력임을 알 때가 되었다.

(《조선일보》, 1992. 6. 16)

龍들이 피눈물 흘린 이유

요즘 조선시대를 다룬 출판물과 역사드라마가 대중의 관심을 끌고 있다. 특히 조선왕조의 개국을 다룬 역사드라마 〈용의 눈물〉이 장안의 화제다. 목숨을 걸고 꿈과 야망을 펼치는 사나이들의 대결이 가정과 직장에서 눈치보며 살아가는 오늘의 나약한 아버지들에게 대리만족을 주고 있는지도 모른다. 또 한보정국이니 대선이니 내각제니 하는 정치현안들이 역사드라마의 일부 내용과 겹치면서 한층 더 흥미를 돋우고 있는 듯하다.

역사드라마의 인기가 높아지면서 그것이 얼마나 역사의 진실과 일치하느냐, 현시국에서 두 사람을 어떻게 받아들여야 하느냐가 시청자들의 관심이 되고 있는 모양이다.

우선, 이 드라마는 어디까지나 문학작품이라는 시각에서 받아들이는 것이 좋다. 기본적으로는 역사적 사실에 바탕을 두고 있지만, 드라마는 역시 작가의 창작이 들어 있다는 것을 전제로 하고 보아야 한다. 특히 정도전 측에서 먼저 왕자들을 제거하려고 하다가 사태가 역전된 것으로 그려진 것은 이방원 측의 주장을 따른 것으로 역사의 진실과는 다르다는 것이 학계의 정설이다.

600년 전의 일을 오늘에 곧바로 대입시키는 것은 그다지 바람직스러운 일이 아니다. 역사는 그 시대의 문맥에서 바라보고 해석하는 것이 우선 중요하다. 정도전이 옳으냐 이방원이 옳으냐도 그 시대 속에서 판단해야 한다. 이들은 모두 왕조를 창업하는 데 앞장선 혁명가이자 영웅들로서 좋은 일도 많이 했지만, 그들의 손에는 피가 묻어 있었다. 특히 정몽주·정도전, 그리고 처남에 이르기까지 무수한 인재를 희생시키고 아버지 태조와도 전쟁을 벌인 이방원의 경우는 더욱 그러하다. 그는 이 때문에 평생을 죄의식 속에 살다 갔다.

오늘이 혁명의 시대요, 영웅의 시대요, 창업의 시대라면 모르거니와, 그렇지 않다면 좀더 신중한 눈으로 그들을 보아야 한다. 이 드라마의 원작이 《세종대왕》임을 기억할 필요가 있다. 지금까지의 드라마는 어쩌면 세종의 등장을 열기 위한 서곡일 수도 있다. 진짜 우리가 주목해야 할 대상은 수성(守成)의 임금 세종이다.

새로운 왕조를 창업하는 것도 어렵지만, 창업한 것을 지키는 수성은 더욱 어렵다. 창업은 결단과 추진력, 그리고 다분히 물리적 수단을 필요로 한다. 그러나 수성은 물리적 수단으로 이루어지지 않는다. 창업은 공(功)이 중요하지만, 수성은 덕(德)이 있어야 한다. 덕은 바로 백성의 마음을 잡는 것이다. 역복(力服)이 아니라 심복(心服)으로 지도력을 세워야 한다. 힘을 구사하는 것은 누구나 할 수 있는 일이지만, 덕을 갖추는 것은 쉬운 일이 아니다.

세종이 위대한 수성의 군주가 된 것은 백성의 마음을 잡았다는 점에 있다. 집현전을 세워 미래를 이끌어갈 젊은 엘리트 선비들의 마음을 잡았고, 세금제도를 바꿔 농민의 마음을 잡았고, 한글을 만들어 문자생활에서 소외된 사람들의 마음을 잡았다. 심지어는 사람 취급을 받지 못하던 노비들까지도 끌어안아 벼슬을 주고, 천대받던 백정들을 양민에 편입시켰다.

왕의 관심은 관청에서 일하는 여자종의 출산휴가를 늘려주고, 죄수들의 물 먹는 시설을 개선하는 데까지 미쳤다. 요즘 말로 하자면 사회복지와 문화복지에 힘을 쏟은 것이다. 세종의 지도력은 여기서 나온 것이요, '해동의 요순'이라는 칭송이 그래서 생겨난 것이다.

세종의 더욱 위대한 점은 확고한 주체성이다. 왕의 교육문화정책은 풍토의 고유성에 대한 인식에서 출발하고 있다. 우리 풍토에 맞는 문화를 가져야 한다는 생각이다. 요즘 말로 하자면 '신토불이'의 정신이다. 한글을 비롯한 농법·의학·병법·천문역법·음악·과학·기술 등이 모두 그러한 정신에서 정리된 것이다.

관념적으로 백성을 사랑한 것이 아니라, 이 땅에서 수천 년간 뿌리내린 백성의 정서와 경험을 끌어올려 고급문화로 발전시킨 것이다. 그는 진정으로 '한국인'을 발견하고, '한국인'의 힘을 응집시켜 부강한 선진국가를 만든 임금이다.

세종은 그러면서도 옹졸한 국수주의자가 아니었다. 그때까지의 동서문명의 정수를 연구하고 흡수하여 민족문화를 세계적인 수준으로 끌어올렸다. 그래서 세종시대의 문화는 세계성을 띠고 있다. 그야말로 전통과 현대, 민족과 세계를 조화시켜 법고창신(法古創新)의 정도를 걸어간 모범적인 '한국인의 지도자'이다.

어쩌면 이러한 위대한 지도자를 낳기 위해서 수많은 창업의 영웅들이 손에 피를 묻히고, 영광스러운 옥좌에 앉은 용들이 피눈물을 흘렸던 것이 아닐까.

(《문화일보》, 1997. 6. 11)

수도 서울의 자존심

수도는 한 나라의 심장부로서 그 상징성을 어떻게 연출하느냐에 따라서 국민정신을 좌우하고 국가운명에 큰 영향을 줄 수 있다. 서구의 도시들은 대개 중세 이후의 기독교 사원이나 국민국가 형성기의 영웅들을 숭모하는 거창한 기념물을 중심에 놓고 조국의 영광과 자존심을 연출해내고 있다. 런던의 트라팔가 광장이나 파리의 개선문은 그 대표적 상징물이라 할 수 있다.

우리와 이웃하고 있는 나라들도 제각기 고유한 역사전통과 민족혼을 연출하면서 수도의 얼굴을 가꾸어가고 있는 것을 볼 수 있다.

러시아의 얼굴은 장중한 크렘린궁과 아름다운 바실리성당이 있는 붉은 광장으로 상징되고, 중국의 얼굴은 장엄한 자금성(紫禁城)과 혁명기념탑, 혁명기념관으로 둘러싸인 천안문광장으로 대표된다고 할 수 있다. 고금을 관통하는 중국인의 영광과 자존심이 이곳에 응집되어 있다.

저 옛날 외국사신들의 기를 꺾던 거창한 베이징의 외성을 헐어버리고 대로를 만든 것은 옥의 티라고 할 수 있는데, 오늘의 중국인들은 경제실용주의 때문에 위대한 문화재를 파괴한 마오쩌둥(毛澤東) 정부의 단견을 몹시 아쉬워하고 있다.

일본의 도쿄는 초현대적 고층빌딩이 숲을 이루고 있지만, 이 도시를 압도하고 있는 것은 고색창연한 황성에서 뿜어내고 있는 일본혼이다. 일본인의 0.7퍼센트 정도가 외래종교인 기독교를 믿으며, 일본 고유종교인 신도(神道)와 불교를 함께 믿는 국민이 95퍼센트를 넘는다. 이러한 종교적 특성 때문에 겉모습은 가장 서구화되어 있으면서도 마음속은 일본혼으로 충만되어 있는 것이 오늘의 일본이다. 저 '화혼양재(和魂洋才)'의 근대화 철학이 조금도 흐트러짐이 없이 이어지고 있는 것이 우리와는 근본적으로 다르다.

우리와 비슷하게 일본의 지배를 받았던 대만의 경우를 보면 타이베이(臺北)시 전체가 국부인 쑨원(孫文)과 장제스(蔣介石)의 건국이념으로 뒤덮여 있다. 두 국부의 기념관의 위용은 말할 것도 없고, 삼민주의의 민족·민권·민생의 이름을 따서 동서대로의 이름을 붙인 것은 극히 인상적이다. 지금 대만이 중소기업을 중심으로 경제 강국을 이룩한 것은 삼민주의 건국이념과 무관한 것이 아니다. 그리고 그 이념을 도시의 얼굴로 연출시키고 있는 곳이 타이베이시라 하겠다.

이제 외국의 수도를 비교하면서 우리의 수도 서울의 상징성이 무엇인가를 생각해보면 한마디로 실망을 금할 수 없다.

서울의 심장부인 세종로는 총독부가 압도하여 저 옛날 일본과 동남아의 사신들이 머리를 조아리던 경복궁의 근엄함은 찾아볼 수가 없다. 그 총독부가 지금은 박물관이 되어 일본관광객의 사기를 높여주고 있으니, 이것을 어찌 민족혼이 살아있는 600년의 고도라 할수 있는가.

박물관 앞에 광화문을 짓고, 세종로 네거리에 이순신동상을 세운 것은 더욱 어색한 연출이 아닐 수 없다. 이순신을 제대로 대접하려면 충무로 어디쯤에 충무광장을 만들고 기세 있는 모습의 이순신을 연출해야 할 것이다.

일제 암흑기를 그토록 가슴 아파하면서 해방기념탑과 기념관 그리고 항일지사의 넋을 기리는 충렬사(忠烈祠)가 서울에 없다는 것은 참으로 기이한 일이다.

총독부 건물은 경복궁의 위엄을 되찾기 위해서나 서울의 왜기(倭氣)를 없애기 위해서나 반드시 철거되어야 한다. 그리고 시청 앞 광장에 해방탑을 세우는 것이 바람직하다. 왜란 때 왜군이 주둔하고, 일제 때 헌병사령부가 있었으며, 지금은 미군이 주둔하고 있는 용산 일대도 민족혼이 숨쉬는 곳으로 일대 혁신을 해야 할 곳이다. 국립박물관을 비롯하여 충렬사, 도서관 등이 이곳에 들어서서 웅장한 문화단지를 조성한다면 서울의 모습은 크게 달라질 것이다.

나라의 기강을 세우는 데에서 서울의 상징성은 매우 중요하다. 국민적 합의만 이루어진다면 새 서울을 만드는 일은 그리 어려운 것이 아니다.

국가의 기강을 반듯하게 세워놓지 않고서는 경제난국이나 대일외교의 난제들이 근원적으로 풀리기 어려울 것이다. 우리가 일본으로부터 받아내야 할 것은 사죄나 배상만이 아니다. 더욱 중요한 것은 우리가 민족정기를 잃지 않고 살아가는 당당한 문화국민임을 저들로부터 인정받는 일이다. 우리 자신이 스스로를 존경하지 않으면 남이 우리를 존경하지 않는다.

(《조선일보》, 1992. 1. 28)

400년 전, 100년 전, 지금

광복 직후 "소련에 속지 말고, 미국을 믿지 말라, 일본은 다시 일어선다"는 유행어가 떠돌았다. 일본인이 우리나라를 떠나면서 "20년 뒤에 다시 보자고 했다"는 말도 함께 퍼졌다. 미·소의 패권주의와 일본의 야망을 꿰뚫어본 이 출처불명의 경고성 예언 속에는 파란만장한 근대사를 경험하면서 터득된 민중의 예지와 역사의식이 담겨져 있다.

불행하게도 이 예언은 파행과 굴절로 점철된 우리의 현대사에 그대로 적중되었다. 미·소의 패권다툼에서 불행한 반세기를 보내고 이제 간신히 숨통을 찾아 통일로 가는 마당에 20년 후 다시 보자던 일본이 군국주의 초강대국으로 변신해가고 있는 것은 심각한 위협이 아닐 수 없다.

일본은 아시아 모든 나라의 국방예산을 합친 것보다도 더 큰 국방예산을 투입하여 군사력을 키우면서 자위대(自衛隊)의 해외파병을 추진하고 있다.

그러한 일본이 과거 우리나라와 아시아 침략의 역사를 왜곡시켜 후세들을 가르치고 있으니 정신대문제를 호도하면서 오히려 반한(反韓)감정을 부추기는 여론을 조성하는 이유를 알 만하다. 우리 국민 사이에 한말(韓末)의 위기상황이 재현되는 것이 아닌가 우려하는 소리가 커지고 있다.

이미 일본의 호전성이 역사적으로 드러난 이상 그들의 국민성이 바뀌지 않는 한 낙관은 금물이다. 그런데, 항상 일본을 낙관적으로 바라보는 우리 측의 안이한 태도에서 불행이 발생한다.

400년 전 임진왜란의 경우에도 일본의 침략이 충분히 예견되었음에도 불구하고, 당파의 이익을 앞세워 안이하게 대처하다가 큰 화란(禍亂)을 당한 것이다.

성호(星湖) 이익(李瀷)이 지적했듯이 왜란은 당쟁이 자초한 것이다. 그러나 이 전쟁은 문화국민의 자존심을 지키려던 시골 선비들과 민중의 힘으로 승리를 거두었다. 저 유명한 이수광(李睟光)의 《지봉유설(芝峰類說)》은 왜란을 극복한 자신감에서 씌어진 것이다.

왜란 후 일본은 국교 재개를 간청하고 조선의 통신사로부터 우리의 선진문물을 배우면서 200여 년간 자숙하는 모습을 보였으나, 힘이 축적되자 다시금 침략의 본색을 드러냈다.

도쿠가와(德川) 말기와 메이지(明治) 초기에 일본은 사소한 외교상의 문제를 트집잡아 반한여론을 조성하고 '정한론(征韓論)'을 펴더니, 우리 측에 대해서는 '아시아연대론'이란 그럴 듯한 주장을 내세워 우리의 개화파 인사들을 현혹시켰다.

서양의 침략을 막기 위해서는 조선·중국·일본이 동맹하여 싸워야 한다는 것이다. 1880년에 도쿄에서 조직된 '흥아회(興亞會)'라는 어용단체가 이 운동에 앞장섰다.

중국은 '아시아연대론'의 위험성을 깨닫고 '흥아회'에서 곧 탈퇴했으나, 우리의 개화파 인사들은 너나 할 것 없이 이 모임에 참여하여 '아시아연대론'에 동조하였다.

김옥균(金玉均)의 '삼국합종론(三國合從論)'과 안경수(安駉壽)의 '일청한동맹론(日淸韓同盟論)', 그리고 중국인 황준헌(黃遵憲)의 《조선책략(朝鮮策略)》이 이에 발맞추어 나온 것이다.

1904년 러일전쟁이 일어나자 일부 인사들은 일본군을 대대적으로 환영하고 지원하였다. 일본의 승리가 우리에게 도움이 되는 줄 알았다. 그러나 승리한 일본이 도리어 을사조약을 맺고 국권을 침탈하자, 그제서야 일본에 속은 것을 알았다. 결국 일본에 의지해서 자강(自强)하려던 일부 개화파 인사의 안이한 정책이 망국을 초래한 것이다. 이때에도 신명을 바쳐 독립전쟁을 벌인 것은 시골의 선비들과 농민들이었다.

일제 말기에 일본은 대동아공영을 외치면서 또다시 우리의 지식층을 유혹하였다. 최고의 학력과 최고의 지성을 갖추었다고 자처하던 인사들이 '천황'의 깃발 아래 모여들어 '성전'에 참여할 것을 호소하고 다녔다.

그런데 해방 후 이 나라의 현대사는 어떻게 전개되었는가. 신명을 바쳐 일제와 싸운 애국지사들은 뒷전으로 밀려나고 친일인사들이 높은 자리에 올라서면서 이 나라의 도덕성이 무너지고, 이상이 퇴보하고, 자주자존했던 지성사의 맥이 끊어진 것이다.

그 끊어진 자리에 소아적(小我的) 지연주의, 족벌주의, 기회주의 등이 자리잡고, 그 정신바탕 위에서 외국문화의 모방에만 급급했으니 가치의 대혼란이 오는 것이 당연하다.

정신적으로 일제 잔재를 청산하지 않은 것은 현대사의 크나큰 빚이다. 그 빚을 갚지 않으면 이 나라의 기강은 세워지지 않으며, 굴절된 지성사는 바로잡히기 어려울 것이다. 지금 우리 시대의 긴급한 과제는 도덕성과 민족자주성의 회복이요, 투철한 역사의식의 함양이다.

(《조선일보》, 1992. 3. 10)

나의 삶, 나의 추구

역사는 조상과의 대화다. 내가 대학의 문을 두드릴 때만 해도 조상과의 대화는 혐오의 대상이었다. 조상은 '값어치 없는 엽전'이었고 미국잡지를 끼고 다녀야 지식인으로 통했다. 1950년대 이야기다. 4·19를 전후하여 민족주의 열풍이 불었다. 제3세계 지도자들이 갑자기 영웅으로 떠오르고 신채호(申采浩), 박은식(朴殷植) 등 민족사가들의 저서가 가슴을 파고들었다. 역사학이라는 것이 민족의 생존을 좌우하는 뜨거운 학문이라는 것을 비로소 깨달았다. 나는 조상과의 대화에 평생을 바치기로 결심했다.

나의 첫 관심은 조선 후기 실학으로 쏠렸다. 봉건사회를 걷어버리고 근대를 열어가는 모습을 찾고 싶었다. 그러나 근대의 열기는 급속히 냉각되었다. 역사 속의 근대와 1960년대 근대화정책 사이의 갈등을 경험하면서 역사해석 방법에 대한 근본적인 회의가 생겼다.

서양의 잣대로 우리 역사를 재는 것은 우리 역사의 참모습을 잃는 것이 아닌가. 민주화와 도덕성을 갈구하는 나의 정서와 그렇게 가깝게 있는 조선 선비들이 이끈 조선사회를 봉건사회로 매도해버릴 수 있는가. 참으로 고통스런 번민을 거듭한 끝에 서양인의 잣대를 버리기로 했다. 식민사관이란 좁게 보면 일본인의 사관이지만 크게 보면 서구 중심의 세계관을 가지고 우리 역사를 보는 것까지를 포함한다고 느꼈다. 그 대안으로 '근세'라는 새로운 개념을 마음속에 그리면서 조선왕조의 시발부터 다시 연구해가기로 결심했다.

1970년대 초에 쓴 《정도전 사상의 연구》는 내 잣대로 왕조사를 재해석한 첫 저술인 동시에 내 학문의 정체성을 스스로 확인하는 계기가 되었다. 그를 통해 자주성과 민본사상에 바탕하여 왕조가 개창되었음을 알게 된 것은 경이로운 발견이었다. 1970년대 이후로 조선 선비들과의 대화는 더욱 바쁘게 진행되었다. 각 시기 최고 지성인들의 삶의 자세와 국가와 사회를 이끌어가는 경륜, 그리고 역사와 세계를 바라보는 안목 등이 무척 궁금하였다. 연구 주제를 사학사(史學史)와 사상사에 오랫동안 묶어둔 이유가 여기에 있었다. 근 20년간 이 일에 매달린 결과가 《조선전기 사학사》, 《한국민족주의 역사학》 등 다섯 권의 저서로 정리되었다.

역사를 쓴다는 것은 끊임없는 자신의 정체성 확인과 처절한 생존의 몸부림이라는 것, 그리고 선비들이 내뱉는 무수한 언어들의 의미가 법고창신(法古創新)과 동도서기(東道西器)로 함축되고 있다는 것을 느꼈다. 옛 것을 본받아 새 것을 창조하자. 우리 것을 바탕으로 세계와 만나자. 이 평범한 언어 속에 조선왕조 518년 장수의 비결이 숨어 있음을 확인했다. 이것이 내 학문의 결실이요 또 내 삶의 지표가 되었다. 역사연구란 형이하(形而下)에서 시작하여 형이상(形而上)에서 완결되는 것이라고 한다면 형이상의 세계에 숨어 있는 왕조의 생명력, 즉 선비정신을 찾는 것이야말로 내 학문의 궁극적 목표다.

나의 연구편력에서 조선왕조 비고(祕庫)인 규장각 도서와의 만남은 또 하나의 획을 긋는 전기가 되었다. 나는 왕조문화의 정수를 관리하면서 우리 조상의 고급문화에 대한 자신감을 재확인하였다. 이것은 인류가 발견하지 못한 제3의 문명이 아닌가. 그렇다면 나만의 대화가 아니라 온 국민, 온 세계인과 함께 나누어야 할 대화가 되어야 한다. 이제 다시 시작할 것이다. 특히 이 시대가 절실히 요구하는 지방사와 생활사, 그리고 법고창신과 동도서기의 화두를 가지고 조상과의 대화를 이어갈 것이다.

(《동아일보》, 1996. 2. 26)

전통문화와 경제발전

사람의 병 가운데에서 가장 무서운 것이 마음의 병이다. 마음이 병들면 겉에 나타나는 증상을 치료해도 건강을 되찾을 수 없다. 국가의 경우도 비슷하다. 국민심리가 병들면 그 증상이 정치·경제·사회·문화 각 부분에 나타나서 총체적 병증(病症)을 보이게 된다.

요즘 경제가 침체되고 각종 비리와 부정이 만연하여 뜻있는 사람들의 근심이 커져가고 있다. 새 정부가 한국병을 치료하겠다고 나선 것도 이러한 총체적 병증을 심각하게 의식한 까닭일 것이다.

문제는 한국병을 어떻게 치료할 것이냐이다. 만약 손쉬운 사법처리에 의존하여 대증치료에만 급급하다 보면 병의 근원은 더욱 깊어질 우려가 있다. 흔히 경제침체를 극복하고 사회비리를 척결하는 방법이 따로 있는 것처럼 생각하지만 사실은 병의 근원은 하나라는 것을 알아야 한다. 곧 국민심리가 병든 것이다.

따라서 국민심리를 건강하게 만드는 것이 급선무라 하겠는데 그 치료법은 교육과 문화의 발전에서 찾는 도리밖에 없다. 가령, 경제침체의 큰 원인이 기술의 낙후성에 있다고 할 때, 그 기술을 개발하는 아이디어는 결코 공학도의 머리에서만 나오는 것이 아니다. 무릇, 기술은 공학적 기술뿐 아니라 문화적 기술이 복합되어 발전하는 것이다. 예를 들어 상품의 디자인이나 용도와 재료의 선택, 그리고 상품거래에서의 신용문제나 상품 선전방법 등은 기본적으로 인문적 교양과 관계되어 있다.

또한 순수공학적 기술이라는 것도 기초과학의 뒷받침 없이는 발전하기 어렵다. 그런데 기초과학은 역사·철학·종교·예술 등 인문학과 만나기 때문에 이 또한 인문학의 도움 없이는 발전되지 않는다.

경제가 공학과 관련되어 있고 공학이 자연과학의 뒷받침을 받으며, 자연과학이 다시 인문학의 지원을 받는 것임에도 불구하고 인문학은 마치 경제와 무관한 것처럼 생각하는 데 우리 사회의 문제점이 있다.

인문학 가운데에서도 우리의 전통문화를 연구 교육하는 국학이나 이를 보존 관리하는 문화재보호사업은 국가정책상 최우선에 두어야 한다. 지금 전세계적으로 우수한 전통문화를 많이 가지고 있으면서 그것이 대대적으로 파괴되어 있는 나라는 우리나라뿐이다.

전통문화는 그야말로 조상으로부터 공짜로 물려받은 엄청난 정신적 물질적 자산이다. 다른 나라들은 전통문화의 보존이 잘 되어 있기 때문에 구태여 막대한 투자를 하지 않더라도 일상생활 속에서 전통의 잠재력이 발휘되면서 주체성과 도덕성이 체질화되어 있다.

그러나 우리의 경우는 지난 20세기 100년 동안 주로 전통을 의식적으로 혹은 무의식적으로 파괴하면서 살아왔다. 최근에 문화재 복원을 비롯한 전통문화의 계승 발전이 있었다 하지만 수천 년의 축적된 문화유산에 비한다면 그야말로 빙산의 일각을 찾은 것에 지나지 않는다.

우리의 심장부인 수도 서울만 하더라도 조선왕조의 상징 가운데 상징인 경복궁의 완전 복원이 요원한 상태이고, 조선 후기 여러 왕들이 공들여 지어놓은 강화도의 행궁(行宮), 장녕전(長寧殿), 만녕전(萬寧殿), 외규장각(外奎章閣) 등의 장중한 건물들은 병인양요 때 타버린 뒤로 지금은 그 터[遺址]조차 표시되어 있지 않다.

조선시대 선비문화의 정수를 모아놓은 곳이 20만 권의 고도서를 소장하고 있는 규장각(奎章閣)이다. 중국의 책문화가 절정에 이른 것이 청나라 건륭(乾隆) 때이다. 그때 간행된 책이 약 8만 권인데 비슷한 시기에 비슷한 규모의 장서를 모아 세계 굴지의 도서관이자 학문연구기관을 만든 것이 바로 우리나라이다. 지금 우리는 그때의 종이를 만들지 못하고 있으며, 책 장정기술도 따라가지 못하고 있다.

우리는 최첨단의 과학기술을 외국에서 배우고 있으나 전통문화에도 얼마든지 최첨단이 있다는 것을 알아야 한다. 그리고 그러한 전통문화에 대한 자긍심은 국민심리에 천근 만근의 무게를 얹어준다는 것을 깨달아야 한다.

오늘의 한국병은 전통의 유산이 아니다. 오히려 전통을 잃고 정신적 사생아처럼 살아온 20세기 한국의 근현대병일 뿐이다. 군자의 나라, 동방예의의 나라, 중국보다 앞선 교육·학술의 문화대국으로 살아온 우리 민족의 빛나는 전통을 계승 발전시켜 21세기의 새로운 르네상스를 여는 것이 오늘의 난국을 극복하는 길이요, 문민시대의 지상과제가 아니고 무엇인가. 흐트러진 민심에 역사의 무게를 얹어줄 때이다.

(《월간 문화재》, 1993. 3)

문화행정의 제도적 결함

　임진왜란 당시 거북선에 장착됐다고 알려진 별황자총통이 국보로 지정되었다가 가짜로 판명되어 논란이 일고 있다. 좋은 뜻으로 시작한 일이 어찌하여 이런 지경에 이르렀는지 놀랍기도 하고, 한편 답답하기도 하다.

　이번 사건의 일차적 책임은 가짜를 만든 이들에게 있지만, 문화행정의 제도적 결함에 대해서도 눈을 돌려야 한다고 본다. 형식상 문화재 감정이나 문화재 변경 혹은 매장문화재 발굴허가 등은 문화재위원회의 심의를 거치게 되어 있지만, 실제로 문화재위원회는 의결기구가 아닌 자문기구로서 문화재위원회의 결정은 어디까지나 의견에 지나지 않고 법적 구속력이 없다. 또 한 번에 30~40건의 안건을 처리하는 것도 무리다.

　문화재위원회가 이렇게 운영되는 한 위원회의 전문성이나 권위가 서기는 어렵다. 애초대로 의결기구로 바꾸고, 분과를 더 세분할 필요가 있다. 물론 이 문제는 예산과 인력상의 어려움이 있겠지만 반드시 시정되어야 할 사항이다.

문화재관리국의 위상이 상대적으로 낮은 것도 문화재 행정의 권위를 낮추는 주요 원인이 되고 있다. 문화재 행정의 중요성이나 규모에 비추어 그 위상과 예산, 인력 등이 너무 빈약하다.

문화재 행정은 국방부나 건설교통부 사업과 가장 예민하게 부딪치는 경우가 많다. 이 경우 정책의 우선 순위가 국방·건설·교통 쪽에 있다는 것은 세상이 다 아는 사실이다.

아무리 문화재의 가치가 크고 보호해야 할 대상이라 하더라도 이를 막아낼 법적 제도적 장치가 없다. 이러니 문화재관리국이나 문화재위원회는 이미 저질러진 일을 뒤처리하는 딱한 처지에 있다. 경부고속철도의 경주 통과 문제만 하더라도 여론이 이를 막아준 것이지 법과 제도가 막아준 것이 아니다. 경주와 같은 세계적인 고적도시도 지역 주민의 이해관계에 따라 얼마든지 파괴될 수 있는 것이 이 나라의 현실이다.

지방자치시대가 열리면서 득표를 의식한 선심행정이 이루어지는 것은 좋은 일이지만, 문화재 보호라는 측면에서는 부정적인 현상이 속출하고 있어 안타깝다. 단기적 이익사업에 치중하면 장기적으로 우리의 삶을 풍요롭게 하는 문화재 보호는 뒷전으로 밀리기 일쑤다. 긴 눈으로 지방사회의 미래를 설계하는 성숙된 안목이 지금처럼 중요한 때가 없다.

문화재 전문가의 부족도 심각하다. 건설공사장마다 매장문화재 발굴작업이 이루어지고 있으나, 발굴 전문가의 부족으로 한 대학이 일 년에 너덧 군데를 파고 있는 경우도 있다.

이런 상황에서 어떻게 정상적인 발굴과 제대로 된 보고서가 나오기를 기대할 수가 있는가. 정부 차원의 대책이 시급히 마련되지 않으면 이 나라의 매장문화재는 우리 시대에 모두 파괴되고 말지도 모른다.

　문화행정 당국에도 전문적 관료가 필요한데 일반 행정관료가 모든 문화행정을 주관하고 있는 것도 문제다. 이러니 문화행정의 전문화가 이루어지기 어렵다. 전문인력의 특채가 반드시 시행되어야 한다.

　문화재가 정신적으로나 경제적 부가가치로나 엄청난 자산임을 고려할 때, 문화행정의 제도적 보완과 더불어 국민의 문화의식이 성숙하여 문화재의 조작이나 파괴와 같은 수치스런 일이 발생하지 않아야 할 것이다. 이번 사건이 전화위복의 계기가 되기를 기대한다.

(《한겨레신문》, 1996. 6. 22)

문화재보호재단에 바란다
― 우리 문화의 해외홍보를 강화하자

　해외에 나가본 사람이라면 한국문화의 해외홍보가 얼마나 뒤떨어져 있는지를 절감하게 될 것이다. 그동안 한국경제가 발전하고 한국인의 해외 나들이가 많아지면서 한국이 동양에서 비교적 잘사는 나라라는 인식은 심어져 있다. 그래서 한국말을 하는 장사꾼도 늘어나고 한국어로 된 관광 안내책자도 심심찮게 발견된다. 그러나 한국이 중국이나 일본과 다른 독자의 문명을 가진 고도의 문명국가라는 것을 인정한 이는 극히 드물다. 한국은 아직도 은둔국에서 벗어난 것이 아니다.

　한국문화를 홍보하는 방법에는 여러 가지가 있다. 외국의 유명한 박물관에 한국코너를 번듯하게 꾸며주는 것도 한 방법일 것이고, 외국의 한국학을 지원하는 것도 중요하다. 그런데 비용이 적게 들고 효과적인 것은 우리의 역사와 문화를 외국어로 번역하여 보급하는 일이다. 외국의 한국학이 부진한 이유의 하나도 번역된 텍스트의 부족에 있다는 이야기를 자주 듣는다.

　요즘 무역역조와 국제수지의 악화가 심각한 상태에 이르고 있다. 그 원인 가운데에는 우리 것의 세계화를 등한시하고 외국 것을 받아들이는 데만 열중하는 얼빠진 세계화정책에 상당한 책임이 있다. 국제경쟁이 치열해질수록 경제사업에도 우리의 혼을 담고 부가가치가 높은 문화관광사업을 일으켜야 할 것이다. 그러므로 우리 문화의 해외홍보는 우리의 국위를 선양하는 데만 도움을 주는 것이 아니라 경제발전에도 크게 기여할 수 있다.

　우리 문화재의 외국어 번역은 우리나라를 찾아온 외국인을 위해서도 필요하다. 지금 국내의 왕궁이나 왕릉, 사찰 등 고적 관광지에는 제대로 된 영문 안내판이 없다. 고유명사의 표기도 통일되어 있지 않고, 문법이나 철자의 잘못이 너무 많아서 창피스럽기 짝이 없다. 그나마 영문 팜플릿도 없다. 기업이 이렇게 엉터리로 사업을 했다면 벌써 망했을 것이다.

　금년은 문화유산의 해이다. 문화재보호재단이 앞장서서 우리 문화재의 해외홍보사업에 적극적인 관심을 가져주기를 당부하고 싶다.

(《월간 문화재》, 1997. 4)

마음의 때를 벗기는 인문적 교양

가을이 오면 독서주간이 설정되고, 독서주간이 되면 낙엽이 뒹군다. 우리가 가을과 독서와 낙엽을 연관지으면서 살아가는 것은, 가을의 쾌적함과 낙엽의 쓸쓸함 속에서 자신의 오염된 정서를 씻어버리고 새롭게 거듭나고자 하는 인간의 자율적 자기정화(自己淨化)운동이 아닌가 싶다.

그러기에 진짜 독서는 깊은 사색과 참회가 따르게 마련이고, 독서하는 풍경이 평화스럽고 아름답게 보이는 것이다. 시험을 앞둔 학생이 교과서와 참고서를 분주하게 뒤적이고, 직업인이 자기 사업에 필요한 전문서적을 이것저것 들춰보는 것을 가지고 우리는 독서라 하지 않는다.

옛 사람들이 '수불석권(手不釋卷)'을 강조하고, '황금 백만 냥보다 한 권의 독서가 낫다'고 한다든가, '하루라도 책을 읽지 않으면 입안에 가시가 돋친다'고 하면서 독서의 의의를 강조하는 것도, 무슨 공리적(功利的) 이득을 전제로 한 독서보다는, 마음의 때를 벗기고

심성을 도야하는 인문적 교양(人文的敎養)을 위한 독서를 말하는 것이다.

그런데 나처럼 인문학을 전공하고, 그것으로써 생계까지 해결하고 있는 경우에는, 어디서 어디까지가 교양인으로서의 독서이고, 직업인으로서의 독서인지 분간하기가 난감하다. 그래서 나는 대학교수가 되기 이전까지를 대충 교양적 수준의 독서를 했다고 생각하고, 나의 독서편력을 더듬어 보려고 한다.

세 살 버릇이 여든까지 간다는 속담이 있지만, 나는 유년기 때의 독서경험을 생생하게 기억하고 있으며, 그것을 동화 속의 꿈나라처럼 아름답게 가꾸면서 살아가고 있다.

나는 충남 해미읍(海美邑)에서 10리쯤 떨어진 농촌마을에서 태어났다. 기차를 구경하지 못한 사람이 태반일 정도로 궁벽한 곳이다. 그러나 이곳에는 수십 가호의 한씨(韓氏)들이 동족부락을 형성하고 보수적인 양반문화를 지켜가며 근엄하게 살고 있었다. 우리 집도 그 가운데 하나인데, 특히 조부님은 양반법도에 어긋나는 일은 추호도 용납지 않아 동네에서 '호랑이'영감으로 불리고 있었다.

나의 가친(家親)은 보수적 가풍이 싫었던지 나를 낳자마자 처자를 데리고 서울로 이사했다. 그러나 불행하게도 요절하여 나는 5세 때 다시 고향의 할아버지 품으로 되돌아갔다. 그리하여 호랑이 할아버지 밑에서 양반교육이 시작된 것이다. 지금 생각하면 그때 고향마을에서, 그리고 할아버지 밑에서 보고 듣고 익힌 것은 《소학(小學)》의 가르침이었다. 말하자면 삼강오륜의 생활법도를 어린 나이에 익힌 것이다.

조부님은 나에게 조그만 지게도 만들어주시고 농사일도 직접 가르쳐 주셨다. 그러다가 6세가 되자, 본격적인 한학(漢學)공부를 위해 서당으로 보냈다. 마침 서당의 훈장은 백(伯)조부님으로 한학에 박식할 뿐 아니라 성품이 무척 온화하고 자상하여 나는 그분을 무척 좋아하고, 그분도 나를 극진히 아끼셨다.

서당개 3년이면 풍월을 읊는다는 말이 있지만, 나는 〈천자문〉을 떼고 《명심보감(明心寶鑑)》을 읽었다는 자체보다도, 나이든 선배들이 수준 높은 고전을 낭랑한 음성으로 읽는 것을 어깨너머로 주워들으면서 조선시대적 초등교육의 분위기를 흠뻑 맛볼 수 있었다. 내가 지금 조선시대 한적(漢籍)을 뒤적이며 사상사 공부를 하고 있는 것은, 어찌 보면 유년기에 이미 운명으로 결정된 것이 아닌가 싶기도 하다. 또한 고향마을과 그곳 사람들로부터 영향 받은 강렬한 농촌적 정서와 생활감정, 그리고 청빈한 선비상이 지금까지도 내 핏속에 잠재되어 있는 것이 아닌가 싶다.

8·15해방이 되면서 나의 생활구조는 크게 바뀌었다. 조부님이 돌아가시자 모친은 대대로 살아오던 고향의 모든 가산을 정리하여 도시로 이사하였다. 그곳이 내가 초·중·고등학교를 다닌 온양읍내다. 이곳에서 나의 한학교육은 끊어지고 신식교육이 시작되었으나, 불행하게도 질병과 휴학, 6·25전쟁과 피난살이의 연속 속에서 초등학교를 2, 3년도 제대로 다니지 못했다. 이 시기에 나는 정서적으로 적지않은 타격을 입고, 전쟁·가난·질병 등에 대하여 뼈에 사무치는 한 같은 것을 품게 되었으며, 더욱 억척스럽고 인내심이 강한 소년으로 변모되었다.

초등학교시절의 정서적 상처는 중·고등학교로 진학하면서 인도주의와 이상주의, 그리고 감상주의로 흐르게 되고, 그러한 정서에 맞는 소설류 등 문학작품을 무척 좋아하게 되었다. 청소년기에는 누구나 이러한 경향이 있게 마련이지만, 나는 사내답지 못하게 가끔 눈물을 흘리면서 책을 읽는 경우가 있었다.

중·고등학교 시절에는 사회도 차츰 안정되어 가던 추세라서 읽을거리도 제법 나왔다. 마침 천안에 사시는 고모님 댁이 큰 서점을 경영하고 있어서 읽고 싶은 책은 무엇이든지 빌려올 수 있었다. 또 당시의 학교교육은 지금처럼 대학입시를 위해 피를 말리도록 몰아치지 않았기 때문에 과외활동시간이 많아서 독서할 수 있는 시간적 여유는 오히려 많은 편이었다.

당시 내가 읽은 책은 일일이 열거할 수 없도록 많다. 서점에 꽂힌 세계명작전집이나 국내소설류 그리고 잡지류들은 거의 보지 않은 것이 없다. 그 가운데에서 가장 기억에 남는 것은, 외국소설로는 《레미제라블》, 《노틀담의 꼽추》, 《잔 다르크》, 《몬테크리스트 백작》, 《로빈홋의 모험》, 《로빈슨 크루소》, 《15소년 표류기》, 《로미오와 줄리엣》, 《리어왕》, 《햄릿》, 《춘희》, 《카라마조프가의 형제들》, 《죄와 벌》 등이다.

특히 도스토예프스키 작품을 가장 탐독했는데, 《카라마조프가의 형제들》을 읽고 한동안 이데올로기 문제로 번민하기도 해다. 이 소설은 알료샤라는 주인공을 통해 종교적 사랑이 사회주의적 사회개조보다 고통받은 사람을 더 근원적으로 구제할 수 있다는 주제를 담고 있다. 나는 기본적으로는 작가의 정신에 동의하면서도 주의나 이념도 무시할 수 없다는 생각을 갖게 되었다. 철저한 반공(反共)학생이던 나에게는 이 소설은 분명히 충격적인 여운을 던져주었다.

중·고등학교 시절에는 문학에 심취되어 대문호가 될 꿈도 꾸고, 문예부에 들어가 활동하기도 하였다. 그러나 그림에도 각별한 관심과 특기가 있고, 운동경기도 좋아하여 나의 과외활동은 다채로웠다. 이렇게 하고 싶은 일 다하고서도 원하는 대학에 입학한 것은 기적과도 같다.

나는 천성적으로 취미가 다양하고, 호기심이 많고, 무슨 일이든지 하면 열심히 하여 끝장을 보는 버릇이 있다. 대학에 들어와서도 나는 이른바 소문난 명강의는 빠지지 않고 들었고, 역사·문학·철학·사회과학을 막론하고 당시 명저라고 알려진 책들은 원서와 일역판(日譯版), 우리말 번역본 등을 골고루 갖추어놓고 읽었다.

대학시절에 가장 흥미를 느낀 것은 서양역사와 서양문화 그리고 서양철학이었으며, 그 다음으로는 동양사상, 그리고 가장 따분하게 느낀 것은 국사 강의와 국사 책이었다. 그래서 나의 독서경향은 자연히 서양쪽에 치우쳐 있었는데 《그리스신화》를 비롯하여 크로체의 《역사서술의 이론과 역사》, 콜링우드의 《역사의 이념》, 구치의 《19세기 역사와 역사가》, 슈펭글러의 《서구의 몰락》, 토인비의 일련의 저서들을 탐독했던 기억이 난다.

서양문화에 관해서는 당시 유행하던 문학책을 통하여 셰익스피어, 뒤마, 스탕달, 포우, 카뮈, 샤르트르, 모옴, 로렌스, 토마스 만, 괴테, 버나드 쇼, 카프카, 헤세 작품을 읽었고, 특히 영국의 점진적 사회주의 단체인 페비언협회(Fabian Society)의 일원으로 알려진 버나드 쇼에 대해서는 각별한 흥미를 느꼈다.

철학 분야에서는 당시 하이데거·야스퍼스의 실존철학이 유행이었으나 웬일인지 피부에 와 닿지 않았고, 칸트·니체의 무겁고 난해한 철학보다는 플라톤과 토마스 모어, 그리고 헤겔 쪽이 훨씬 흥미를 돋구었다. 특히 헤겔의 변증법과 역사철학은 역사학도의 입장에서 큰 감동을 받았다.

사회과학 분야에서는 케인스의 경제학 이론이나 탈코트 파슨즈의 기능주의 사회학이 당시 유행이었지만 실제로 나를 매료시킨 것은 최문환(崔文煥)의 《민족주의의 전개과정》과 넉시의 《후진국 개발론》 등 우리의 현실과 직접 연관되는 책들이었고, 막스 베버의 저서는 내가 가장 탐독한 사회과학 분야의 저서 가운데 하나다. 베버의 《직업으로서의 학문》은 학문하는 태도에서 가치중립의 중요성을 일깨워 주었고, 《프로테스탄트 윤리와 자본주의》는 지나치게 관념적이라는 비판도 있었지만, 나는 서양의 자본주의가 프로테스탄트의 직업윤리의식에서 출발하였다는 그의 독특한 해석에 깊은 흥미를 느꼈다.

베버의 동양사회관이 정리되어 있는 《유교와 도교》도 동양의 종교를 우위에다 놓고 동양사회의 특색을 파헤친 것으로 동양과 서양의 차이점과 공통점이 무엇인가를 놓고 고민하던 나에게 큰 시사를 주었다. 나는 베버의 저술은 물론이요, 그에 관한 연구서도 많이 수집해놓고, 카를 마르크스와 베버를 잘 조화시키면 위대한 사회과학 이론과 역사방법론이 나올 수 있겠다는 생각을 가지고 있었다.

동양사 분야에서는 중국사상사에 깊은 관심이 쏠렸다. 특히 량치차오(梁啓超)의 《선진정치사상사(先秦政治思想史)》와 《청대학술개론(淸代學術槪論)》에 매료되어 그의 《음빙실전집(飮氷室全集)》도 갖추어놓게 되었고 《중국사연구법(中國史硏究法)》, 《옥형공전(王荊公傳)》도 지금까지 애독하는 책의 일부다. 그 밖에 중국정치사상사와 중국철학사에 관한 저서는 궈모뤄(郭沫若), 후스(胡適), 펑유란(馮友蘭) 등이 지은 것을 통해 이해하였고, 황종희(黃宗羲)의 《명이대방록(明夷待訪錄)》과 캉유웨이(康有爲)의 대동사상(大同思想)에 대해서는 특별한 호기심이 발동하였다.

동양사상의 정수라고 할 수 있는 제자백가(諸子百家)와 《논어》, 《맹자》, 《중용》, 《대학》의 사서는 내가 본래 서당출신인 관계로 한자서 번역본 등을 참고해가면서 원문을 읽어가는 데 큰 어려움이 없었다. 이 밖에 《고문진보(古文眞寶)》와 《당송팔가문(唐宋八家文)》 같은 것도 서가에 꽂아놓고 틈틈이 자습하였다. 이와 같은 동양고전에 대한 이해는 지금 내가 한국사상사를 연구하는 데 큰 도움을 주고 있다.

나의 대학시절에는 정부의 강력한 사상통제정책으로 좌경서적은 물론이요, 민족주의 서적도 위험시하였다. 따라서 학생들의 독서경향도 자연히 제약이 따르게 마련이었다. 그러나 4·19 이후, 그러니까 내가 대학을 졸업한 이후, 장면(張勉)의 민주당 정부가 들어서면서 사상통제가 풀리고 좌경이념서적이 갑자기 봇물이 터지듯 범람하였다.

나는 졸업 후 출판사 편집사원으로 취직하는 한편, 대학원에 진학하여 국사를 전공하게 되었는데, 당시 을유문화사에서 간행된 《세계문학전집》과 《세계사상교양전집》, 《구미신서(歐美新書)》, 브린톤의 《세계문화사》, 페어뱅크의 《동양문화사》 등 수준높은 양서들 가운데 내 손을 거쳐 나오지 않은 것이 별로 없었다. 그 과정에서 나는 대학시절에 미처 읽지 못한 고급 인문 및 사회과학서적을 독파할 수 있는 기회를 가졌으며, 오히려 대학 4년 기간보다도 배운 것이 더 많았다. 몽테스키외의 《법의 정신》이나 《첼리니 자서전》, 마르코폴로의 《동방견문록》, 《몽테뉴 수상록》, 그리고 《플루타크 영웅전》을 비롯하여 《홍루몽》, 《열국지》, 《삼국지》 등이 내 손을 거쳐 나온 것들이다.

한편 내 서가에는 나의 전공과 관련된 좌경이념서적이 갑자기 불어나면서, 내 머리속은 온통 혼돈과 갈등이 일어나기 시작하였다. 《사적 유물론》이나 《자본론》은 물론이요, 레닌의 《제국주의론》, 소련과학아카데미의 출판물들, 마오쩌둥의 《모순론(矛盾論)》, 에드가 스노우의 《중국의 붉은 별》, 그 밖에 중공(中共)에 관한 일본학자의 연구서와 보고서, 카스트로·티토·수카르노·엔크루마 등 제3세계 지도자에 관한 책들, 그리고 북한에서 간행된 각종 학술서적과, 백남운(白南雲), 이청원(李淸源), 전석담(全錫淡), 이북만(李北滿) 등 좌익사가들의 저서 등이 내 서가를 새롭게 장식하였다.

분명히 나는 이 미지의 세계 속에 흠뻑 젖어들었고, 열렬한 진보적 민족주의자로 변신한 가운데, 국사 연구에 평생을 바칠 것을 결심하였다. 실로 서양학문을 선호하고 동양고전과 부르주아학문의 고전들을 넓게 섭렵하여 이 방면의 박식을 자부하던 나로서는 크나큰 변신이 아닐 수 없었다.

그러나, 나는 이러한 변신과정에 신경쇠약에 걸릴 정도로 번뇌와 고민의 늪에 빠져들었다. 하루는 유물론자가 되고 다음날은 관념론자가 되면서, 그야말로 우왕좌왕의 방향과 갈등 속에서 1960년대를 보냈다.

지금 생각하면, 머리가 파열될 것 같았던 그때의 사상적 고민과 갈등이 있었기에 나는 비로소 가치중립과 균형감각을 생명으로 하는 학문의 대도(大道)에 발을 들여놓게 되었는지도 모른다. 나는 스스로 좌우익의 싸움을 내 몸속에서 치러냈으며, 그것을 극복해가는 과정에서 조금씩 조금씩 내 목소리를 찾아가고 있는 중이었다.

학문은 제 목소리를 가져야 하며, 우리의 현실 속에서 실사구시적(實事求是的)으로 추출된 이론만이 우리 문제를 해결할 수 있는 가장 과학적인 이론이 될 것이다. 나는 지금 독서가 따로 있고, 직업이 따로 있는 처지가 아니다. 독서가 직업이요, 학문이 직업이요, 학문이 생활이면서, 그 생활 속에서 이제는 내 목소리를 냄과 함께 나누어 가질 수 있는 글을 써야 하겠다고 다짐하고 있다.

그리고 나는 독서야말로 사람이 늙지 않고 살 수 있는 가장 좋은 방법이라는 새로운 독서철학을 터득해가고 있는 중이다.

(《삼성문화》)

제 2 부

미래를 위한 역사의식, 역사교육

서울 600년의 문화사적 의의

올해(1994)는 대한민국의 수도 서울이 조선왕조의 수도로 정해진 지 600년이 되는 해이다. 대한민국은 조선왕조와 엄연한 정체의 차이가 있음에도 불구하고 조선왕조의 정도(定都)를 기념하는 것은 조선왕조와 대한민국의 문화적 연계성을 전제로 하는 것이다. 다시 말해, 서울의 역사를 정치적 관점에서 본다면, 정도 600년이라는 말은 성립되지 않는다. 왕조의 수도는 516년으로 끝났고, 대한민국의 수도는 46년에 지나지 않는다. 그리고 그 사이에 35년간의 경성부시대와 3년간의 미군정 수도가 있었다.

우리가 600년 서울의 역사를 정치적으로 바라볼 때에는 정통성이 이어질 수 없는 몇 단계의 단층이 존재하지만, 문화적으로 볼 때에는 그 단층들을 뛰어넘어 '서울문화'라는 통일체를 형성하게 된다. 그러므로 정도 600년의 일차적 의미는 '서울문화'의 의미를 되새기고 그것을 미래의 발전에 어떻게 짜넣을 것인가를 생각하는 데 있다고 하겠다.

■ 서울문화의 뿌리

서울역사의 중요성이 '서울문화'에 있다고 할 때, '서울문화'의 역사는 600년을 훨씬 넘어서고 있다는 것을 먼저 지적하지 않을 수 없다.

'서울문화'의 뿌리는 멀리 선사시대로 소급된다. 한반도의 중심부를 동서로 연결하고 남북으로 이어주는 한강 연안은 태고부터 살기 좋은 곳이었다. 특히 한강하류의 서울지방은 넓은 들에 높은 산들이 사방을 둘러싸고 있어서 일찍부터 원시인들의 취락이 형성되었다. 지금의 강동구 암사동에서 발견된 신석기시대의 집자리들은 이미 수천년 전부터 서울지방이 도시로 변해가고 있음을 보여주고 있다.

서울의 뛰어난 자연환경과 지정학적 조건은 고대국가가 형성되면서 그 진가가 한층 크게 발휘되었다. 이제는 단순히 살기 좋은 곳이 아니라, 한 나라의 중심지로서 각광을 받기 시작하였다.

오늘의 서울 경역 안에 처음으로 수도를 정한 것은 기원 전후시기의 백제였다. 백제가 475년 공주로 환도할 때까지 근 500년간 도읍을 정했던 위례성이 지금의 강동구와 송파구 그리고 성북구(혹은 동대문구·종로구) 일대임은 다 아는 사실이다. 위례성시대의 백제는 국력이 삼국에서 최강이었다. 고구려의 평양성을 함락하여 고구려왕(고국원왕)을 전사시키고, 왕인 박사로 하여금 《논어》와 《천자문》을 일본에 전해주게 한 것이 이 시대였다. 지금 강동구 석촌동에 군집해 있는 거대한 석축고분의 위용이 백제의 영광을 말해주고 있다.

19세기 초의 실학자 정약용은 백제의 강성이 서울의 지형에 힘입은 바 크다고 하면서, 백제의 남천이 백제의 쇠망을 가져온 원인이라고 해석하였다. 그의 지적은 다소 과장된 점도 없지 않으나 서울의 수도로서의 유리한 자연조건을 강조한 것은 경청할 만하다.

사실, 고구려·백제·신라 세 나라의 경쟁은 한강을 누가 차지하느냐의 싸움이었다고 해도 과언이 아니다. 한강을 차지하는 나라가 한반도를 지배한다는 믿음이 널리 퍼져 있었다. 백제가 남쪽으로 도읍을 옮긴 후 서울은 고구려에 의해서 점령되고, 그 여세를 몰아 삼국의 최강국으로 부상하였다. 그러나, 신라의 필사적인 반격으로 서울은 신라의 손으로 넘어가고 신라가 드디어 한반도의 지배자로 등장하였다. 신라의 삼국통일은 지리적 측면에서 보면, 서울과 한강유역의 점령이 결정적인 요인이 되었다. 저 북한산 높은 봉우리에 우뚝선 진흥왕 순수비는 이곳을 차지한 신라의 감격이 얼마나 컸던가를 말해주고 있다.

서울의 지리적 지정학적 중요성은 고려시대에 들어와서도 여전히 크게 주목되었다. 고려는 태조 왕건의 출신지인 개성을 수도로 정하였지만, 삼국의 수도였던 평양·한양(양주) 그리고 경주의 정치적 문화적 권위를 무시할 수가 없었다. 그래서 위 세 도시를 서경·남경·동경의 세 소경으로 승격시켰는데, 그 가운데에서도 남경(한양)은 시간이 흐를수록 지위가 격상되었다. 문종 21년(1067)에서 이태조의 한양천도에 이르는 327년간의 남경시대는 서울이 다시금 한반도의 중심도시로 성장해가던 준비기간이라 할 수 있다.

이미 문종 21년에 지금의 서울 성내에는 궁궐·누정(樓亭)·원유(園囿) 등의 시설이 들어서고, 주변 군현의 주민들을 이주시켜 도시화를 촉진하였으며, 그 후 숙종(1095～1105) 때에는 새로운 궁궐을 짓고, 수도 개경보다도 더 넓은 경역을 확정하여 이곳을 새로운 수도로 정하려고까지 하였다.

고려 조정이 서울을 새 수도의 후보지로 선정하고 도시건설에 박차를 가한 것은, 고려의 국력이 성장하면서 수도로서의 입지조건이 개성보다 월등한 서울지역의 중요성을 인식한 까닭이었다. 특히 우리나라 인문지리에 해박한 지식을 가지고 있던 풍수가들이 다투어 한양길지설(漢陽吉地說)을 내세우면서, 이곳으로의 천도를 강력하게 주장하였다. 숙종 때의 풍수가 김위제(金謂磾)는 서울 천도에 가장 적극성을 보인 인물이었다. 우리나라 풍수지리사상의 비조인 도선(道詵)의 계승자임을 자처하고 있던 김위제는 단군시대의 신지(神誌)가 지었다고 하는 〈비사(秘詞)〉와 도선의 〈도선답산가〉, 〈삼각산명당기〉 등을 인용하면서 한양이 장차 '황제의 수도' 즉 '제경(帝京)'이 될 것이라고 예언하였다. 그는 그 이유로써 한양을 둘러싸고 있는 산세의 웅자와 한강의 교통편리, 그리고 한반도에서 저울의 추에 해당하는 지정학적 위치 등을 들었다. 그에 의하면, 도선의 〈삼각산명당기〉에는 서울 주변의 산세가 다음과 같이 묘사되어 있다고 한다.

눈을 들고 머리를 돌려 삼각산의 산세를 보라. 북방을 등지고 남방을 향했으니 신선의 보금자리구나. 음양의 화맥이 세 겹, 네 겹으로 펼쳐지고, 웃통을 벗은 산들이 등과 등을 마주대고 명당을 지키는구나. 안전(案前)의 조산(朝山)이 다섯 겹, 여섯 겹으로 엎드려 절하고, 고산(姑山)·숙산(叔山)·부산(父山)·모산(母山)이 우뚝하게 감싸고 있구나. 세 개의 견산(犬山)이 안팎의 문을 지키면서 항상 주인을 모시는데 여념이 없구나. 청산(낙산)과 백산(인왕산)이 같은 높이로 솟았으니, 옳고 그름을 가릴 수 없구나

서울 산세가 지닌 명당의 조건을 가족이나 친족관계에 비유해서 노래로 읊은 이 구절 이외에도, 김위제는 서울을 둘러싼 외곽의 산들도 오행의 덕(五德)을 갖춘 명산이라고 하여, 서울을 '오덕구(五德丘)'라고도 불렀다.

김위제는 한강의 중요성에 대해서도 강조하는 것을 잊지 않았다. 한강에 도읍을 두면 "한강의 어룡이 사해로 통하고, 사해의 신령스러운 물고기들이 한강에 모여든다"고 한 것은 물고기에 비유하여

한강이 세계로 뻗어가는 중심지가 된다는 것을 예언한 것이다. 또 그는 한양에 도읍을 둘 경우, "국내·국외의 장사치들이 보배를 바치게 된다"고 하고, 36국 혹은 70국이 조공을 바치게 된다고도 하였다. 그러니까 우리나라가 세계의 중심국가로 떠오르게 된다는 것이다.

한양이 국가발전의 새 중심지가 된다는 풍수가의 주장은 합리적인 인문지리적 지식에 기초하고 있을 뿐 아니라 민심의 흐름을 타고 있었으므로 고려 조정의 관심이 한양에 쏠린 것은 당연한 이치였다. 문종과 숙종의 남경건설이 있은 이후로 고려의 왕은 이곳에서 몇 달 간씩 순주(巡駐)하기도 하고, 또 일시적으로 천도한 일도 있었다.

그러나 한양천도가 끝내 실현되지 못한 것은, 이곳의 주인은 왕씨가 아닌 이씨[木子]라는 예언이 한양길지설과 연계되어 유행한 까닭이었다. 이 이율배반적인 믿음 때문에 고려 조정은 한양에 오얏나무[李]를 심고 이것이 무성해지면 베어버림으로써 이씨에 대한 액막이를 하였다고 야사는 전한다.

목자성을 가진 이씨가 나와 밝고 깨끗한 새 시대를 연다는 믿음은 오행의 상생설(相生說)에 기초한 것으로, 수덕(水德)을 표방한 고려가 멸망하고, 이를 대신하여 목덕(木德)의 새 시대가 열린다는 혁명사상을 내포한 것이었다.

결국 한양의 주인공은 민중의 예언대로 이씨가 되었고, 이씨의 조선왕조는 한양을 도읍으로 하여 한층 도덕적이고 주체적이며 세계적인 조선조 문화를 활짝 꽃피우게 되었다.

■ 문화의 황금시대, 한양 조선

백제의 첫 도읍지로 출발한 서울 2천 년의 역사 가운데 516년의 조선왕조 한양시대는 가장 빛나는 문화의 황금시대라 할 만하다. 수도 한양은 과거 어느 왕조의 수도보다도 정치적 권위가 높았고, 그

문화는 동아시아 세계의 정상에 있었다.

조선왕조는 중앙집권체제의 완성기로서, 수도 한양의 왕명은 한반도 전역에 절대적 권위를 가지고 집행되었다. 신라의 5소경이나 고려의 3소경과 같은 부수도의 지원을 필요로 하지 않은 유일수도의 시대가 열린 것이다.

조선왕조는 정치적 통일과 함께 민족통일을 최초로 완성한 시대였다. 신라의 삼국통일은 민족통일의 첫걸음이었으나 그것은 영토상으로나 정서적 문화적으로 미진한 부분이 많았다. 그 미진한 부분을 한 단계 높여서 해결한 것이 고려왕조였다. 영토의 확장, 발해 유민의 포섭 등이 민족통일의 진일보를 가져왔다. 그러나 고구려 계승의식과 신라 계승의식이 아직도 잔존하여 정서적 문화적 통일을 이루지 못하였으며, 영토상으로도 압록강·두만강선을 확보하지 못하였다.

조선왕조는 4군·6진의 건설과 백두산 정계비 건립으로 북방경역을 간도지방까지 확장하였고, 울릉도를 비롯한 해안도서들에 대한 지배권을 확립하여 신라통일 이후 최대의 판도를 확보하였다. 더욱이 삼국을 균등하게 인식하고 단군을 민족시조로 정립하여 삼국유민의식을 청산하는 새로운 국사체계를 수립한 것은 정서적 문화적 민족통일의 완성을 의미하는 것이다.

단군조선의 유구성과 혈통의 순수성, 그리고 기자조선의 도덕성과 문화적 선진성을 자부하고 계승한다는 뜻에서 국호를 조선으로 정한 것도, 조선왕조의 건국이념이 주체성과 도덕성에 바탕을 두고 있음을 말해준다. 그리고 국호에 나타난 건국이념은, 한양이 민족웅비의 명당인 동시에 민심과 천심에 순응하는 도덕국가의 중심지가 된다는 정도이념과 서로 표리관계를 이루는 것이다.

조선왕조는 사회통합·지역통합에서도 획기적인 발전을 이룩하였다. 이미 삼국유민의식의 청산을 통해 지역통합의 정신적 바탕이 이루어졌거니와, 이를 제도화한 것이 8도의 인구재배치와 과거합격자에 대한 도별할당제이다. 인구 재배치는 조선 초기에 이미 일단락되어 함경·평양·황해도 등 북방 3도의 인구가 남방 5도의 인구와 균형을 이루게 되었으며, 과거시험의 초시합격자수를 각 도의 인구비율로 안배하여 전국에서 골고루 인재를 등용하게 되었다. 이러한 지역차별의 타파가 조선왕조의 사회통합과 주민의 단결심을 촉진시키는 데 기여한 것은 물론이다. 따라서 수도 한양은 전국에서 골고루 뽑힌 인재들이 모여 군신공치(君臣共治)의 왕도정치를 꽃피운 정치중심지이기도 하였다.

서울 사람들은 예나 지금이나 지방적 배타성이 약하고 마음의 문이 비교적 넓게 열려 있다. 이것은 서울의 정치운영이 개방성을 가진 것과 관련이 있는 동시에, 정도 이전의 향토문화 자체가 백제·고구려·신라문화를 골고루 흡수하여 좀더 개방적인 민족문화로 융합되어 있었던 것과도 떼어서 생각할 수 없다. 평양이 고구려문화 일색이고, 경주가 신라문화 일색이며, 공주·부여가 백제문화 일색인 것과는 현저한 차이가 있으며, 이 점이 미래의 민족통일국가의 중요성을 다시 한번 일깨워준다.

조선왕조 518년간 수도 한양에서 이루어진 민족문화의 업적들은 일일이 헤아리기 어렵다. 무엇보다도 한양문화의 정도는 유교문화에서 찾을 수 있다. 동아시아 세계가 크게 보면 유교문화권에 속하지만, 가장 순도 높은 유교문화를 꽃피운 나라는 조선왕조였다.

유교의 핵심은 교육과 학술의 장려, 인본주의와 도덕주의, 자연과의 조화를 통한 생명체의 존중, 통제경제와 시장경제의 조화, 언로의 개방과 기록에 의한 정책의 투명성 확보 등을 담고 있다. 이는 근대국가가 지향하던 민주적 가치체계와 상통하는 면이 매우 많다. 물론 유교는 농본주의와 계급적 차별주의를 지니고 있다는 점에서 한계성이 없는 것은 아니지만, 버릴 것보다는 배울 것이 더 많은 가치체계이다.

조선왕조는 유교국가의 우등생으로서 높은 유교수준과 학술의 발달을 가져오고, 수많은 청백리의 아름다운 일화들을 남겼으며, 도덕적 가치를 위해 목숨을 초개처럼 던져버린 충신·의사·열녀·효자들을 무더기로 배출하였다. 바로 이 도덕주의가 조선왕조 518년의 장수를 이끌어낸 최대의 힘이었다.

한양에서 피어난 양반·선비들의 유교문화는 국제감각도 매우 뛰어났다. 양반·선비들은 침략세력에 대해서는 목숨을 걸고 저항하면서도, 평화적인 이웃나라에 대해서는 도덕과 예의를 바탕으로 우호친선을 도모하였다. 명나라에 대한 사대는 명이 침략국가가 아니기 때문에 예의로서 대한 것이며, 명이 망한 이후에도 명을 숭상한 것은 침략국가인 청에 대한 증오심이 상대적으로 왜란 때 우리를 도와준 명에 대한 숭모심으로 나타난 것이다. 따라서 숭명사상은 본질적으로 정의를 사랑하는 마음에 지나지 않으며, 현실적으로 명이 없어진 상황에서 유일하게 정의를 지키고 사는 나라는 우리뿐이라는 자부심의 발로이기도 하였다.

한양의 높은 양반문화는 주변국가로부터 존경심을 얻었고 주변국가들에게 심대한 영향을 주었다. 조선의 종이와 모필 등 문방도구는 중국이 따르지 못하는 최고품으로서 중국인의 열렬한 애호를 받았으며, 조선의 통신사들이 건네준 서화·지필묵 등이 일본의 인문문화를 높여준 것은 다 아는 사실이다. 적어도 인문교양에 관한 한 그 어느 나라도 조선 선비를 능가하지 못하였다.

한양에 세워진 궁궐들은 대부분의 전각들이 정청과 학문기관, 그리고 도서관으로 구성되어 있다. 특히 궁중도서관은 언제나 세계적 규모의 장서를 보유하였다. 고려시대에도 송나라 사신이 궁중도서관의 장서(수만 권)에 놀라움을 표시한 바가 있고, 송나라가 고려에 와서 수천 권의 도서를 구입하거나 필사해간 사실이 있었다. 조선왕조에 들어오면 궁중도서나, 6조, 혹은 사고에 보관된 장서가 엄청나게 늘어나고, "발간되지 않는 책이 없고, 독서하지 않는 사람이 없다"는 말이 유행할 정도로 독서·출판왕국이 되었다.

정조 때 규장각에 수장한 도서가 약 수만 권이요, 예조·춘추관·사고 등에 보관되어 있던 장서를 합친 것이 20만 권을 헤아린다. 지금 서울을 찾는 외국의 석학들이 가장 놀라움과 부러움을 느끼는 것이 20만 권의 고도서들이라는 것을 명심할 필요가 있다.

우리의 고도서들은 기록의 철저함과 정밀함에서도 보는 이의 감탄을 자아낸다. 조선의 위정자들이 얼마나 국가관리와 자기관리에 철저하고 세심하게 정성을 쏟았는가를 보여준다.

우리는 흔히 양반과 유교가 조선왕조의 멸망을 가져왔다고 믿고 있지만, 실은 정반대이다. 양반과 유교의 깨끗함과 철저함이 도리어 우리나라 역사상 최장수의 왕조를 유지해왔다는 것을 알아야 한다.

위대한 문명도 포악한 자에 의해서 일시적으로 무너질 수 있다. 로마문명이 게르만민족의 이동에 의해서 일거에 무너진 것도 그 예이다. 그렇다고 로마문명을 가치없는 것으로 보는 사람은 없다.

조선왕조의 위대한 문명도 포악한 일본에 의해서 무너졌지만, 그 문명의 여맥이 있었기에 해방 후 한강의 기적이 일어났음을 기억해 두어야 한다.

▣ 다시 태어나야 할 서울

일제가 우리를 식민통치하기 위해 우리의 역사를 날조하고 우리의 문화재를 파괴한 것은 다 아는 사실이다. 그러나 그 파괴의 정도가 어느 만큼 큰 것인가를 제대로 아는 이는 드물다.

일제에 의해 파괴된 역사와 문화재 가운데서 가장 피해가 큰 것은 조선시대이며, 조선의 심장부인 서울이었다. 그들은 망국의 책임을 엉뚱하게 조선왕조에 떠넘기고, 왕조문화의 정수인 궁궐과 관청가를 집중적으로 파괴하였다.

　서울은 원래 세계 최대의 궁궐도시였다. 왕조의 연륜이 길어진 까닭에 궁궐이 많아질 수밖에 없었다. 그리고 외적의 침략에 대비하여 북한산·남한산성·강화도·수원 등지에도 행궁이 조성되었다. 만약 이들 궁궐들이 완전하게 보존되었다면 서울은 민족정기가 팽팽하게 살아있고, 아름다운 산수의 경관과 더불어 세계적으로 손꼽히는 고적관광도시가 되었을 것이다.

　그러나 지금 서울에 남아 있는 궁궐은 처참하기 이를 데 없다. 200여 채의 전각이 있었던 경복궁이 어떤 모습으로 변모되어 있는지는 우리가 다 아는 사실이다. 총독부는 비단 경복궁의 숨통을 막은 것이 아니라, 서울 전체, 그리고 한반도 전체의 숨통을 막는 요지중의 요지에 버티고 있는 것이다. 100여 채의 전각들이 들어섰던 경희궁을 흔적도 없이 쓸어버렸고, 500여 채의 전각이 있었던 창덕궁과 창경궁은 지금 남아 있는 것이 10분의 1도 되지 않는다. 정조가 사도세자를 추모하여 세운 경모궁에는 서울대학 병원이 들어섰다.

　어느 나라든지 왕궁은 그 나라의 상징이요, 외래객이 가장 먼저 찾는 곳이다. 모스크바의 크렘린, 베이징의 자금성, 파리의 베르사이유, 런던의 버킹엄이 각각 그 나라의 상징이 되고 있는 것은 다 아는 사실이다.

　더욱 안타까운 것은 우리 스스로 도시개발이라는 이름으로 고궁과 고적들을 훼손하고 있는 경우가 많다는 것이다. 고궁 안이나 고궁 혹은 성내 주변에 고층건물을 짓는 것은 상식 이하의 짓이다. 적어도 사대문 안의 옛 한양 시가지는 원형복원에 목표를 두고 도시개발을 자제했어야 옳았다.

　때늦은 감이 있지만, 이제부터라도 서울 제모습 찾기의 백년대계를 세워야 한다. 우선 시급한 것은 파괴된 고궁을 복원하는 일이다. 그리고 고궁의 안내판에 옛 고궁의 모습을 그린 궁궐도를 게시하여

내외 관람객들에게 보여줄 필요가 있다. 안내문의 개선과 안내자의 재교육도 시급하다.

고궁 주변은 고궁의 품격을 높여줄 수 있는 고풍스러운 문화의 거리가 조성되어야 한다. 종묘 앞의 상가를 철거하고 종묘와 남산을 남북축으로 연결하는 시원한 대로에 서화·골동품 등을 취급하는 고문화 거리를 조성하는 방안을 검토해볼 만하다. 차도를 좁게 하고 인도를 넓게 하여 보행자가 편안하게 즐길 수 있게 하고, 전통한옥식 상가를 배치하면 더욱 제격일 것이다. 베이징의 유리창(琉璃廠)과 같은 명소가 서울에는 한 군데도 없다.

서울에는 몇몇 위인의 동상이 서 있다. 그러나, 기이할 정도로 거리 이름과 인물이 일치되지 않는다. 충무로에 있어야 할 이순신은 세종로에 있고, 세종로에는 세종이 없다. 다산로에 있어야 할 다산은 남산에 있고, 퇴계로·율곡로·을지로·원효로 등 대표적 거리에는 아무런 상징물도 없다.

서울의 문화적 연출은 원칙도 식견도 없이 그저 무질서하게 즉흥적으로 늘어놓은 것뿐이다. 세계적 대도시이자 우리의 수도인 서울이 이런 모습으로 커간다고 해서 그것이 서울의 발전이라고 생각한다면 이는 큰 오산이며, 문화민족의 수치이다.

우리는 그 동안 천박한 근대화이론에 매달려, 서구식으로 정제된 도시도 아니고 전통적 정서도 배어 있지 않은 정체불명의 사생아도시를 만들어놓았다. 20만 안팎의 도시인구가 1,200만으로 늘어난 것 자체가 얼마나 무계획적인 도시인가를 말해준다. 저 600년 전 한양 정도에 담겨 있던 주체성·도덕성·세계성의 정신은 어디로 갔는가를 자문하지 않을 수 없다. 그나마 서울을 에워싼 사산(四山)과 오덕구(五德丘)의 푸르름과 한강의 시원함이 메마르고 각박한 서울 시민의 정서를 감싸주고 있는 것이 천만다행이다.

서울은 다시 태어나야 한다. 4천만의 수도가 아니라, 7천만 겨레

의 미래의 도시로 다시 태어나야 한다. 그리고, 900년 전 김위제가
예언했듯이, 한강의 어룡이 사해로 뻗어나가고, 사해의 신어들이 한
강으로 모여드는 세계의 중심지로 태어나야 한다. 서울은 그렇게 될
만한 천혜의 지리적 지정학적 조건을 갖추었으며, 그 천혜의 이점을
살리면서 2천 년 고도의 문화를 꽃피워 온 우리 민족의 심장부이다.
서울이 다시 태어나는 날 한민족의 르네상스가 시작될 것이며, 세계
는 바뀔 것이다.

(서울시립대학 주최 '잃어버린 서울, 다시 찾는 서울' 학술회의 발표문, 1994. 10)

문민시대의 역사의식

양의 동서(東西)와 때의 고금(古今)을 막론하고 국가와 민족의 생존능력을 좌우하는 것은 힘과 도덕성이다. 힘이 약해서 국망(國亡)의 비극을 맛본 가장 좋은 예가 바로 대한제국의 멸망이다. 동방의 이름 높은 군자국(君子國)으로 도덕성이라면 우리나라를 뛰어넘을 나라가 없었다.

수준 높은 문민문화(文民文化)인 선비전통을 지키면서 살아오던 우리 조상들이 우리를 배우면서 뒤쫓아오던 일본에 패망한 것은 순전히 군사력과 경제·기술과 같은 힘의 논리에서 진 것이라 할 수 있다. 아무리 인격이 고매하고 선량한 사람이라도 힘센 자가 휘두르는 주먹은 피할 수 없는 것과 같은 이치이다.

힘의 논리에 바탕을 둔 제국주의가 도덕적으로 옳지 않다 하더라도 그 희생물이 된 우리로서는 힘의 논리를 따라가지 않을 수 없었다. 그래서 근대사 100년을 우리는 부강한 나라의 건설에 목표를 두고 정신없이 치달려왔다. 힘을 키우는 것만이 살아남는 유일한 가치로 체득해버린 것이다.

해방이 되고 남북분단과 동족상잔의 전쟁을 치르면서 힘에 대한 숭상은 극도에 이르게 되었다. 도덕을 이야기하는 것은 잠꼬대 같은 소리로 묻혀버렸다.

5·16을 계기로 정치 자체가 무단화하면서 힘의 논리는 전 사회를 이끌어가는 절대적 가치체계로 자리잡았다. 조국근대화의 기치 아래 추진된 경제건설이나, 새마을운동의 '잘살아보세' 바람 등은 모두가 올바르게 살자는 도덕성이 바탕을 이룬 것이 아니라, 수단과 방법을 초월하여 배불리 먹고 떵떵거리며 살자는 극히 세속적 졸부의 철학이 담긴 것이었다.

그로부터 30여 년의 세월이 지난 오늘, 우리는 세계 15위 이내의 경제대국으로 떠올랐다. 참으로 기적과 같은 경제성장이 아닐 수 없다. 그러나 이 엄청난 물량적 성장의 배경에는 상상도 하기 어려운 부정과 부패, 그리고 이러한 불의와 부정을 나쁘다고 생각지 않는 무서운 도덕불감증이 깔려 있었다.

돈이 권력을 낳고, 권력이 다시 돈을 생산하고, 돈을 가지면 공부 못하는 아이도 대학진학이 가능하고, 대학졸업장과 박사학위도 살 수 있는 세상이 되어 버린 것이다.

아무리 좋은 일을 하려고 해도 이른바 '돈 로비'를 하지 않고는 되는 일이 없다. 천하만사가 돈놀음으로 이루어지는 세상이니, 양심과 도덕을 따지고 가르치고 연구하는 학자나 문인들은 뒷전으로 밀려나고 그 목소리는 모기소리만큼도 들리지 않게 되었다. 한 나라의 정신문화를 지도하는 인문학은 그 존재가치가 의심받는 처지로 몰락한 것이다. 대학에서 이공계와 인문계를 지원하는 데는 하늘과 땅만큼이나 격차가 벌어졌다.

지금 이 나라의 교육·문화풍토가 힘의 논리로 체제화되어 있고, 국민의 의식구조 자체가 크게 바뀌지 않은 상황에서 새 정부가 추진하고 있는 부정·부패 척결운동이 얼마 만큼의 실효를 거둘는지 깊은 관심의 대상이 되지 않을 수 없다. 현 정부의 개혁정책에 대한 국민의 지지도가 90퍼센트를 오르내리는 것으로 보아, 단기적으로는 성공을 거두고 있는 것은 확실하다. 그러나 매사는 시작도 좋아야 하지만 끝이 좋지 않으면 원점으로 되돌아갈 수도 있음을 유념해야 한다.

　역사를 통해본다면, 어느 왕조이든 어느 군주이든 집권 초기에 개혁을 하지 않은 경우는 드물다. 고려시대 최충헌과 같은 학식 없는 무부(武夫)도 집권 초기에는 개혁에 열을 올린 일이 있으나 나중에는 민가 100여 채를 헐어 개인저택을 지을 정도로 부패하였다. 공민왕이 개혁의 기수로 이름 없는 떠돌이 승려 신돈을 중용했을 때 국민들은 성인이 나타났다고 환호하였으나 권력의 맛을 본 신돈의 말년은 구악(舊惡)을 능가할 정도로 흉측하였다.

　멀리 생각할 것 없이, 가까운 군사통치시대에도 이른바 부정축재자에 대한 제재조치가 몇 번이나 되풀이되었으나 번번이 실패하였음은 우리가 잘 아는 사실이다.

　반면에 세종이나 정조와 같이 당대의 개혁이 수백 년 뒤에도 길이 추앙되면서 성군(聖君)으로서 평가받는 경우도 있다.

　세종과 정조는 그 자신이 뛰어난 학자로서 모든 문제를 학문과 교육, 그리고 제도개혁으로 풀어나갔다. 집현전과 규장각이라는 학문연구기관이 그 시대의 개혁을 이끌어간 중심기관이었음은 잘 알려진 사실이다. 말하자면, 우리 역사상 문민정치의 모범을 보여준 것이다. 세종과 정조는 사람을 다치지 않고, 사람의 마음을 바꾸고, 제도를 바꾸어 그 개혁의 실효가 장기적으로 지속될 수 있었다.

　지금 문민시대의 개막을 선언한 새 정부가 들어서면서 '군(軍)' 대신 '민(民)'이 권력을 장악한 것은 일단 획기적 변화로 평가할 만하다. 그러나 문민시대에 당연히 나서야 할 '문(文)'이 보이지 않는 것은 문제가 있다. 물론 집권 3개월여에 '문'이 모습을 보이기에는 아직 이르다고 생각할 수도 있다. 그러나 '문'이 수반되지 않는 개혁은 단기적 충격효과로 끝날 가능성이 있음을 깊이 유념해야 한다.

지금까지의 개혁은 고질적 중환자의 환부를 도려내는 대수술 작업이라 할 수 있고, 메마른 박토의 자갈돌과 잡초를 제거하는 과정으로도 비유될 수 있다. 이는 당연한 순서이고 꼭 필요한 과정이기도 하다. 그러나 환자는 수술만으로 건강을 되찾는 것이 아니다. 보신을 위한 영양공급이 따라야 한다. 우수한 치농(治農)은 자갈돌과 잡초만 제거한다고 되는 것이 아니다. 적절한 시비(施肥)와 제충(除蟲)과 토양관리가 병행되어야 한다. 국가경영의 철학도 이러한 원리에서 벗어나는 것이 아니다.

신경제건설 5개년 계획이 추진되고 고통분담이 강조되고 있다. 경제의 문외한으로서 그 타당성과 실효성에 대해서는 알 수 없으나, 다만 그러한 정책이 21세기의 신국가상(新國家像)과 총체적으로 어떻게 관련되는지는 설명이 있어야 할 것이다.

미래의 국가상에 대한 포괄적 청사진이 없으면 국민심리는 방향성을 잡기 어렵다. 그러한 상황에서의 급진적 개혁은 필요 이상의 불안감을 조성할 수도 있다. 과거에 대한 징죄(懲罪)에 못지않게 지금 필요한 것은 국민에게 꿈과 희망을 주고 미래에 동참할 것을 적극 유도하는 일이다.

무엇보다도 과거에 대한 징죄가 도덕성 회복에 목적이 있다면, 21세기의 국가상을 문화대국에 두고 대대적인 학술문예 부흥운동을 펴나가야 한다. 세종이 15세기의 르네상스를 가져와 동양권은 물론이요 세계적으로도 수준 높은 문명국을 이루었다면, 정조가 그 뒤를 이어 18세기 한국문화를 세계 정상권으로 끌어올렸음을 기억해야 한다. 300년을 주기로 이어지는 국가중흥운동, 문화중흥운동이 이제 300년의 주기를 또 한 차례 맞게 된 것이다.

　이제 문화가 경제를 이끄는 시대가 와야 한다. 세종과 정조시대에
국가경제력이 우뚝했던 것이 바로 문화 주도 경제발전의 당위성을
역사적으로 입증한다. 정조 문화의 보고인 규장각을 주목할 때가 되
었다. 위대한 문민의 전통문화로부터 교훈을 찾고 자신감을 회복하
는 일은 문민정부가 해야 할 시급한 과제라고 믿는다.

(《계간 감사》, 1993. 6)

한국 공직자의 전통사상과 가치관

평소에 국사 공부를 하면서 저는 개인적으로 큰 행복감을 느끼고 있습니다. 이것은 과장해서 드리는 말씀이 아닙니다. 제가 약 40년 가까이 역사공부를 하고 있습니다마는 하면 할수록 매료되는 학문입니다. 다만 우리 국민들이 국사에 대해서 그런 행복감을 같이 맛보며 사시는지 회의를 가질 때가 있습니다. 그것은 저희 학자들이 생각하는 국사와 우리 일반 국민들이 받아들이는 국사 사이에 상당한 격차가 있기 때문입니다.

우리 학자들이 일반 국민들보다는 더 적극적으로 더 긍정적으로 역사를 바라보고 있다고 자부하고 있습니다.

그리고 기회만 있으면 전문가들이 생각하는 국사를 우리 국민들에게 알릴 필요가 있겠다는 생각을 가지고 있습니다. 오늘 제가 이 자리에 나오게 된 것도 저 개인뿐만 아니라 우리 학계에서 역사를 어떻게 해석하고 있는지 보여드리고 싶어서입니다.

공직자의 전통사상과 가치관을 말씀드리기 전에 우선 우리 나라를

통괄해서 볼 때, 우리 한국사의 본질이 무엇이겠는가 하는 총론적인
이해를 먼저 가질 필요가 있다고 봅니다.

■ 한국사의 본질

첫째로, 우리 역사를 이끌고 온 주역이 누구인가? 물론 엄밀히
따지면 우리 국민 전체일 것입니다. 그러나 그 가운데서도 더 주동
적 역할을 한 사람은 역시 당시에 권력을 쥐고 정치를 이끌어갔던
사람들을 대상으로 생각하지 않을 수가 없습니다. 거시적으로 생각
할 때, 우리 역사의 주체는 역시 선비계층인 것입니다. 선비라고 하
는 지식인이 끌고 온 역사, 이것이 우리 역사의 첫째 특징입니다.
다시 말하면 우리나라는 지식인 국가였습니다. 요즈음의 표현을 빌
린다면 문민국가였다고 말할 수 있습니다.

그러므로 문민시대를 열기 전에 생각하던 우리 역사와 문민시대를
열어가고 있는 이 시대에서 보는 우리 역사는 좀 달라질 수 있습니
다. 다시 말해 더욱 긍정적으로 보일 수 있을 것 같습니다.

중국이나 일본도 지식인들의 역할이 컸음은 틀림없습니다마는 일
본의 경우는 지식인보다는 오히려 무사가 주동이었고, 중국도 선비
들이 나라를 이끌어왔다고 볼 수 있지만, 그 순수성과 농도에서, 우
리나라가 중국보다 더 짙다고 저는 개인적으로 생각하고 있습니다.

둘째로, 이 역사의 주체인 선비가 가지고 있던 가치관은 주체성
과 도덕성이라고 말씀드리고 싶습니다. 이 주체성과 도덕성은 칼의
양날처럼, 수레의 두 바퀴처럼, 또는 새의 두 날개처럼 균형을 잡으
면서 우리 역사를 이끌어왔다고 해석을 내려봅니다. 그리고 바로
이런 주체성과 도덕성이야말로 우리 민족의 생명력으로 작용했던
것입니다.

우리가 역사를 공부할 때, 가장 중요한 것은 그 역사를 이끌어온
우리 조상들의 생명력을 찾아야 하는 것입니다. 이것을 포착하지 못

하면 역사적인 사건을 많이 안다고 해도 그것은 별로 도움되는 지식이 아니라고 생각합니다. 생명력을 찾아낼 때, 참된 역사교육의 진수(眞髓)가 나타날 수 있는 것입니다.

주체성이라고 하는 것은 쉽게 말하면 뿌리사랑입니다. 한국인의 뿌리사랑하는 마음은 대단히 깊습니다. 이 뿌리와 관련되는 것 가운데 첫째로, 우리는 혈통을 굉장히 사랑합니다. 둘째로는 우리가 몸 담고 살아가고 있는 국토사랑입니다. 그 다음에는 하늘에 대한 사랑입니다.

하늘사랑에 대해서는 좀 의아하게 생각하실지 모르겠습니다마는 한국인의 마음속에는 하늘사랑이 매우 큽니다. 그리고 이 하늘이 바로 우리의 조상이라고 보는 것입니다. 이런 뿌리사랑의 원초적인 형태를 보여주는 것이 단군신화입니다. 단군신화 속에는 여러 가지 신비적인 요소가 많은데 그것이 과학적이냐 아니냐를 따지기 전에 그런 신화를 만들어낸 사람들의 마음이 중요한 것입니다. 그 마음속에는 아주 깊은 뿌리사랑이 들어 있습니다. 하느님인 환인(桓因)의 아들 환웅(桓雄)이 태백산(太白山)에 내려와서 웅녀(熊女)와 결혼해서 단군(檀君)을 낳게 되는데, 우리는 환인·환웅·단군을 삼신(三神)이라고 부릅니다. 오늘날도 아기를 낳을 때 삼신할머니께 치성을 드리는 풍속이 남아 있습니다. 바로 이 삼신이 단군신화에 나오는 신격(神格)을 이야기하는 것인데, 우리는 이것을 삼신일체로 받아들이고 있는 것입니다.

단군신화 속에는 아주 중요한 천손의식(天孫意識)이 들어 있습니다. 우리는 하나님 즉 환인의 후예로서 하늘의 피를 받고 태어난 민족이라는 의식이며 하늘이 우리의 고향이요, 우리는 죽는 것이 아니고 다만 하늘로 되돌아간다고 하는 생각입니다. 사람이 죽으면 "돌아가셨다"고 말하며, 하늘로 돌아가는 것을 조천(朝天)이라고도 말해왔습니다. 우리의 고대신화를 보면 아무도 죽은 사람은 없고 모두 하늘로 되돌아갔을 뿐입니다. 그러므로 하늘이 우리의 고향이요, 우리의 뿌리와 혈통의 근원이라고 하는 것입니다. 이것이 뿌리사랑이며 우리 한국인의 고유한 정서로서 뿌리 깊게 내려오고 있습니다. 지금도 우리들의 무의식 속에 이런 믿음이 깔려 있는 것입니다. 하늘이 우리 모든 것의 뿌리이기 때문에 하늘을 존경하고 제사지내는 제천보본(祭天報本)의식으로 발전하였고 여기에서 조상에 대한 효(孝)의 개념이 나오는 것입니다. 한국인 가운데 효자충신이 많은 것은 유교의 삼강오륜(三綱五倫)에 기인한 것이 아니고 하늘을 경배하는 교육의 신앙 자체가 효였던 것입니다.

이런 뿌리사랑이 역사계승의식으로 전승되는데, 한국인처럼 역사를 계승하려는 정신이 강한 민족도 없습니다. 이것을 가장 잘 보여주는 예는 왕조가 새로 생길 때, 반드시 우리는 옛날의 영광을 계승하겠다는 정신으로 국호를 정하고 있습니다. 고려(高麗)라는 국호는 고구려(高句麗)를 계승하려는 것이고, 조선(朝鮮)은 고조선(古朝鮮)의 영광을, 대한제국(大韓帝國)은 삼한(三韓)의 영광을 계승하겠다는 것이었습니다. 동서고금의 역사상 새로운 국가를 세울 때, 옛날의 역사를 계승 발전시키겠다는 예는 찾아보기 어렵습니다. 우리 민족은 남달리 역사를 사랑하는 민족입니다. 한국사학사(韓國史學史)를 공부하다보면, 예로부터 우리나라의 역사책 수가 엄청나게 많다는 것을 알게 됩니다. 이 역사계승의식이 바로 우리의 주체성인 것입니다.

다음은 도덕성에 관한 말씀입니다. 도덕성의 뿌리도 단군신화에 있습니다. 환웅이 360가지 일을 주관함으로써 홍익인간(弘益人間)을 한 것으로 되어 있습니다. 이것은 바로 우리 도덕성의 근원입니다. 이것이 뿌리가 되어 여기에 유교·불교·도교의 도덕이 접목되면서 한국적인 도덕체계가 세워지는 것입니다. 우리는 중국에서 받아들인 사상이 어떻게 한국화(韓國化)되는가 하는 과정을 이해해야 됩니다. 이것을 모르면 우리는 중국문화의 아류라는 평가밖에는 받을 수 없습니다. 사실 국제적으로 한국문화가 제대로 평가를 못 받고 있는 이유 가운데 하나는 한국문화는 중국문화의 모방에 불과할 것이라는 외국인들의 선입견에 대한 해명을 제대로 해주지 못하기 때문입니다. 한국문화의 뿌리(originality)가 따로 있다는 것을 설명할 수 있어야 합니다. 중국문화를 받아들이기 전에 한국인의 마음속에 뿌리가 있었고 그것이 모체가 되어 중국의 문화를 한국화시킬 수 있는 바탕이 되어 있었다는 것입니다. 홍익인간이 바탕이 되어 유교·불교·도교가 접목되고, 특히 유교의 도덕사상의 영향으로 공익정신(公益精神)이 뿌리를 내려갑니다.

한국인의 공개념(公槪念)은 대단히 강한 것입니다. 가령 공론(公論), 공전(公田), 공거(公擧), 공직(公職)…… 등과 같이 모든 일을 공정하게 하려고 노력할 때, '공(公)'자가 붙는데, 이것은 또 '사(私)'를 억제하려는 감정이기도 합니다. 주체성과 도덕성은 우리나라를 이끌어온 생명력이 되는 우리의 정신적 가치체계라고 생각합니다.

세번째로 말씀드리고 싶은 것은 우리의 국제적인 위상입니다. 우리의 모습이 외국에 어떻게 보였는가 하는 것은 대단히 중요합니다. 우리가 우리 스스로 자존, 자만하며 대단했다고 말하면 무슨 소용이 있겠습니까? 남이 인정을 해주어야 되는 것입니다. 사실 우리는 외국으로부터 대단히 높게 인정을 받으며 살아왔다고 하는 사실을 지금부터 말씀드리려고 합니다.

원래 중국사람들이 우리나라를 표현할 때, 이(夷)라고 했습니다. 요즈음 옥편(玉篇)에는 오랑캐 '이'자로 되어 있는데, 본래 '이(夷)'자는 '오랑캐 이'자가 아닙니다. 한자의 원래의 뜻을 적은 원전인 허신(許愼 ; 後漢)의 《설문해자(說文解字)》라는 책에 '이'자를 큰대(大)자와 활궁(弓)자를 합친 것이라고 했는데, 이것은 '큰 활을 가진 사람'이라는 뜻으로 풀이됩니다. 우리 동방 사람들이 활을 잘 쏘기로 유명했는데, 오늘날도 우리나라가 활쏘기[洋弓]는 세계적으로 우위를 차지하고 있는 것입니다. 따라서 '이'라고 하는 이름은 결코 천한 의미가 아닙니다. 중국인들은 '이'를 두려워했고, 사실 공자도 '이'를 존경했다고 합니다. 공자는 "만일 중국에 문화가 없어지면 동이(東夷)에 가서 물어보아야 한다"고 말할 정도로 동이의 문화를 높이 평가했던 것입니다. 중국인들은 동이족의 문화수준과 그 강맹함에 대해서 두려움을 가지고 있어서 뒤에 '이'자를 '오랑캐이'로 뜻을 바꾸었던 것입니다. 그러나 중국인들이 북방이나 남방민족에 대해서 붙인 이름은 '북적(北狄)'과 '남만(南蠻)'이라 하여 각각 '개견(犬)'변과 '벌레 충(虫)'변이 들어 있어서 '이'자와는 전혀 다른 것입니다.

우리나라는 옛날부터 '군자(君子)의 나라'라고 일컬어졌는데, 그 근원이 《논어》에 있었습니다. 공자는 자기의 뜻을 펼 수 없었던 불행한 지식인이었습니다. 공자가 살던 때는 오패(五霸)들이 힘을 겨루던 춘추시대(春秋時代)였는데, 힘을 숭상하던 시대에 공자가 나타나서 힘 대신 도덕을 가지고 살아가라고 하니 그의 말이 받아들여지지 않았던 것입니다. 공자는 자기의 도(道)가 실천이 안 되니까 마침내 이민을 갈 생각까지 했습니다. 그래서 "구이(九夷)의 나라에 가서 살고 싶다"고 말한 일이 있었습니다. 이때, 한 제자가 "만일 그곳이 누추하면 어떻게 하겠습니까?" 하고 물으니 공자가 말하기를 "군자가 사는 나라이니 어찌 누추하겠는가"라고 했습니다.《한서(漢書)》지리지에는 '구이(九夷)'를 '조선'이라고 해석을 내렸습니다. 바로 고조선이 군자의 나라로 불렸던 것입니다. 또 공자는 "중국에서 예(禮)를 잃었을 때는 동이에 가서 물어야 된다"라는 말을 누차 했습니다.

삼국시대 이후에는 우리가 중국과 문물교류를 활발히 했는데, 직접 중국인들이 와서 우리의 문화를 보고 느끼면서 동방예의지국이라는 말을 썼습니다. '군자지국'과 '동방예의지국', 이것은 중국사람들이 우리를 보는 관점입니다. 물론 중국인들이 우리를 얕보는 표현도 많이 있지만 그것은 중국인들이 주변 사람들에게 대해서 갖는 일종의 화이관(華夷觀)이고, 그런 가운데서도 동방민족에 대해서는 존경하는 마음을 가지고 있었습니다. 동방삭 《신이경(神異經)》이라는 책에도 동방사람들을 가리켜 "항상 공손히 앉아서 서로 범하지 아니하고, 서로 존경하면서 헐뜯지 아니하고, 다른 사람의 어려움을 보면 자기의 목숨을 던져서 구제하려고 하니, 이름하여 군자지국이니라"고 하였습니다. 말하자면 동방사람들은 공동체윤리가 굉장히 발달한 민족이라고 하는 요지입니다.

다음에는 우리나라 사신들이 중국에 가서 어떤 대접을 받았는가 하는 것도 우리의 국제적인 위상을 가늠하는 데에 도움이 될 것입니다. 중국에는 주변 여러 나라에서 사신들이 옵니다. 이 사신들이 중국의 천자(天子)를 만날 때, 그 반차(班次)의 서열이 있습니다. 동반(東班)과 서반(西班)의 두 행으로 나누어 서서 천자를 만납니다. 동반이 서반보다 우선이고, 동반 가운데서도 천자의 제일 앞자리에 서는 사람이 으뜸인데, 바로 이 자리에 서는 사람이 우리나라 사신입니다. 이처럼 국제적으로 가장 존대받는 나라가 역시 우리 나라였습니다. 우리나라에 중국에서 사신이 올 때 칙사대접이라는 말이 있을 만큼 대접을 잘 해주었습니다. 그러나 우리나라 사신이 중국에 갈 때 어떤 대접을 받았는가 하는 것은 잘들 모르고 계시는데, 사실은 대단한 대접을 받았습니다. 압록강을 건너면서부터 한국사신에 대한 대접은 주변 어느 나라에서 오는 사신보다도 절대적으로 후했습니다.

또 우리가 외국과 무역을 할 때, 주요 수출품으로는 종이·붓·서적 등이 있습니다. 특히 우리나라 종이는 중국인들이 아주 귀하게 여겼습니다. 종이에 관한 한 중국인들이 우리를 따라오지 못했습니다. 중국인들 가운데 귀족들만이 조선종이를 쓸 수 있었습니다. 이 조선종이를 '닥지'라고 하는데 중국사람들이 붙인 별명은 청오지(靑鳥紙), 경면지(鏡面紙), 등피지(等皮紙) 등입니다.

　제가 서울대학교에서 규장각을 맡고 있습니다만, 규장각 안에 있는 20만 권의 장서 가운데에 중국책이 약 6만 권이 있습니다. 이 중국책 가운데에는 정조때 중국에서 사온 《고금도서집성》도 있습니다. 중국책과 우리나라의 옛날 책과는 지질이 매우 다릅니다. 우리 종이는 가죽처럼 튼튼하게 되어 있는데, 중국책은 노랗게 변색이 되고 지질도 약합니다. 붓도 우리나라의 황모필(黃毛筆)은 중국 사람들이 가장 애호하는 대상이었습니다.

　고려시대에 송나라 사신이었던 서긍(徐兢)이 쓴 《고려도경(高麗圖經)》에 보면, 고려 사람들의 교육열과 학문수준에 대해서 감탄을 금하지 못하고 있습니다. 그리고 궁정내에 보문각(寶文閣), 청연각(請燕閣), 임천각(臨川閣) 등의 전각이 있어서, 이들은 모두 도서관 또는 학문연구소의 기능을 하고 있으며, 보문각과 청연각에는 노유숙사(老儒宿師)들이 모여서 학문을 연구하고, 임천각에는 장서가 수만 권이나 있다고 기록했습니다. 당시 중국에 없는 책이 고려에는 있는 것도 많아서 중국인들이 이런 책을 사갔다고 합니다.

　고려시대에 중국과 무역을 많이 한 곳은 중국의 항저우(杭州)였는데, 이곳은 고려인들이 많이 드나들던 중심지로서 마치 산둥성(山東省)의 신라방(新羅坊)과도 같은 곳이었습니다. 항저우에 가서 고려문화를 전수해주고 또 그곳을 통해서 송나라의 문화를 받아들였습니다. 그곳에서 우리나라 사람들이 중국책을 하도 많이 사 오니까 송나라 사람들이 일종의 위기의식을 느껴서 당시 항저우지사(杭州知事)요, 또 유명한 문인이었던 소동파(蘇東坡)가 고려와 무역을 끊어야 한다고 상주(上奏)한 일까지 있었습니다. 특히 대각국사 의천(義天)이 항저우에 갈 때, 금은 수만 냥과 불경 같은 것을 가지고 가서 그곳에다 고려사(高麗寺)를 세웠습니다.

이와 같이 중국의 문화는 중국인들만이 만들어간 문화가 아닙니다. 예를 들면, 《주역》의 뿌리가 복희(伏羲)의 팔괘(八卦)인데 복희는 바로 동이 사람이고, 또 오행사상(五行思想)은 기자(箕子)가 전파했는데 그도 또한 동이인이었습니다. 그 밖에도 덕치(德治)의 순(舜)임금, 절의(節義)의 백이(伯夷)와 숙제(叔齊), 효자인 소련(少連)과 대련(大連), 그리고 고구려의 승랑(僧朗), 고려의 제관(諦觀), 의천(義天), 충선왕(忠宣王) 등 중국문화 발전에 기여한 우리나라 사람들이 많습니다. 고려의 충선왕은 옌칭(燕京)에 만권당(萬卷堂)이라고 하는 일종의 학문연구소를 세워놓고 수많은 원(元)나라 학자를 길렀습니다. 조맹부 같은 유명한 학자들도 만권당에서 공부를 했습니다. 우리나라 글씨에 '조맹부체'가 유행하게 된 것도 이와 관련이 있습니다. 우리가 일본에 문화를 전수했다는 사실은 잘 알려져 있으나, 중국문화에 무엇을 기여했는가는 잘 모르기 때문에 이 점을 강조해서 말씀드렸습니다. 이런 몇 가지 단편적인 기록을 보더라도 우리나라의 국제적인 위상이 어떠했던가를 짐작할 수 있으리라고 믿습니다.

네번째로 왕조교체의 의미에 대해서 생각해보겠습니다. 역사적으로 볼 때 우리나라는 대략 500년을 주기로 왕조가 바뀌는데 중국은 약 200~300년 주기로 바뀝니다. 우리나라의 경우는 왕조교체가 아주 중요한 사회변혁의 계기가 됩니다. 말하자면 옛 질서가 무너지고 완전히 새로운 질서로 넘어가는 역사 발전의 계기가 됩니다. 우리나라의 왕조교체는 다른 민족에 의한 정복으로 이루어지는 것이 아니고, 우리 스스로 구각(舊殼)을 깨고 새롭게 발전하는 과정에서 왕조가 세워지는 것입니다. 그러므로 왕조교체기마다 개혁이 크게 외쳐지고 개혁을 통해서 국민들의 민심을 사로잡는 그런 세력이 나옵니다.

그러나 왕조의 초기와 왕조가 망하는 말기의 상황은 다릅니다. 왕조 말기에는 기강이 무너지고, 기운이 빠지며, 선비가 타락하고, 주체성과 도덕성이 쇠퇴하고, 약육강식(弱肉強食)의 세상이 나오면서 계층간의 반목이 생겨나서 사회가 불안해지는 것입니다. 그러면 다시 정의와 주체성과 도덕성을 추구하는 깨끗한 선비가 등장해서 개혁을 통해서 새로운 질서를 세우고, 다시 공개념과 주체성을 가지고 새로운 사회를 건설해가는 이런 과정이 반복되는 것입니다.

새로운 왕조가 세워진 뒤에는 첫째로 도덕성회복운동이 일어나는데, 그 밑바탕에는 항상 공개념이 깔려 있게 마련입니다. 요즈음 우리나라에서도 공개념 이야기가 많이 나옵니다. 토지공개념·금융실명제 같은 것도 이런 맥락에서 이해될 수 있습니다. 둘째로는 주체성회복운동이 나오는데 옛날의 영광을 계승하겠다는 의미에서 상고적(尚古的) 국호가 나오고, 민족문화 육성과 실지회복(失地回復)운동이 반드시 수반되게 됩니다. 특히 우리 민족은 만주(滿洲)의 잃어버린 고토(故土)에 대한 집념이 대단히 강해서 기회만 있으면 실지를 회복하겠다는 생각을 잠시도 잊지 않고 살아 왔습니다. 이러한 노력으로 통일신라시대 이후로 영토가 점차 확대되었고, 조선시대에는 영토가 더욱 크게 늘어날 수 있었습니다.

오늘날의 우리에게 가장 가까운 시대인 조선시대야말로 우리 역사의 발전과정에서 서양문명의 영향을 받기 전에 절정에 달했던 시대였고 우리의 전통문화가 가장 우수한 단계에 올라섰던 시대입니다. 이 문화를 철저히 알아야 하고 그것이 우리 현대문화 발전에 가장 직접적으로 도움이 된다는 것을 강조하고 싶습니다.

■ 도덕성과 주체성의 실현과정

조선시대의 역사적 중요성에 대하여 언급하기 전에 우선 삼국시대·고려시대 문화에 대해서 간단히 몇 가지 사례를 중심으로 살펴보겠습니다.

〈임신서기석(壬申誓記石)〉(8세기 초)으로 불리는 돌이 경주박물 관에 있는데, 이 돌에 새겨진 글의 내용을 보면 신라의 두 청년이 3년 안에 '시(詩)·서(書)·예기(禮記)'를 공부하겠다는 맹세를 새긴 것입니다. 이것을 보면 신라사람들의 독서열이 대단했다는 것을 알 수 있고 신라인들의 교육열과 학문에 대한 애정이 얼마나 깊었는가를 엿볼 수 있습니다.

고려시대에는 주체성과 도덕성이 심화되었는데, 주체성과 관련해서 보면 우선 국호를 '고려'라고 한 데서 고구려를 계승하겠다는 뜻이 보입니다. 고구려를 하느님의 후손이 세운 영광스럽고 강대한 나라로 생각했던 것입니다. 그래서 고구려의 후예들이 세운 발해 유민을 포섭하고 북진정책을 써서 고구려의 옛땅을 찾아오겠다는 포부가 담겼던 것입니다. 또 한 가지 중요한 것은 문화정책에서 중국문화를 선별적으로 수용하려는 정책이 있었다는 것입니다. 예를 들면 왕건(王建)이 후손에게 교훈을 주기 위해서 만들었다는 〈훈요십조(訓要十條)〉 가운데 "우리는 옛날부터 화풍(華風)을 존중해서 문물예악(文物禮樂)을 모두 중국 제도에 따랐다. 그러나 방위가 다르고 땅이 다르면 사람의 체질이 달라진다. 우리는 중국과 방위와 땅이 다르므로 사람의 체질과 인성이 달라, 반드시 중국과 같아서는 안 된다"는 대목이 있습니다. 즉 중국의 보편적인 문화는 받아들이되, 반드시 우리 문화가 중국과 같을 필요는 없다는 것을 강조하고 있습니다. 요즈음 말하는 '신토불이'와 같은 개념으로, 우리는 우리 풍토에 맞는 문화가 있다는 것을 확고하게 강조하고 있습니다. 최승로(崔承老)가 고려의 성종(成宗)에게 올린 상소문에도 비슷한 내용이 나옵니다. "중국의 제도는 불가불 따라야 된다. 그러나 사방(四方)의 습속은 각각의 토성(土性)을 따라야 하므로 모든 것을 바꾸어서는 안 된다. 예악(禮樂)과 시서(詩書)의 가르침, 군신부자(君臣父子)의 도리 같은 것은 마땅히 중화(中華)를 본받아서 우리의 뒤떨어진 것을 고칠 필요가 있다. 그러나 그 밖의 수레[車馬]·의복제도·풍습 등은 우리의 풍속[土風]에 의거해서 조정해야 된다"라고 말함으로써 우리의 토풍에 근거하여 우리의 현실에 맞는 문화를 가져야 되며, 반드시 중국과 같을 필요는 없다는 것을 강조하고 있습니다. 이런 우리의 입장은 고려시대뿐만 아니고 조선시대에 내려오면서도 한결같이 유지되고 있습니다.

우리나라처럼 중국문화를 많이 받아들인 나라도 없을 것입니다. 그래서 우리 문화를 향상시켰습니다. 우리가 앞선 문화를 받아들일 수 있는 것은 굉장한 능력입니다. 우리가 스스로 능력이 없으면 남의 문화를 받아들일 수 없는 것입니다. 외국의 문화를 받아들여 우리의 수준을 높이되, 반드시 문화가 같을 필요는 없고, 우리의 토풍에 맞는 것은 지켜야 된다고 하는 태도입니다. 이와 같이 개방성과 주체성이 조화를 이룬다고 하는 것은 대단히 중요하면서도 어려운 일입니다. 교육문화정책에서 가장 중요한 것이 이 문제라고 생각되는데, 우리 조상들은 아주 신묘하게 그 조화를 이룩해냈던 것입니다.

고려시대의 도덕성과 관련해서 보면 경제개혁을 위한 전시과제도(田柴科制度)의 실시, 정치개혁면에서는 인재등용을 더욱 공정히 하기 위한 과거제도의 시행, 그리고 사회개혁 측면에서는 천민집단인 부곡민(部曲民)의 해방을 들 수 있습니다. 당시 부곡민과 노비라고 하는 두 개의 천민집단이 있었는데, 이들을 그대로 두고는 사회정의를 말할 수 없었던 것입니다. 나머지 하층 천민인 노비는 조선왕조에 와서 단계적으로 자유민(自由民)으로 해방이 됩니다.

고려의 교육, 학술의 발달은 위에서 잠깐 말씀드린 바와 같이 개경(開京)에 관학(官學) 교육기관은 말할 것도 없고, 사학12도(私學十二徒)를 비롯한 사립학교가 즐비했습니다. 그러니까 송나라의 서긍 같은 사람이 개경에 와보고 놀랐던 것입니다.

다음, 조선시대의 주체성과 도덕성의 실현과정을 살펴보겠습니다.

조선시대에 대해서는 의외로 오해가 많고 잘못 인식된 부분도 있습니다. 우리나라의 많은 국민들이 조선시대가 가장 형편없는 시대였다고 하는 인식을 가지고 있는데, 이 점을 저는 안타깝게 생각합니다. 우리가 남북한의 역사학계를 비교해볼 때, 고대사 연구는 북한이 매우 활발합니다. 그것은 고조선과 고구려의 유적이 모두 북쪽에 있기 때문입니다. 그러나 백제사나 가야사는 우리가 앞서가고 있습니다.

한편, 조선시대의 연구는 우리가 북한보다 압도적으로 앞서가고 있습니다. 앞으로 남북학술교류가 있게 되면 이 분야는 우리가 가르쳐주어야 할 것입니다. 북한에서 쓴 조선사에 비하면 우리가 쓴 조선사는 월등하게 잘 되어 있습니다. 그것은 우리가 조선시대의 자료를 거의 다 가지고 있어 연구하기에 좋은 여건에 놓여 있기 때문입니다. 오늘날 조선시대 연구가 폭발적으로 늘어나고 있는데, 그 결과 조선시대가 참으로 대단한 시대였다고 하는 것을 학자들은 확신하고 있습니다. 그러나 우리 국민들은 아직도 일제시대의 사관(史觀)에 젖어 있어서, 이조(李朝) 때문에 망했다고 하는 고정관념에서 크게 벗어나지 못하고 있습니다. 특히 나이가 든 분들이 더하고, 지금 저희가 대학에서 가르치는 학생들은 그렇지 않습니다. 이런 고정관념에서 하루빨리 탈피해야 우리 역사를 제대로 볼 수 있는 것입니다.

조선시대의 주체성과 관련해서 살펴보겠습니다. 국호가 '조선'으로 된 것은 고조선의 영광을 계승하려는 뜻인데, 고조선은 단군이 세운 나라입니다. 이것은 고려가 고구려를 이어받으려는 생각보다 한층 더 높고 큰 뜻이 있습니다. 조선이라는 이름은 고구려·신라·백제의 삼국을 뛰어넘어 그 모두를 포용할 수 있는 개념이기 때문입니다. 이렇게 조선이라는 국호가 나오면서 역사서술이 달라지게 됩니다. 조선시대에 오면 삼국균적사상(三國均敵思想)이 뿌리내리는데, 곧 삼국은 대등하다는 사상입니다. 고려시대에는 아직도 신라계승의식과 고구려 계승의식이 계속 갈등을 일으킵니다. 즉 고려가 신라보다는 통일을 더 심화시킨 왕조임에는 틀림없으나 정신적으로는 통일을 이루지 못했던 것입니다. 이것이 완전히 청산되는 것은 조선 초기부터입니다. 고려 말에 이르러 고조선에 대한 인식이 깊어지면서 삼국이 모두 고조선의 뿌리에서 나온 것이므로 삼국 사이의 정통성 시비나 경쟁의식은 점차로 후퇴하게 되고, 그에 따라 단군신앙은 크게 높아지게 됩니다. 국가적으로 구월산의 삼성사(三聖祠)에 제사를 지내게 되고, 평양에다 단군사당을 세워 제사지내며, 중국에서 사신이 들어올 때, 이 단군사당에 참배시킨 다음 서울로 오도록 했습니다. 이것도 주체의식의 발전으로 볼 수 있습니다.

영토도 많이 확장되어 4군6진(四郡六鎭)을 개척했고 압록강과 두만강까지 우리의 행정력이 미쳤습니다. 또 남으로는 바다와 섬에 대한 영토확장에 힘쓰고 서해안 개발을 위한 간척사업을 하는 등 영토가 가장 넓어진 것이 조선시대였습니다. 〈훈민정음〉 제정이 주체성 함양에 큰 몫을 한 것은 물론입니다. 한글 창제에 적용된 하나의 원리는 "풍토가 다르면 소리가 다르다"는 것입니다. 그래서 우리 목소리에 맞는 문자가 필요하다는 것입니다. 이것은 고려시대의 〈훈요십조〉나 최승로의 상소문에 나온 것과 같은 생각의 반복입니다. 이것이 우리 조상들이 우리 문화를 길러온 기본 바탕인 것입니다.

조선시대에 나온 책의 이름에는 '동국(東國)'이라는 명칭이 많이 있습니다. 가령 《동국통감(東國通鑑)》, 《동국병감(東國兵鑑)》, 《동국사략(東國史略)》, 《동국여지승람(東國輿地勝覽)》 같은 것들입니다. '동국'이라는 말이 하나의 문화개념으로 정착되어, '우리는 중국이 아니고 동국이다' 또는 우리 혈통의 뿌리가 있고, 우리 국토의 특수성이 있고, 또 우리 문화에 독특한 개성이 있다고 하는 것을 각

분야에서 정확히 파악을 하고 있었습니다.

제가 조선사(朝鮮史)를 공부하면서 놀라게 되는 일이 많습니다. 한가지 예로 지도제작에 관한 말씀을 드리겠습니다. 요즈음 우리가 사용하는 지도는 일본인들이 만든 지질구조 위주의 지도인데, 조선시대에 우리 조상들이 만든 지도는 산맥과 강맥을 중심으로 하여 지방문화권과 지방생활권이 완벽하게 구분되어 각 지방문화의 특성을 쉽게 알아볼 수 있도록 만들어져 있어서 우리들의 생활감정과 잘 부합되는 지리 개념으로 되어 있습니다. 이런 사실들을 통해서 볼 때, 우리 조상들이 우리의 역사·문화·풍속 같은 모든 것을 이렇게도 깊이 알 수가 있었던가 하는 점에 감탄하지 않을 수 없습니다.

다음에는 조선시대의 도덕성의 실현과정에 관련된 내용을 몇 가지 사례를 들어 간단히 말씀드리겠습니다.

첫째, 인재등용의 공정성을 기하기 위한 과거제도(公擧)가 정착되었습니다. 그런데 1차시험(初試) 합격자를 선발할 때, 각 도별 쿼터제를 시행한 것은 특기할 만한 일입니다. 즉, 1차시험에서는 도별 인구비율에 의하여 합격자수를 안배하고, 2차시험에서는 자유경쟁으로 선발을 했습니다. 이런 오묘한 제도를 통해서 인재등용에서 지방색을 배제하는 이른바 입현무방(立賢無方) 정책을 썼던 것입니다.

둘째, 교육진흥면은 더 말할 필요조차 없을 정도로 발전되었고, 출판·인쇄술이 최고도로 발달한 것이 조선시대입니다. 이것은 그만큼 책이 많이 발간되었다는 이야기입니다. 한국인의 교육열은 지금도 세계적으로 높은 수준이지만, 당시에도 중국보다 앞섰습니다. 위대한 철학자는 중국에 많았지만, 전체 국민들의 일반적인 교육수준과 학문수준은 중국보다 우리가 높았습니다. 학교교육뿐 아니고 가정교육과 사회교육이 모두 발달하여 조선시대는 교육열이 폭발했던 시대입니다. 부녀자나 기생 또는 노비 가운데에서도 뛰어난 문인들이 많이 배출된 까닭이 여기에 있습니다.

셋째, 학술진흥면에서는 집현전·규장각·독서당 등의 설립을 들 수 있습니다. 조선왕조 오백년의 왕들 가운데에서 신하보다 더 똑똑했던 왕을 든다면 15세기의 세종과 18세기의 정조가 있는데, 이 두 왕은 300년의 간격을 두고 각각 문화의 일대 황금시대를 열었습니다. 세종대왕에 대해서는 잘 아시기 때문에 생략하고 정조대왕은 그야말로 문민시대에 가장 알맞는 모범적인 군주라고 생각합니다. 그는 실학문화를 꽃피웠고 이것이 토대가 되어 근대를 열어가는 힘이 되었던 것입니다. 재미있는 현상은 우리 역사에서는 300년을 주기로 르네상스가 옵니다. 세종에서 정조까지가 300년, 정조로부터 21세기가 또 300년이기 때문에 21세기는 우리가 새로 르네상스를 맞는 주기에 해당하는 것입니다.

넷째, 언론정치면에서 보면 말(言論)을 풀어놓고 정치를 했습니다. 사람의 입을 막아놓고 정치하기는 쉽습니다. 그러나 조선시대에는 입을 다 열어놓고 정치를 했습니다. 사대부와 선비의 입을 열었고 일반 백성들의 입도 열어놓았습니다. 특히 일반 백성들의 언로(言路)를 열어주는 데는 '격쟁상소(擊錚上疏)'라는 제도도 있었는데, 이것은 왕이 행차를 할 때 신작로거리에서 백성들이 징을 치고 나서 왕에게 상소를 하는 방법입니다. 이것을 가장 많이 허용한 임금이 정조대왕이었습니다.

다섯째, 붕당정치(朋黨政治)는 가장 오해가 많은 대목입니다. 흔히 조선왕조가 당쟁때문에 망했다고 생각하기 쉬우나 절대로 그렇지가 않습니다. 사실은 그와 정반대입니다. 붕당 싸움이 치열할 때 정부가 가장 깨끗했습니다. 붕당정치가 무너진 것이 19세기 이후인데, 이때 세도정치가 등장해서 일당독재체제로 되어 견제세력이 없어지면서 극도로 부패하기에 이르렀습니다. 물론 붕당의 역작용도 있었지만 그보다는 긍정적인 측면이 더 많았습니다. 붕당정치는 정당정치로 가는 하나의 전환점을 이루었으나 그것이 의회제도로 연결되지 못하고 관료조직과 연결이 되어 폐해가 있었습니다. 만일 이것이 의회정치로 연결이 되었더라면 근대정치로 발전하는 계기가 될 수도 있었을 것입니다.

　여섯째, 청백리(淸白吏)는 요즈음 세태와도 관계가 있는데, 조선시대에는 수많은 청백리가 나왔습니다. 조선 중기 실학의 선구자인 이수광 선생의 글 가운데 〈비우당기(庇雨堂記)〉라는 것이 있습니다. 이수광 선생은 자신이 살던 집이 임진왜란 때 불타버리자 그 집을 개축하고 그 집의 당호를 '비우당'이라고 지었습니다. 그 집은 본래 세종 때의 청백리인 유관(柳寬) 정승이 살던 집을 물려받은 것인데, 유관 선생이 비가 새는 집안에서 부인과 함께 우산을 받고 지내며 하는 말이 "이럴 때, 우산이 없는 사람은 얼마나 고통스럽겠는가?" 하고 걱정을 했다는 일화에서 유래된 당호라고 합니다. 이수광 선생은 자신의 외5대 할아버지인 유관 정승의 이 청백정신을 자랑스럽게 여기고 이것을 계승하며 살았습니다. 조선시대 사람들은 이렇게 자기의 가풍을 청백에 두고 그 정신을 이어 갔던 자세를 볼 수 있습니다. 또 《목민심서》를 쓴 다산 정약용 선생이 19세기의 탐관오리를 개탄하며 쓴 글 가운데 이런 대목이 있습니다. "공직자의 청렴결백은 여자의 정조와 같다." 이것은 정말 우리의 가슴에 와 닿는 말입니다. 다시 말하면 공직자가 청렴을 지키지 않는 것은 마치 여자가 정조를 헤프게 버리는 것과 같다는 뜻입니다. 또 제가 옛날에 정도전에 관한 책을 쓰면서 감명 깊었던 일은 정도전의 민본사상(民本思想)인데, 그의 말 가운데 이런 대목이 있습니다. 즉 "공직자들은 백성이 먹여주어서 사는 사람들이다. 그러므로 그 백성들에게 보답을 해야 되는데, 공직자들은 하나의 시설, 하나의 동작, 하나의 언어, 무엇이든지 백성을 위해서 해야 하며, 절대로 자기를 위해서 하면 안 된다." 제가 1970년대 초에 이 책을 쓰면서 수백 년 전의 우리 조상의 지혜에 놀라움을 금할 수 없었습니다. 또 그러니까 조선시대가 무려 518년간이나 지속된 것이라고 믿었습니다.

일곱째, 그 밖에 관리임용에서 상피제도(相避制度), 양반의 직업 세습 차단, 노비의 지위상승, 공경제제도(公經濟制度) 확립을 위한 주요 산업의 국유화와 중소산업의 시장경제육성을 통한 경제정의 실현 등 조선시대의 도덕성 실현을 위한 사례는 많이 있습니다.

조선시대는 우리의 역사발전 과정에서 주체성과 도덕성이 드높아졌고, 전통문화가 찬란하게 꽃피었던 시대였습니다. 그러나 19세기 말 개항기 이후로 일본에게 나라를 빼앗기고, 근대화하는 과정에서 가치체계가 크게 달라졌습니다. 우리가 일본에게 망한 시점에서 또 서양의 발달한 문명을 보는 관점에서, 우리 조선시대의 문화가 근대화에는 맞지 않는 것으로 생각해서, 결국 유교를 버려야 된다든가, 우리도 어떻게든 힘을 가져야 된다는 등 힘을 숭상하는 시대가 되었습니다. 부국강병을 해서 강자가 약자를 정복하는 제국주의시대가 되면서, 우리나라는 제국주의의 희생물이 된 것입니다. 따라서 도덕은 무너지고 살 길은 힘밖에 없다는 생각으로 어떻게 하면 군사력·경제력 등 물리적인 힘을 키워서 강한 나라가 되느냐 하는 생각으로 100년 동안을 살아왔습니다. 더구나 해방 이후에 남북간의 경쟁, 동서간의 냉전체제가 이런 생각을 더욱 깊게 만들었습니다. 그러므로 작게는 개인생활로부터 크게는 국가경영에 이르기까지 모든 것을 힘의 논리가 지배했으며, 이런 생각이 지나치게 팽배하면서 도덕은 뒷전에 밀려나게 되었습니다.

그러나 이제는 그렇게 살 때가 아닙니다. 이제 우리는 힘도 키웠고 경제발전도 이룩했습니다. 이제는 도덕을 키워서 균형을 이룰 때가 왔습니다. 우리나라는 본래 군사대국도 아니고 경제대국도 아니었습니다. 문화대국이었습니다. 이제 우리는 일대 문화운동을 일으켜서, 우리 전통문화의 엄청난 잠재력을 이끌어내어, 주체적인 문화, 선진적인 문화로 도약할 수 있도록 해야 합니다.

물리적인 힘 못지않게 도덕과 문화를 키우고, 주체성을 길러서 문화대국으로서의 위상을 다시 회복하면서 우리의 국력을 키워나가는 그런 시대적 사명이 우리에게 주어진 21세기의 과제라고 결론을 맺으며 제 말씀을 마치겠습니다.

감사합니다.

(중앙교육연수원 강의, 1993. 7. 8)

法古創新과 東道西器의 길
- 21세기 일류국가를 위한 역사의식

10년이면 강산이 변한다고 한다. 권불십년(權不十年)이란 말도 있다. 대략 10년을 단위로 자연과 인간사가 바뀐다는 뜻이다. 해방 후 50년사를 뒤돌아보면 10년 변화설이 그럴듯하게 맞는다. 1950년의 6·25, 1960년 4·19, 1973년 유신, 1980년의 12·12, 1992년의 민정(民政)수립이 모두 굵직한 정치변동을 가져왔고, 이에 따른 변화의 아픔도 적지 않았다.

강산이 변한다는 10년이 열 번 겹치는 100년의 변화는 더욱 엄청나다. 19세기 말 대한제국의 사람이 20세기 말의 오늘을 본다면 얼마나 놀랄 것인가. 이런 논법으로 미래를 예측할 때 21세기 말의 세계는 어떤 모습으로 변해 있을까.

아마 그때쯤이면 우리가 오늘 누리고 있는 현대문화는 박물관 깊은 곳에 진열되어 신기한 구경거리로 남게 될지도 모른다. 분명히 세상은 바뀔 것이다.

■ 21세기에 대한 기대와 불안

그렇다면 21세기는 어떻게 준비해야 하는가. 20세기의 종착역에 내려서 21세기의 새 열차를 타고 머나먼 여행길에 올라야 하는 우리의 마음은 마치 큰 시험을 코앞에 둔 수험생의 마음처럼 흥분과 불안이 교차할 수밖에 없다. 인간만사를 꿰뚫어보는 전지전능한 신이 아닌 인간은 영험한 계시를 내릴 수 없다. 그렇다고 발등만 쳐다보고 그날그날을 땜질하는 식으로 사는 것도 옳지 않다. 가능한 한 미래를 투시하고 준비하는 사람만이 미래의 주인이 될 것이다.

신의 계시에는 비길 수 없으나 인간에게는 미래를 어느 정도 예견할 수 있는 사고력이 있다. 그것은 과거를 통해서 미래를 보는 것이다. 어제를 회고하면 내일이 보이고, 10년 전을 회고하면 10년 후가 보인다. 과거를 뒤돌아보면서 미래를 열어가는 능력, 그것이야말로 인간만이 지닌 예지다.

21세기는 20세기를 정리하지 않고는 열리지 않는다. 그래서 새 시대를 열어가려는 의욕이 클수록 지난 시대를 정리하는 투철한 역사의식이 필요하다. 사람마다 역사의식이 있고, 누구나 역사를 들먹인다. 세기말의 불안과 기대가 역사의식을 부추기고 있는 것도 사실이다. 그러나 백인백색(百人百色)의 역사의식이 생긴다면 이는 큰 일이다. 문제는 올바른 역사의식을 갖는 것이 중요하다.

무엇이 올바른 역사의식인가. 여기에는 몇 가지 전제가 있다. 무엇보다도 우리 민족의 생존을 보장하는 역사의식이어야 하고, 도덕성을 잃지 않고 세계평화를 해치지 않는 역사의식이라야 한다. 생존과 평화는 가장 기본적인 욕구다. 생존은 치열한 국제경쟁시대에 살아 남아야 한다는 과제이며, 평화는 우리의 생존전략이 남을 희생시켜서는 안 된다는 도덕성의 문제다.

왜 이러한 역사의식의 전제가 필요한가. 그것은 지난 20세기 역사의 뼈저린 경험과 관련된다. 20세기 전반기의 나라 잃은 설움을 결코 잊을 수 없다. 약육강식(弱肉強食)과 우승열패(優勝劣敗)의 냉혹한 제국주의시대에 민족생존의 문제가 얼마나 중요한가를 체험하였기 때문이다. 또다시 그러한 시대가 오지 않으리라고 누가 장담할 수 있는가?

이미 WTO 체제가 출범하면서 경제·문화 분야에서는 무한경쟁시대가 다시 열리고 있다. 경제·문화의 국경이 없어지고 국가의 공권력이 경제와 문화를 보호하는 데 한계를 드러내고 있다. 만약 국경의 파괴가 정치와 군사에까지 미치게 된다면 그것은 곧 제국주의시대의 재현을 의미한다. 우리는 20세기 전반기에 제국주의의 가장 큰 피해자였고, 앞으로 그러한 시대가 도래한다면 또다시 똑같은 상황에 부딪힐 위험이 있다.

불행하게도 그러한 조짐이 나타나고 있다. 그것은 일본의 군사대국화와 이에 발맞추어 꼬리를 물고 일어나는 정치지도자들의 망언이다. 일본은 외형상으로는 극히 서구화된 나라로 보이지만, 정서적으로 국수주의(國粹主義) 기풍이 강하고 생리적으로 침략성이 있는 나라이다. 그 원인은 뒤에 다시 살피기로 하고, 다만 제2차세계대전 후 50년간의 자숙기간을 청산하고 예전의 모습으로 되돌아가는 조짐이 보이는 것은 우리의 생존에 대한 가장 심각한 위기상황이 아닐 수 없다. 21세기를 준비하는 새로운 역사의식을 이야기할 때 민족생존의 문제를 일차적으로 생각해야 하는 이유가 바로 여기에 있다.

다음에 21세기 역사의식이 도덕지향적이고 평화지향적이어야 한다는 것은 무슨 뜻인가. 흔히 민족생존을 걱정하는 논의에는 힘의 논리가 윗자리에 서는 경우가 종종 있다. 다시 말해, 민족이 살아남으려면 힘을 키워야 한다. 군대를 키우고 경제를 키우고 과학기술을 발전시켜야 한다는 주장이 따른다. 물론 옳은 말이다. 그러나 이러한 발상이 도를 넘어서면 극히 위험한 역효과가 나타난다는 것을 유념할 필요가 있다. 힘에는 힘으로 맞서 이기겠다는 발상은 이미 반도덕적이고 반평화적이다.

우리는 지난 20세기를 힘의 논리를 숭상하면서 살아왔다 해도 과언이 아니다. 그 결과 오늘날 세계 13위권의 경제대국으로 성장했고 세계무대에 나가서 발언권을 키우고, 소득 1만 달러의 잘 사는 나라가 된 것도 사실이다. 그러나 힘의 논리를 21세기에도 계속해서 밀고 나가야 하는가는 심사숙고할 문제이다. 운동선수가 경기를 잘한다 해서 일류선수가 되는 것이 아니다. 가수가 노래만 잘 부른다고 하여 일류가수가 되는 것이 아니다. 경기력과 가창력이 뛰어난 그만큼 인격적 성장, 다시 말해 덕성(德性)을 함께 갖추어야만 일류선수와 일류가수가 되는 것이 아닌가.

21세기에는 세계 일류국가로 도약하는 것이 우리의 꿈이다. 그렇다면 일류국가로서의 덕성을 준비하는 것도 당연한 요구이다. 국가와 국민이 갖추어야 할 덕성이란 다름아닌 도덕지향과 평화지향이다. 우리는 흔히 명분(名分)과 실리(實利)가 서로 대립하는 것처럼 생각한다. 명분을 고집하면 실리를 놓치므로 실리를 얻으려면 명분을 양보해도 좋다고 생각하는 경향이 있다. 그러나 그것은 잘못된 생각이다. 명분을 지키면 오히려 큰 실리가 오고, 명분을 양보하면 작은 실리만 얻을 뿐이다.

왜 그러한가? 명분이란 정당성이요 도덕성이다. 정당성과 도덕성은 엄청난 힘을 발휘한다. 개인이든 기업이든 국가이든, 명분이 뚜렷하면 많은 동조자를 얻을 수 있고, 결과적으로 큰 이득이 들어온다. 또 운이 나빠 실패하더라도 부끄러움을 남기지 않아서 좋다. 대의명분(大義名分)이 그래서 중요한 것이다.

일류국가가 된다는 것은 경제, 군사적으로 강한 나라가 되어야 함을 의미하는 것만은 아니다. 경제력과 군사력은 자존(自存), 자위(自衛)할 수 있을 만큼 되면 족하다. 일류국가는 여기에 대의명분을 지키고 살아가는 도덕국가라야 한다.

도덕과 정의는 옳은 것이며 옳은 것은 아름답게 보인다. 부정과 비리는 옳지 않으므로 더럽게 보인다. 힘이 센 사람이라도 부도덕한 자는 더럽게 보이고, 힘이 약하더라도 군자나 선비 같은 사람은 고결해 보인다. 나라를 놓고 보더라도 마찬가지이다. 틈만 있으면 이 웃나라를 해치려는 나라가 있다면 그 나라가 아무리 강대국이라 할지라도 부러움의 대상은 될지 몰라도 존경의 대상은 될 수 없다.

우리가 일본을 바라보는 눈도 바로 그러하다. 일본은 분명히 우리보다 힘이 센 부러운 나라다. 그러나 아직 일본은 존경할 만한 나라가 아니다. 우리가 21세기에 태어나고자 하는 나라는 힘이 있으면서도 이웃나라로부터 존경을 받는 나라가 되어야 할 것이다. 그런 의미에서 일본을 모두 배운다는 생각은 잘못이다. 배울 것이 있고 배워서는 안 될 것이 있다.

지난 20세기, 우리는 세계인으로부터 약간 부러움을 받는 나라로 성장했다. 그러나 우리가 존경받을 만한 나라인지를 심각하게 반성하자. 권력의 불법적 계승과 끝없이 이어지는 부정과 비리를 경험하면서, 도덕성의 붕괴를 얼마나 개탄해왔는가. 그리고 그러한 아름답지 못한 일들이 전세계에 알려지면서 '어글리 코리안'의 이미지를 얼마나 자주 심어주었던가. 이제 20세기를 정리하는 마당에서 빛과 그림자를 숨김없이 털어놓아야 한다. 가슴을 여는 자만이 미래를 밝게 엮어갈 수 있을 것이다.

■ 옛것과 새것의 만남 － 法古創新의 역사발전

21세기의 일류국가를 준비하는 새로운 역사의식은 민족생존을 보장하고 도덕성을 내포해야 한다고 할 때, 그 구체적인 실천방법은 무엇인가. 그리고 그 방법은 우리의 역사전통과 어떻게 연결될 수 있는가.

　먼저 민족생존을 보장하기 위한 마음가짐부터 생각해보자. 민족을 지키려면 당연히 민족을 사랑해야 한다. 그런데 민족이란 수천년의 역사 속에서 정서적으로 합쳐지고 문화적으로 통합된 공동체이기 때문에 역사와 문화를 사랑하지 않고는 민족을 사랑할 수 없다. 여기서 '사랑한다'는 말은 무조건적인 사랑을 뜻하지 않는다. 역사와 전통속의 선(善)은 취하고 악(惡)은 버린다는 전제가 필요하다. 하지만 악을 이기면서 선을 향해 꾸준히 자기혁신을 거듭해온 삶의 이력서 자체는 한없이 소중하다. 부끄러운 일도 그것을 이겨낸 다음에는 부끄럽지 않은 것이다. 더구나 조상의 이력서는 곧 나의 이력서를 위로 더듬어 올라간 것에 지나지 않는다. 그러니 조상을 사랑하지 않음은 나를 사랑하지 않음과 무엇이 다른가.

　내가 누구인가를 알려면 조상을 알아야 하고 나를 사랑하려면 조상과 역사를 사랑해야 한다. 역사와 문화, 그리고 그것을 꾸려간 조상에 대한 애정, 이것을 우리는 '혼' 또는 '얼'이라고 바꿔 불러도 좋다. 혼(魂)이 없는 사람을 얼빠진 사람이라고 한다. 과거를 기억하지 못하는 사람을 식물인간이라고 한다. 이러한 사람이 생존능력을 가질 수 없음은 자명하다. 민족은 혼이 있고 얼이 있기 때문에 무한하게 영생한다.

　오늘날 WTO 체제 아래에서 국경이 무너지고 '세계화' 바람이 불면서 우리 주변에 얼빠진 사람들이 늘어나는 것은 참으로 안타까운 일이다. 세계화를 원심력에 비유한다면, 원심력이 커질수록 중심을 잡아주는 구심력이 필요하다는 것은 당연한 이치다. 큰 배는 깊고 넓은 물 위에서 뜨고, 큰 집은 기초가 단단해야 무너지지 않는다.

　그러나 민족사랑을 이야기할 때 반드시 짚고 넘어가야 할 것이 있다. 민족지상주의의 위험이다. 잘못된 세계주의가 얼빠진 인간을 만든다면, 민족지상주의는 모든 죄악을 민족을 위한다는 명분으로 덮어버리기 일쑤이다. 따라서 민족사랑이나 세계화도 도덕성과 결합되지 않으면 건강을 유지할 수 없는 것이다.

도덕성은 인류 보편의 가치로서, 인류 모두를 사랑하고 포용하는 마음가짐이기도 하다. 따라서 도덕성을 지켜야 다른 나라의 사랑과 존경을 받을 수 있고, 그런 나라가 민족공동체로 결속되어 있으면서 힘까지 갖추고 있을 때 일류국가가 되는 것이다.

우리가 21세기 일류국가를 그리면서 새로운 각오와 분발을 다짐함에 있어서 우리 조상들이 일류국가를 만들려고 했던 과거의 경험은 크나큰 교훈과 자신감을 안겨준다.

5천 년 역사를 통해 왕조가 여러 차례 바뀌고 중간중간에 뛰어난 영주(英主)들이 왕조중흥을 일으켜 오늘의 우리에게 넘겨준 정신적 유산은 한 마디로 법고창신(法古創新)과 동도서기(東道西器)의 길을 걸으면 일류국가가 된다는 가르침이다. 일류국가가 되려는 꿈은 오늘의 우리만이 가진 것이 아니라 옛날 조상들도 똑같이 지니고 있었고, 실제로 그 시대의 수준에서 일류국가를 부단히 재생산해온 것이 우리 역사다. 중국인들이 우리나라를 '군자국(君子國)' 혹은 '동방예의지국'으로 불러오고, 우리나라 사신들을 주변 여러 나라의 사신 가운데에서 가장 윗자리에 배치하면서 극진히 우대한 것이 단적으로 국제사회에서 일류국가로 인식되었음을 증명한다. 우리나라 통신사가 일본에 가서 국력을 기울일 정도의 후대(厚待)를 받은 것도 우리가 일본보다 한 수 위에 있던 일류국가였기 때문이었다. 실로 우리는 20세기 100년을 빼고는 언제나 일류국가로 살아왔다.

그렇다면 우리 조상들이 일류국가를 유지해온 비결은 무엇인가. 그것이 바로 앞에서 말한 법고창신과 동도서기의 국가경영 철학이다. 옛것을 본받아서 새것을 창조하고, 우리의 전통적 가치관을 유지하면서 서쪽나라(세계 모든 나라가 우리 입장에서는 서쪽에 있다)를 배우자는 것이다. 옛것과 새것의 만남, 우리 것과 남의 것의 만남이 일류국가의 지름길이라는 말이다.

이 평범한 듯한 옛사람의 지혜가 오늘날에 와서 새삼스레 금과옥조(金科玉條)처럼 느껴지는 것은 지난 20세기 우리가 걸어온 길이 우리 조상들이 선택한 길과는 매우 다르다는 데 있다. 지난 20세기는 한 마디로 멸고창신(蔑古創新)과 서도서기(西道西器)의 길을 걸어왔다 해도 과언이 아니다. 조상과 역사를 무시하거나 비하하고, 서양의 잣대를 가지고 모든 것을 평가해온 것이 사실 아닌가. 특히 최고의 교육을 받은 지성인들의 의식에 그러한 경향이 농후하여 전통과 역사가 단절되는 이상한 나라가 되어 버린 것이다.

우리 역사를 보면, 왕조를 새로 세울 때마다 반드시 주체성과 도덕성이 건국이념으로 뚜렷이 나타난다. 고려는 고구려를 계승하고, 조선은 고조선을 계승하고, 대한제국은 삼한을 계승한다는 '법고(法古)'의 정신이 배어 있다. 그러면서도 중국의 새로운 문화를 받아들여 옛날의 왕조보다는 한층 발전된 문물제도를 마련하고 일류국가로 재탄생한 것이다. '법고'는 이를테면 주체성이요, '창신(創新)'은 도덕성을 높이는 수단이다.

비단 왕조창업기에만 '법고창신'이 나타나는 것이 아니라, 왕조중흥기에도 똑같은 '법고창신'의 정신에 의하여 국가의 문물이 혁신되어 국가의 생기를 회복시키면서 왕조의 수명을 장수(長壽)로 이끌어갔다.

조선왕조는 특히 여러 왕조 가운데에서도 상대적으로 앞선 국가라 할 수 있다. 전통문화의 한국적 특색이 가장 세련되게 발현된 것이 이 시대이며, 중국문화를 열성적으로 수용한 것이 이 시대이며, 조선 후기에는 서양의 천주교와 과학기술에 대해서도 처음에는 비교적 우호적으로 받아들였다. 상대가 우리의 전통문화를 정면으로 파괴하고 침략성을 드러내지 않는 한 항상 마음의 문을 열어놓고 외래문화를 섭취하여온 것이 우리 조상들의 기본자세였다.

조선왕조가 비록 일본의 무력(武力)에 의해 국치(國恥)를 당했다

하더라도 침략자를 비난할 일이지 조상을 탓할 일은 아니다. 신사가 불량배에게 맞았다 해서 신사를 나무랄 수 있는가. 우리는 국치 이후 100년간 조선왕조를 원망하고 비난하면서 살아왔지만, 이제는 조선왕조의 명예회복을 위해 노력할 때이다. 그것이 역사에 대한 허무주의를 극복하고 21세기 신문명을 창조하는 활력소가 될 것이다.

조선왕조를 어떻게 보느냐는 21세기 일류국가를 어떤 모습으로 만드느냐의 문제와 직결되어 있다. 우리는 지금 20세기형 멸고창신과 서도서기의 국가를 21세기에도 밀고갈 것인가, 아니면 우리 조상이 물려준 법고창신과 동도서기의 국가경영철학을 계승하여 역사의 맥을 이어갈 것인가의 갈림길에 서 있다. 그러나 분명한 것은 뿌리 깊은 나무가 바람에 흔들리지 않고, 깊은 샘이 마르지 않는다는 사실이다.

■ 일본한테 배울 것과 배울 수 없는 것

우리가 21세기를 열어가는 데서 가장 예민하게 만나게 될 이웃은 일본이다. 일본은 어떻게 변할 것인가. 실로 이 물음은 우리가 어떻게 될 것인가의 물음과 똑같은 무게를 갖는다.

일본을 바라보는 시각은 다양하다. 칭찬과 비난이 엇갈리고, 일본을 배우자는 주장과 배척하자는 주장이 맞서고 있다. 보는 시각에 따라서 다양한 평가가 내려질 수 있지만, 역사를 통해서 일본을 이해하는 방법이 매우 중요하다.

우선 우리나라와 일본의 차이부터 생각해보자. 첫째, 문화의 바탕이 다르다. 우리나라는 샤머니즘에서 출발하여 불교문화를 거치고 조선조에 들어와서는 완연한 유교문화를 꽃피웠던 데 비하여, 일본은 샤머니즘에서 출발하여 불교문화와 샤머니즘이 접합된 상태로 근대서양문화를 받아들여 근대국가를 형성하였다. 임진왜란 이후 잠시 퇴계(退溪)학문을 받아들여 유교문화가 일어나는 듯했지만, 조선왕조처럼 유교문화의 농도가 전 사회를 규제할 만큼 강하지 못하였다.

도쿠가와시대의 어느 일본 유학자는 공자가 만약 군대를 이끌고 일본을 쳐들어온다면 어떻게 할 것이냐고 묻는 제자의 질문에, 내가 공자의 목을 베겠다고 답변하였다. 이 일화는 일본의 유학자가 진정한 의미의 유학자가 아니라는 것을 말해준다. 만약 똑같은 질문을 우리나라 유학자가 받았다면, 공자는 절대 군대를 이끌고 남의 나라를 침략할 사람이 아니라고 답변하였을 것이다. 유학의 본질을 이해한다면, 공자가 군대를 이끌고 남의 나라를 침략한다는 가정은 성립할 수 없는 일이다.

위 일화는 일본유학이 무사(武士)의 차원에서 이해되고 있음을 보여주며, 진정한 의미의 유학자 즉 문사(文士)가 이끄는 사회가 아니었음을 말해준다. 유교는 이웃나라와의 평화공존을 추구하는 학문인데 일본은 이 점이 매우 약하다.

일본에서는 18세기 이후로 이른바 국학(國學)이 발달하면서 유학자들을 비난하고 《일본서기(日本書紀)》, 《고사기(古事記)》, 《만엽집(萬葉集)》 등 이른바 그들의 고전을 깊이 연구하고 야마토 다마시이(大和魂)라 불리는 일본정신을 강조하였다. 그리고 야마토 다마시이에 입각하여 임진왜란의 범죄를 저지른 도요토미 히데요시를 정당화시키고, 신공황후(神功皇后)의 신라정벌을 미화시키는 등 침략적 역사의식을 고취하였다.

18세기의 국학운동은 18세기 말의 해방론(海防論)으로 이어졌다. 서양의 아시아 진출에 대비하여 아시아를 선제공격하되, 특히 일본의 신하였던 조선을 정복하여 옛날의 영광을 되찾자는 주장이었다. 그런데 이 해방론은 19세기 중엽에 들어와 더욱 적극적으로 조선을 정복할 것을 주장하는 이른바 정한론(征韓論)으로 발전하였다. 일본을 상국(上國)으로 대접하지 않는 조선의 오만함을 꺾고, 어차피 서양의 식민지가 될 조선에 군대를 보내 먼저 점령하자는 주장이었다. 사이고 다카모리(西鄕隆盛 ; 1827~1877) 같은 이는 조선에 사신을 보내 불손한 행동으로써 조선을 격분시켜 일본사신을 폭살시키도록 유도하고, 이를 트집잡아 토벌군을 보내자는 어처구니 없는 주장까지 펴고 있다.

일본 근대화의 아버지로 불리는 저 유명한 자유민권론자인 후쿠자와 유키치(福澤諭吉 ; 1835~1901)도 한국에 대해서만은 자유민권론자답지 않는 침략론을 펴고 있어 우리를 놀라게 한다. 그는 1885년 천황이 친히 군대를 이끌고 조선을 정벌해야 한다고 주장하면서, 조선은 어차피 서양의 침략으로 독립을 잃게 될 것이므로 차라리 일본과 같은 문명국가에 의해 점령 보호되는 것이 조선인민의 행복이라고 말했다.

일본의 근대지성이 이런 논리와 발상으로 한국침략을 정당화하고, 그 근거를 고대의 영광 즉 고대에 한국을 지배했다가 잃어버린 옛땅을 되찾겠다는 터무니 없는 역사의식에서 찾고 있는 것은 참으로 놀라운 일이다. 따라서 그들이 우리나라를 강제로 점령한 후 일선동조론(日鮮同祖論)을 펴서 한 핏줄임을 강조하고 민족말살정책에 광분한 것도 그들의 입장에서 보면 실지회복정책의 연장인 것이다.

결국 한일관계의 가장 큰 걸림돌은 그들의 비뚤어진 역사의식이다. 일본과 다른 나라와의 관계에서 한일간의 관계는 이와 같은 특수성을 가지고 있기 때문에 그들의 역사의식이 바뀌지 않는 한 일본의 한국 재침략은 언제나 시간문제로 남아 있는 것이다.

그렇다면 현재 일본인들은 과거의 비뚤어진 역사의식을 바꾸었는가. 제 2 차세계대전 패배 후 그들은 한때 자숙하고 반성하는 모습을 보여주었다. 물론 요즘에도 그런 인사들이 전혀 없는 것은 아니다. 그러나 그들의 목소리는 갈수록 작아지고 그대신 일제의 한국침략을 정당화하는 목소리들이 커져가고 있다. 최근 잇따른 일본 정치인들의 망언은 18세기 국학자들이 임진왜란을 정당화시키고 있던 그때의 상황을 연상시킨다.

일본은 요즘 정치계뿐 아니라 문화계에서도 복고풍이 거세게 불고 있다. 텔레비전에서 사극(史劇)이 큰 비중을 차지하고 있는 것도 그 한 예이다. 원래 일본은 전통문화의 파괴를 경험한 일이 없어서 전국 방방곡곡에 사찰·신궁(神宮) 등이 즐비하고, 불교와 신도(神道)를 함께 믿는 사람이 전국민의 98퍼센트 정도에 달한다. 일본인의 국민성과 정서는 종교에 의해서 결정되고 있다고 해도 과언이 아닌데, 일본종교는 국수적이고 배타적인 성격이 강하다. 이러한 문화기반 위에서 매스컴이 복고주의를 강조하고 있는 것은 불난 집에 기름을 붓는 격이다.

일본과 대조적으로 우리는 국수적 종교가 거의 없다. 앞서 말한 바와 같이 한국인의 정서는 조선시대 이후 유교에 교화되어 안으로는 충효관념이 강하고 밖으로는 평화공존의식이 높다. 한국의 불교나 기독교에 국수·배타성이 없다는 것도 다 아는 사실이다. 이와 같은 종교성향의 차이는 두 나라 국민성의 본질적 차이를 드러내고 있다.

일본인들의 정서는 극히 절제적이다. 감정을 절제하고, 행동을 절제하고, 물건을 절제한다. 그래서 얌전하고 겸손하고 예의바르게 보인다. 이 절제된 언행은 어쩌면 신전 앞에서 경배하는 모습의 연장인 것 같다. 또 이러한 절제는 태풍과 지진 등 예측할 수 없는 자연재난을 극복하는 과정에서 생긴 생존철학일 수도 있고 무사(武士) 사회의 지배·복종관계에서 길들여진 습성일지도 모른다.

일본인들은 최첨단의 전자기구들을 비롯하여 경쟁력 높은 상품을 가지고 전세계 시장을 압도하고 있는데, 이것은 일본종교, 일본혼(日本魂)이 만들어낸 것이다. 그들은 상품 제조에서 혼을 매우 강조한다. 인간의 혼을 넣기 위해 자동생산 라인을 의도적으로 축소시키는 경우도 있다.

일본인들은 중세시대에도 장인정신이 투철하여 무슨 물건이든지 '천하제일'로 만드는 버릇이 있다고 한다. 왜란 때 포로로 잡혀 있다가 돌아온 조선 선비 강항(姜沆)의 《간양록(看羊錄)》에 보이는 말이다. 음식집을 대물림하여 200년 이상의 전통을 가진 국수집이나 추어탕집이 일본에는 적지 않다. 이와 같은 장인정신은 따지고 보면 조선에서 배워간 것이지만, 그들의 절제된 생활철학의 소산인 동시에 신분상승이 어려웠던 일반 서민들의 자구책이기도 하였다.

우리나라는 조선시대 이후 출판인쇄문화의 발달에 따라 교육기회가 넓어지고 배움이 있으면 과거를 통해 입신출세가 가능한 사회였다. 일본의 서민들은 우리에 비해 교육 기회가 적고, 또 배움이 있더라도 과거와 같은 출세의 사다리가 없었다. 일본에서의 출세 수단은 칼솜씨이지 학문이 아니었다.

또한 유교는 전인교육을 위한 인문교양을 위주로 하기 때문에 관리입신(官吏立身)을 꿈꾸는 사람들은 과학이나 기술을 습득하지 않는 경향이 있었던 것은 사실이다. 그러나 과학과 기술을 전업으로 하는 중인과 장인들이 세습적으로 가업을 계승하면서 전문성을 높여간 것을 가벼이 보아서는 안 된다. 더욱이 조선후기에는 유학자 가운데에도 과학과 기술을 연구 발전시킨 이가 적지 않아서 과학기술 인력의 고급화 현상도 나타났다. 다산 정약용이 서양의 거중기(擧重機) 원리를 습득하여 독자 모형의 거중기를 제작하고 이를 정조의 수원성 건설에 이용한 것은 좋은 예이다.

조선시대의 기술발전과 관련하여 흥미를 끄는 것은 장인실명제(匠人實名制)이다. 조선 후기에 만든 조총(鳥銃)이나 수원 성곽문(城郭門)에는 그 제작자의 이름이 새겨져 있다. 또 제작자인 장인의 이름을 일일이 책자에 기록하여 남겨놓았다. 정조시대에 편찬된 《화성성역의궤(華城城役儀軌)》를 보면 각종 장인들의 이름과 거주지, 근무일수, 그리고 일별수당(日別手當)이 기록되어 있다. 조선시대 장인의 지위가 만만치 않다는 것을 보여준다.

우리나라 장인들에게도 투철한 장인정신이 있었음은 오늘날 인간문화재로 등록되어 있는 명인(名人)들의 경험을 통해서도 알 수 있다. 사실 일본인들의 장인정신도 우리나라에서 배워간 것이다. 백제인들이 건너가서 일본 고대 예술과 기술을 발전시켰고 왜란 때 잡혀간 수많은 장인들이 도쿠가와시대의 각종 기술을 발전시킨 것은 잘 알려진 사실이다.

우리나라는 유교 때문에 과학기술이 발전하지 못했다는 속설은 근거 없는 이야기다. 오히려 일본인들이 갖지 못한 인문적 교양과 전인적 사고력은 앞으로 우리가 일본을 능가하는 일류국가가 될 수 있는 잠재력이라고 보아야 한다.

역사를 통해본 우리의 잠재력이 크다는 것을 인정한다 할지라도 현재 우리의 장인정신이 일본인보다 뒤지고 있는 것은 사실이다. 이 점은 일본으로부터 배울 점이요, 더 나아가 일본인에게 장인정신을 길러준 우리의 조상으로부터 배워야 한다.

다음에 일본인과 한국인의 공동체정신의 차이점을 알아볼 필요가 있다. 앞에서도 이야기한 바와 같이 우리는 유교전통 때문에 가족윤리가 특별히 발달해 있지만, 조선 후기에는 향약(鄕約)의 보급에 따라 지역공동체 윤리도 비상히 발달하였다. 이 밖에 각종 계(契)의 성행과 결사 조직에 의해 다종다양한 문화단체와 친목단체들이 생겨났다. 혈연공동체와 이익공동체 그리고 문화공동체 등이 국민을 결속시켰고 마을 단위의 향도(香徒)공동체의 결속도 만만치 않았다. 이러한 기층조직들이 국가가 위급해지면 의병 조직으로 개편되어 국가방위를 위해 나서기도 하였다.

일본의 경우는 유교 전통의 미흡으로 가족 윤리가 약한 반면 종교와 결합된 마을공동체가 발달하였다. '마츠리'로 불리는 축제행사가 일본의 공동체정신을 잘 보여준다. 이것이 오늘날 기업 경영에 도입되어 기업공동체 정신을 키워주고 있지만, 가족윤리가 상대적으로 약하다는 것이 반드시 일본의 강점이라고 말하기는 어렵다. 직장에 충실하고 행복감도 중요하지만 가정에서의 행복감이 인간에게는 더 중요하기 때문이다. 일본에서 노인 문제가 심각한 것이 그것을 말해 준다.

결론적으로 말해, 오늘날 일본으로부터 배울 만한 것들이 있는 것이 사실이지만 일본의 장점은 우리 역사 전통 속에 그 뿌리가 있으므로 조상에게도 배울 수 있다는 것이다. 우리는 일본이 갖지 못한 장점이 있음을 아는 것도 중요하다. 또 일본으로부터 절대로 배워서 안 되는 것은 그들의 비뚤어진 역사의식이다. 그리고 이 문제는 한일간의 역사학의 교류를 통해 반드시 시정되어야 할 사항일 뿐 아니라, 일본인의 역사의식이 바로서지 않는 한 일본은 결코 일류국가일 수 없다는 명증(明證)이 된다. 부도덕하고 세계평화를 해치는 문제아로서의 군사대국, 경제대국일 뿐이다.

여기서 한 가지 첨가할 것은 일본인의 잘못된 역사의식을 세계만방에 알려서 국제적 압력을 느끼도록 유도할 필요가 있다. 특히 군국주의 일본의 피해를 받았던 나라들과의 연대성 강화도 매우 중요한 전략이라는 것을 알아야 할 것이다.

■ 蔑古創新 ― 西道西器의 잘못된 근대화

우리는 세계 여러 나라 가운데서 전통문화의 파괴와 단절이 가장 심각한 나라이다. 근대화라는 미명하에 일제가 파괴하였고, 해방 후에도 근대화·현대화정책에 의하여 파괴된 것이 적지 않다. 지금도 아파트 건설, 도로 건설 등 토목사업과 관련하여 무수한 문화재가 파괴되고 있다.

전통의 파괴는 크게 두 가지 측면에서 볼 수 있다. 첫째는 역사의 파괴요, 둘째는 문화재의 파괴이다. 우리나라 고급 지식인들 가운데는 이상한 불치병을 가진 이가 적지 않다. 우리 역사에 대하여 무지하거나 아니면 빈정대는 버릇이다. 그 원인을 캐보면 대한제국을 강점한 일본이 망국의 책임을 우리 쪽에 뒤집어씌우고, 저들의 식민지 약탈정책을 근대화로 미화하기 위해 우리 역사를 모함한 데서 시작한 것이지만, 일제시대 우리나라 지식인들에도 큰 책임이 있다. 일제와 맞싸워 민족정기를 세우려 했던 민족주의 역사가들은 유교를 사대주의와 허례허식으로 비판하고 화랑도 정신이나 대외투쟁을 통한 영토확장에만 박수를 보냈다. 그 결과 상무(尙武)기풍이 있었던 고대사를 지나치게 미화하고 유교가 지배한 조선왕조사를 낙후 침체된 시대로 이해하였다. 초기의 민족주의는 적자생존과 약육강식을 인정하는 사회진화론에 입각하였기 때문에 사실 제국주의자의 역사해석과 본질적으로는 다른 것이 아니었다. 그리고 그 피해를 가장 많이 받은 것이 조선시대였다.

1920년대에는 한국 최고의 지성인의 하나이던 이광수(李光洙)의 《민족개조론(民族改造論)》이 나와서 더 한층 전통문화에 대한 자비심(自卑心)을 자극하였다. 그는 근대시민사회 건설을 위해 전통을 비판한 것이지만, 그 비판의 정도가 지나쳐서 자신감을 잃게 만들고 허무주의를 조장하였다. 그 허무주의가 결국 친일의 길을 걷게 한 것이다. 말하자면 이광수는 법고창신(法古創新)이나 동도서기(東道西器)의 시각에서 비판한 것이 아니라 멸고창신(蔑古創新)과 서도서기(西道西器)의 시각에서 전통을 바라본 것이다.

이광수뿐 아니라 도일유학생(渡日留學生)의 상당수가 이러한 시각에 빠져 있었고, 이것이 해방 후 '엽전'의식으로 확산된 것이다.

최근에 이르러 경제성장과 한국학의 성장에 힘입어 '엽전'의식이 많이 시정되고 있는 것은 사실이지만, 조선시대와 유교를 바라보는 시각은 아직도 차가운 것이 현실이다. 이것이 바로 오늘날 국가발전의 큰 장애요인이라고 나는 생각한다. 보석을 놓고서 그 보석의 가치를 모른다면 그것처럼 어리석은 일이 어디 있는가.

역사의식이 투철한 민족이라면 문화재를 파괴할 리 만무하다. 그러나 역사를 허무주의적으로 바라보는 한 문화재 또한 백안시될 수밖에 없다.

우리의 전통문화유산이 얼마나 파괴되어 있는지는 아직 그 전모를 파악할 수 없다. 물론 우리 손으로 복원한 것도 적지 않다. 그러나 복원한 것보다 파괴된 것이 많다면 문제는 심각하다.

우선 가장 많은 피해를 본 것은 왕궁과 도시유적이다. 서울은 세계 최대의 왕궁도시라 할 만큼 수많은 왕궁이 있었으나, 그것이 일제시대에 어떻게 파괴되었는지는 다 아는 사실이다. 일제는 한국인들이 왕궁을 바라보면서 민족정신이 깨어날 것을 두려워했던 것이다. 또 일본에 그렇듯 장엄한 왕궁문화가 없는 것에 대한 열등감도 작용하였다.

서울만이 아니라 서울 근교의 수원과 강화도·북한산성·남한산성 등도 서울 다음 가는 왕궁도시들이었으나, 오늘날 그 흔적을 찾을 수 없다. 만약 이것들이 모두 남아 있다면 역사교육장으로서뿐 아니라 역사관광자원으로서 얼마나 많은 관광객을 모을 수 있겠는가. 관광객 1명이 자동차 3대를 파는 부가가치를 가져온다고 하지 않는가?

서울의 외성(外城)은 일부가 복원되었으나 그 전체가 복원된다면 훨씬 더 고풍스러운 도시로서 세계인의 사랑을 받게 될 것이다. 서대문과 남소문의 복원도 물론 그 속에 포함되어야 한다.

서울뿐 아니라 전국 각지의 읍치(邑治)에 있던 읍성(邑城)과 관아 등 지방고적들이 일제시대에 모두 헐린 것도 가슴아픈 일이다. 전통과 현대가 공존하고 있는 외국의 도시들과 비교하여 우리의 지방도시들은 너무나 삭막하다. 고향에 가도 고향의 정서가 없다면 애향심이 생겨날 리 없다. 오늘날 4천만 국민은 실향민이거나 무향민

(無鄕民)이라는 말이 있다. 고향을 떠나온 사람은 실향민이요, 고향
이 있어도 고향의 정서가 없다면 무향민이 아니고 무엇인가.

사실 선진국과 후진국의 차이는 수도에서 나타나는 것이 아니라
지방에서 나타난다. 지방사회가 튼튼하게 뿌리를 내리지 못하면 나
라가 위태롭다. 지방사회를 발전시키는 방법은 여러 가지가 있겠으
나 지방고유의 문화상품을 개발하는 것도 적극적으로 검토할 시기가
되었다.

무형문화재의 단절도 심각한 문제이다. 조선시대 수백 종에 이르
던 장인들의 전문기술 가운데 지금 전승되고 있는 것은 극히 일부에
지나지 않는다. 예컨대 제지(製紙)의 경우 우리나라 종이는 천하제
일로 평가받아왔으며, 그 종류는 다양하여 해외수출품의 대종(大
宗)을 이루었던 것이다. 오늘날에는 극히 일부만이 전승되고 있다.
서양인들이 요즘 동양지(東洋紙)에 매료되어 수요가 급증하고 있는
데 일본이 재미를 보고 있다 한다.

조선시대 장인의 후예들을 전국적으로 조사하여 등록시키고, 이들
의 가업계승을 정부나 기업이 후원하면 전통기술의 부활도 어려운
일은 아닐 것이다. 오늘날 우리의 상품에 한국혼이 배어 있지 않은
것은 전통기술과의 접맥이 없는 데에도 한 원인이 있다.

상품디자인이 성패를 좌우한다는 말이 있다. 디자인은 실용성도
중요하지만, 우리의 고유한 멋이 풍길 때 경쟁력도 높아질 것이다.
요즘 우리의 전통 문양을 구름무늬·꽃무늬·용무늬·태극무늬·도깨
비무늬 등으로 분류하여 만든 문양집이 외국에서 인기를 모으고 있
다고 한다. 어쩌면 이들 문양이 고급상품으로 둔갑하여 우리가 비싼
로열티를 주고 사오는 시대가 올지도 모른다.

우리가 민족문화를 강조하고 있는 것은 단순히 정신교육을 위한
것만은 아니다. 이것이 문화상품으로서 활용될 때 무서운 경쟁력을
가져올 수 있다는 점도 고려하는 것이다.

　실제로 문화상품의 개발이라는 측면에서 보면 우리의 경쟁력은 중국이나 동남아 수준에도 미치지 못한다. 우리나라에 온 관광객은 볼 것도 없고 살 것도 별로 없으면서 교통지옥에 시달리다 돌아가는 경우가 태반이다. 고궁 같은 고적지에 가더라도 제대로 설명해주는 안내자가 없어서 실망을 안겨주기 일쑤다. 그래서 다시 오고 싶은 마음이 생기지 않는다는 소리가 높다. 그것은 우리의 문화상품의 잠재력이 없어서가 아니라, 전통을 무시하고 개발에 힘쓰지 않고 있는 우리의 자세에 문제가 있다.

　우리의 교육프로그램을 보면, 민족교육이 보이는 것은 국어교육뿐이다. 역사교육은 최근에 이르러 급속도로 퇴조하고 있다. 초등학교에서는 향토사교육이 전혀 없으며, 중학교에서는 국사과목이 사회과로 통합되고 있고, 고등학교에서 국사를 사회과에 통합시킨다는 교육개혁시안이 나왔다. 대학에서도 국사를 교양필수로 하는 곳은 극히 드물다. 국가고시에서도 국사 과목이 빠졌다. 대학입시를 위한 수능고사에서 국사 과목의 배점은 7~8점에 지나지 않는다. 민족교육을 소홀히 하는 것이 민주화는 아닐 것이다. 이런 추세로 나간다면 조만간 온 국민이 역사문맹자가 될지도 모른다.

　현재 우리나라의 대학에서 국사를 전공하는 교수인력은 전문대학까지 합쳐서 300명이 되지 않는다. 일본의 경우는 도쿄대학의 한 일본사 연구기관인 사료편찬소에만도 57명의 일본사 교수가 있고, 전국적으로는 약 3만 명의 연구인력을 가지고 있다. 우리의 경우는 국학의 어느 분야를 막론하고 전문가가 거의 없다시피하다.

　현재 서울대학교 규장각에 소장되어 있는 고도서(古圖書)들은 대부분 국보급에 해당하는 귀중본들이지만 예산과 인력부족, 그리고 시설의 미비로 제 기능을 다하지 못하고 있다. 이런 정도의 자료를 가진 곳이라면 단과대학 규모의 전임교수들을 전문인력으로 확보하고 있어야 하며, 시설규모도 크게 확대되어야 마땅하다. 그러나 규장각에는 단 한 명의 전임교수가 없다. 외국에서의 학술교류신청이 쇄도하고 있지만 이에 응할 수 없는 것은 참으로 안타까운 일이 아닐 수 없다. 우리의 국력이 규장각 하나를 제대로 키울 수 없는 수준인가.

나는 최근 규장각을 관리하면서 이 자료들이 제대로 활용될 경우 국가발전에 엄청난 기여를 할 것이라는 확신을 갖게 되었다. 특히 다른 나라에서 보기 어려운 천연색 그림의 지도류나 의궤류들은 조선시대 문화수준에 대한 우리의 잘못된 선입관을 바꾸기에 충분하다. 외국의 석학들이 보고 놀라는 것도 당연하다.

규장각은 도서관일 뿐 아니라 박물관이기 때문에 전시실과 강당이 필요하다. 더욱이 지하창고에 수장되어 있는 1만 8천여 장의 목판은 조선왕조시대 목판의 최고 수준을 보여주는 것으로서 당연히 독립된 건물에 보관하고 일반인들의 관람이 허용되어야 할 것이다.

선조들이 물려준 위대한 문화유산을 후손들에게 다시 물려주는 것은 우리의 의무요 책임이다. 동시에 전통 문화유산은 그 자체가 엄청난 잠재적 국력이요, 정신적 물질적으로 국가 발전의 밑거름이 된다는 것을 알아야 한다. 이제 문화도 국력의 일부라는 것을 깊이 자각하여 국가 발전의 동력으로 활용할 때이다.

▣ 경제와 선비정신의 만남

우리나라는 제2차세계대전 후 가장 높은 고속성장을 이룩한 나라 가운데 하나다. 정도의 차이는 있지만 대만·홍콩·싱가포르도 고속성장국가의 대열에 있고, 앞으로 중국의 발전이 가속화될 것으로 예상된다.

한국을 포함한 고속성장국가의 공통점은 유교문화권에 속해 있던 나라들이라는 것이다. 싱가포르 경제발전의 견인차 역할을 해온 리강야오(李光耀) 수상의 지도이념이 유교라는 것은 잘 알려진 사실이고, 대만의 경우도 쑨원(孫文)이 창도한 삼민주의(三民主義)가 지도 이념으로 지금까지 지켜지고 있다. 삼민주의는 민생(民生), 민권(民權), 민족(民族)을 강조하는 것으로써 기본적으로 유교를 현대화한 것에 지나지 않는다.

대만과 싱가포르는 국토가 작아서 강대국 대열에는 들어가지 못하지만 경제성장이 빠르면서도 사회안정성이 높고 이웃나라에 피해를 주지 않으면서 자기 발전을 이룩했다는 점에서 매우 모범적이라 할 만하다. 다만 서구식 민주주의의 관점에서 정치제도상의 문제점을 지적할 수 있으나 그 나라 국민들이 자발적으로 선호하는 것이라면 제3자가 문제삼을 필요가 없다.

우리나라의 경우는 대만이나 싱가포르처럼 유교를 내세우지는 않았지만 근대 이전에 축적되어 온 유교문화의 생리가 경제발전의 원동력이었다고 본다. 부자는 망해도 3년 먹을 양식이 있다는 말이 있지만 유교의 모범국가였던 조선왕조와 그 문화를 지난 20세기에 그토록 냉소하고 비판해왔지만 그래도 그 문화체질은 국민정서 속에 깊이 뿌리박고 있었던 것이다. 바로 이 점을 우리는 정직하게 직시해야 한다.

만약 지난 50년간 군사통치시대가 없었다고 가정한다면 우리는 지금보다 훨씬 안정된 모습으로 경제발전을 이룩했을 것이다.

그렇다면 유교문화의 어떤 점이 국가발전에 도움을 줄 수 있었던가. 많은 서구학자들이 지적하고 있듯이 유교는 집단주의(공동체정신), 근면성, 높은 교육열, 실용주의, 자기 절제, 가족주의, 국가에 대한 충성심 등을 강조하고 있다. 이러한 여러 덕목을 우리는 '선비정신'이라고 부르고 있다.

유교의 선비정신은 집단주의와 가족주의를 강조하는 점에서는 개인주의를 강조하는 서구의 근대정신과 다르지만, 근면성, 높은 교육열, 실용주의, 자기 절제의 도덕성 등의 덕목은 막스 베버가 말한

프로테스탄트의 이념과 다를 바 없다. 또 유교는 국가간의 평화공존을 강조하고 약육강식의 논리를 극도로 배격하기 때문에 이웃나라를 해칠 염려도 없다.

유교의 선비정신은 이 밖에도 만인의 언론과 비판을 중요시하고, 넓고 균형 잡힌 인문교양을 강조하기 때문에 개인의 비판정신과 창의력 그리고 임기응변의 적응력도 높여준다.

선비정신에서 또 하나 주목해야 할 것은 공개념(公概念)의 숭상이다. 집단주의가 바로 공개념과 일치하는 것이지만, 개인의 이익[私利]보다 집단의 이익[公益]을 강조하고 공익 속에서 정의로운 이익 분배를 추구한다. 이러한 정신은 특히 경제정책에 잘 나타나고 있으니, 이른바 공전(公田) 관념이 그것이다. 즉 토지와 같은 기본 생산수단은 만인의 공유물로 보아 엄격한 사유개념을 적용하지 않는다. 그러나 공산주의나 사회주의처럼 토지의 매매와 상속, 그리고 경영의 자유를 제한하지 않고 생산방법을 집단화하지도 않는다. 말하자면 실제 경제활동은 시장경제의 원리를 따르면서 그 소유권에 대해서는 관념적으로 유보해두는 형태라 할 수 있다.

유교의 이상과 같은 덕목들은 근대산업사회를 건설하는 데 긍정적인 요소로 작용한다. 다만 과학과 기술 개발, 그리고 전문성에서 서양에 뒤지는 약점이 있지만 이를 보완한다면, 전면 서구화의 길을 걷지 않더라도 훌륭한 현대국가를 건설할 수 있다.

지난 50년간 우리의 발전사를 뒤돌아보면 무의식중에 유교문화의 잠재력이 국민 속에서 분출되었다고 볼 수 있다. 즉 보이지 않는 '선비정신'이 발현된 것이다. 한국인의 높은 교육열을 놓고 보더라도 국내인과 해외동포들을 막론하고 한결같음은 그것이 국가정책의 결과라기보다는 문화전통의 힘이라는 것을 인정하지 않을 수 없다. '배워야 산다'는 신조 아래 배움과 관련되는 활자·인쇄술·종이·먹·붓 등과 같은 공부 도구들을 세계에서 가장 앞장서서 발전시켜온 것이 우리가 아닌가. 그리고 그 배움이 학교에서만 이루어진 것이 아니고, 가정에서 마을에서 서원에서 서당에서 때와 장소를 가리지 않고 이루어진 것이 우리 조상의 삶이다.

유교국가의 우등생이었던 우리의 문화전통이 지난 세기 동안 고급 지식인 사회에서 백안시되고 오해되어 온 것은 우리의 불행이다. 물론 그 과정에서 우리가 서양의 과학기술을 습득하고 분석적 사고력과 직업의 전문성을 배워들인 것은 사실이지만, 취사선택의 여과 과정을 거치지 않은 무분별한 외래문화의 수용이 오늘의 사회 혼란과 가치관의 혼란을 가져온 원인이 되었음을 명심할 필요가 있다. 모든 역사 발전은 자기 체질과 자기 풍토에 맞는 것을 선택할 때 정상적으로 이어진다는 것을 잊어서는 안 된다.

우리의 산업 일꾼들 가운데에는 대학에서 배운 경영학이 현장에서 응용되기 어렵다는 말을 자주 한다. 그래서 일본식 경영방법을 도입하는 기업도 적지 않다고 한다. 물론 일본기업 경영방식에서 배울 점이 많을 것이다. 예컨대 집단주의라는 점에서 일본도 유교문화의 전통에서 전혀 벗어나 있는 것은 아니다. 또 일본혼을 불어넣으려는 자세도 주목해야 한다. 기업이 앞장서서 세계 각국에 일본문화를 선전하고, 기업의 신용도를 높이고 있는 것도 본받아야 한다.

그러나 우리의 국가경쟁력을 높이기 위해서는 우리의 장점을 살피는 우리식 경영방법을 개발하지 않으면 안 된다. 일본은 집단적으로는 큰 힘을 발휘하지만 개인의 창의력은 우리에게 뒤진다. 바로 이것이 저들의 약점이요 우리의 강점이다. 개인의 자율성과 창의력이 빈약한 집단주의는 집단의 지도자의 철학에 따라 매우 위험한 집단으로 변질될 수도 있다. 일본은 지금 그 위험한 방향으로 흘러가고 있다.

우리는 우리의 선비 전통을 계승해야 한다. 그것이 '법고(法古)'이다. 그리고 선진 과학기술을 습득하여 새롭게 발전해야 한다. 그것이 '창신(創新)'이다. 국가도 기업도 개인도 '법고창신'의 기치 아래 옛것과 새것이 만나고, 우리와 남이 만날 때 21세기의 한국은 문화대국의 일류국가로 다시 태어나지 않을까. 그리고 그 속에서 민족통일의 길도 열리는 것이 아닐까.

(《교수 10인이 풀어본 한국과 일본 방정식》, 삼성경제연구소, 1996. 6. 20)

역사 바로 세우기와 밀어내기

　작년 가을부터 5, 6공 청산작업이 시작되면서 역사 바로 세우기와 제 2 건국이라는 정책구호가 나오고 있다. 비뚤어진 현대사를 바로잡겠다는 정부의 의지가 번뜩인다. 21세기의 정책목표를 일류국가 건설에 둔다고 할 때, 경제발전과 도덕성 확립은 가장 중요한 과제가 아닐 수 없다. 역사 바로 세우기는 바로 도덕성 확립과 관련된다는 점에서 그 당위성을 인정해야 할 것이다.

　그런데 역사의 중요성을 그토록 강조하는 정부가 교육개혁의 일환으로 내놓은 중·고등학교 교과목 개편안에는 국사과목을 사회과에 통합하도록 되어 있어 적이 놀라지 않을 수 없다. 미국처럼 역사가 짧은 나라는 역사교육보다 사회교육이 더 중요할지 모르지만 역사가 오랜 나라치고 역사교육을 소홀히 하는 나라는 없다. 이웃 일본만 하더라도 최근 세계화 추세에 맞춰 역사교육을 오히려 강화하고 있는 것이 현실이다.

　세계화는 간단히 말해서 지피지기(知彼知己)의 전략을 필요로 한

다. 손자(孫子)는 병법(兵法)에다 이 전략을 이용했지만 국제경쟁
력 강화라는 것도 전쟁에서 이기는 방법과 다를 것이 없다. 더욱이
우리는 일제시대에 역사와 문화가 처참하게 파괴된 폐허 위에서 일
어서고 있는 나라가 아닌가. 그렇다면 일본이나 다른 나라들보다도
역사교육의 중요성은 몇 배나 강조될 필요가 있다. 역사에서 민족정
기를 세우고, 자신감과 애국심을 키우고, 세계를 넓게 이해하지 않
고 어떻게 국경이 무너져가는 WTO 체제에서 살아남을 수 있는가.

　이와 같이 중요한 역사교육을 사회과에 통합시킨다는 것은 결과적
으로 역사교육을 크게 약화시킬 뿐 아니라 역사 바로 세우기를 강조
하는 정부시책에도 어긋난다는 점을 지적하지 않을 수 없다. 식민지
시대도 아닌 당당한 독립국가에서 어찌 제 손으로 제 역사를 홀대하
는 일이 일어날 수 있는가.

　역사를 사회과에 통합하는 것이 입체적 역사교육이 된다고 생각할
지 모르나 그것은 역사가 짧은 나라에서만 가능하다. 또 사회과목
전공자가 어떻게 역사를 가르칠 수 있는가. 현실을 무시한 탁상공론
일 뿐이다.

　중·고등학교뿐 아니라 최근 대학의 교양과목이나 각종 국가고시
에서도 역사과목이 계속 밀려나고 있는 것은 참으로 안타깝다. 잃어
버린 역사를 되찾아 겨우 걸음마 단계에 있는 국사학이 꽃도 피우지
못하고 이렇게 시들어버리게 만드는 것이 일류국가로 나가는 길인지
를 심각하게 묻고자 한다.

　이웃 일본에서 일본사를 전공하는 교수가 약 3만 명에 이른다고
한다. 우리 역사를 전공하는 학자도 약 300명이나 된다. 그런데 우
리나라에서 한국사를 전공하는 교수는 전문대학까지 합쳐 300명도
되지 않는다. 그 인력도 최근 10여 년 사이에 이루어진 것이다. 지
금 각 학문별 교수인력배분이 어떻게 되어 있는지를 이웃나라와 비
교하여 근본적인 재검토가 있어야 할 것이다.

　최근 역사교육을 바라보는 시각 가운데는 과거 군사정권이 역사교육을 국책과목으로 강조한 데 대한 반성도 있는 듯하다. 물론 정책 차원에서 역사교육이 왜곡된 점도 없지 않다. 그러나 역사교육의 왜곡과 역사교육의 중요성은 전혀 별개의 문제다. 특히 국사는 국어와 똑같은 비중으로 다루어야 할 엄연한 민족교육의 핵심과목이다.

　한국의 국사교과서나 국사교육에 문제가 있다면 그것을 바로잡으면 되는 것이다. 사실 현재 초·중·고교의 국사교과서는 교육적 차원에서 시정할 점이 적지 않다. 초등·중등·고등 사이의 차별성도 분명치 않고 내용도 너무 간략하여 사건 외우기에 바쁘다. 특히 시대적으로 가장 중요한 근대사와 현대사는 지나치게 분량이 적다. 또 편찬방법에도 문제가 있다. 만약 교과서의 내용이 충실하게 된다면 현대사 부문에서 오늘의 정치·경제·사회·문화에 대한 이해를 상당 부분 소화시킬 수 있을 것이다. 다시 말해 역사체계 속에 사회과 지식을 통합시키는 것이 오히려 바람직하다는 것이다.

　역사교육에 문제가 있다 하여 역사과목 자체를 소홀하게 취급하는 것은 교각살우(矯角殺牛)의 어리석음을 범하게 된다는 것을 명심해야 할 것이다. 역사학은 인류가 만들어낸 가장 오랜 학문의 하나로 인문교양의 핵심에 자리잡아 오늘에 이르고 있다. 인간만이 뒤를 돌아보면서 반성도 하고 교훈을 찾아내어 밝은 미래를 열어가는 예지를 가진 것이다. 특히 우리 민족의 이력서인 국사는 험난한 세계화 시대를 헤쳐나가는 오늘의 우리에게 무한한 자신감과 결속력을 가져다 줄 보배로운 자산이 아닌가.

　또한 앞으로 다가올 민족통일의 문제를 생각하더라도 민족교육의 필요성은 그 어느 때보다도 높아지고 있는 것이다. 미래의 21세기는 아시아의 시대가 열릴 것으로 예언하는 이가 많다. 아시아문명의 핵심인 유교문화의 잠재력이 되살아나고 있는 것이다. 이 중대한 시기에 행여라도 역사의 수레바퀴를 뒤로 돌리는 일이 없어야 할 것이

다. 모처럼 정부에서 표방한 역사 바로 세우기 운동이 유종의 미를
거두기 위해서도 역사교육에 소홀함이 없기를 재삼 당부한다.

(《문화일보》, 1996. 1. 10)

국사교육문제와 그 개선방향

한국사 교육은 한국이 처한 국내외 정세에 비추어 매우 중요한 위치에 있다.

첫째, 일제시대 파괴된 민족문화를 복원 계승하여 민족정체성을 회복하는 일이 아직도 만족할 만한 단계에 가 있지 못한 점, 둘째, 민족의 지상과제인 남북통일은 민족적 동질성 회복과 관련되어 있다는 점, 셋째, 우리의 생존과 정체성을 위협하는 WTO 체제의 출범을 계기로 사회통합과 우리 것의 세계화가 절실하게 요청된다는 점에서 그렇다.

그러나 이러한 시대적 요청에도 불구하고 그동안 국사교육은 박대통령시대를 정점으로 하여 그 후 계속적으로 약화되어 왔으며, 특히 1995년 12월에는 이른바 '교육개혁'의 일환으로 제7차 교육과정 개정안이 발표되면서 종전보다도 국사교육이 한층 후퇴할 위기를 맞고 있다.

지금 국사학계는 물론이요, 뜻있는 인사들 사이에서는 국사교육의 약화를 우려하는 목소리가 높아가고 있다. 1996년 2월 7일에는 한국사연구회를 비롯한 역사 관련 15개 학회가 공동으로 '바람직한 국사교육을 위한 건의'를 성명서로 발표하였으며, 3월 23일에는 한국역사연구회 주관으로 '세계화시대의 역사교육'이라는 제목으로 학술토론회를 마련한 바 있다. 그 밖에 각 언론매체에서 국사교육의 약화를 우려하는 사설 혹은 칼럼이 다수 게재되었다.

최근 우리 사회에서는 국사에 관한 대중적 출판물이 큰 붐을 형성하고 있으며, 텔레비전에서 역사 관련 프로가 폭발적인 인기를 모으고 있다. 이는 국사에 관한 국민의 지적 욕구가 그만큼 커져가고 있다는 것을 의미한다. 그럼에도 불구하고 국가정책이나 교육제도상으로 국사교육을 약화시키고 있는 것은 국민정서에 크게 역행하는 것으로 보아야 한다.

■ 중·고등학교의 국사교육

중등학교의 국사과목은 1974년부터 '국적 있는 교육'이라는 정부의 방침에 따라 사회과로부터 독립하여 독립교과로 운영되어 왔으나, 1991년의 '제6차 교육과정 개정시안'이 발표되면서 약화의 조짐이 나타나기 시작하였다. 당시 시안은 중등학교 국사과목을 사회과에 통합시키고, 고등학교 국사는 선택으로 돌린다는 내용이었다. 그 이유는 '시민적 자질 육성'을 위해 국사보다 사회과목이 중요하다는 것이었다.

그러나 이 개정시안은 여론의 집중적인 비판을 받고 다소 수정된 모습으로 1995, 1996년부터 실행에 옮겨졌다. 즉 중·고등학교 국사는 종전대로 필수과목으로 하되, 독립교과에서 밀려나 사회과 교과목으로 통합되었다. 그 결과 국사교육의 단위(시간)가 6단위로 되고, 그 대신 '공통사회(일반사회와 한국지리)'가 8단위로 강화되었으며, 정치가 4단위, 경제가 4단위로 추가되었다.

사회과의 비중이 높아지면서 1995년의 교원임용에서 역사교사는 국사와 세계사를 합쳐 45명, 윤리는 119명, 지리는 71명, 일반사회는 200명이 각각 선발되었다. 국사의 비중이 상대적으로 크게 위축된 것이다.

그런데, 지난 1995년 12월에 발표된 제7차 교육과정 개정안(2000년 시행)에서는 다시 국사과목을 후퇴시켜 고등학교 국사를 2·3학년에서 선택과목으로 빼내고, 그 대신 '공통사회'를 필수로 올렸다. 필수로 된 '공통사회'에서는 정치·지리·경제·세계사와 아울러 국사를 섞어서 가르치도록 하여 국사의 비중은 형편없이 작아졌다. 앞서 6차 개정안에서 의도했다가 여론의 비판을 받아 후퇴시켰던 것을 다시 내놓은 것이다.

이 안이 시행되면 국사는 이제 원칙적으로 배워도 좋고, 안 배워도 무방한 과목으로 전락하는 셈이다.

■ 대학의 국사교육

해방 직후 선택과목으로 푸대접 받던 대학에서의 한국사 교육은 1974년 교육법 시행령 개정에 의해 국민윤리·체육·교련 등과 함께 이른바 '국책과목'의 하나로서 법정필수과목이 되었다. '국책과목'이라는 이름이 다소 문제가 있고, 박대통령의 정치노선을 뒷받침하는 데 이용된 측면이 있기는 하지만, 우리나라에서 국사연구와 국사교육이 강화된 것은 이것이 처음으로서 긍정적 측면이 적지 않았다. 정부의 의도가 어떠하든 국사교육이 강화되면서 국사 연구인력이 늘어나고, 국사연구가 활기를 찾았으며, 국사는 국민의 절대적 사랑을 받으면서 성장하였다.

그러나 1988년에 이르러 노태우정부는 '국책과목'을 폐지하는 조치를 내렸다. 대학의 교양교육을 학교의 자율에 맡긴다는 것이었다. 이에 따라 교련과목이 전면적으로 폐지되었다. 그러나, 국사는 그 필요성이 인정되어 몇몇 대학에서는 여전히 필수로 인정하였지만 대부분의 대학에서는 선택으로 바꾸었다. 특히 사립대학에서는 한국사의 교육적 측면보다는 교수인력을 줄이는 방편으로 한국사를 선택으로 돌리는 경향이 많았다.

한국사가 선택으로 돌려진 이후에도 한국사는 학생들 사이에 인기가 높은 과목으로 자리잡았다. 서울대학교의 경우를 보면 거의 대부분의 학생들이 한국사를 교양과목으로 선택하고 있다.

학생들이나 일반국민들의 국사에 대한 열망은 이와 같이 높아가고 있음에도 불구하고, 대학운영자들의 국사에 대한 편견과 재정적 이유로 국사과목을 축소시켜가고 있는 사례가 많은 것이 새로운 문제로 대두하고 있다. 물론, 학교 당국자가 국사과목을 기피하는 이유 가운데에는 대학의 젊은 강사들이 지나치게 급진적인 성향을 보이고 있는 데 대한 우려도 있다. 그러나 이 사실을 거꾸로 해석하면, 대학이 권위 있는 전임교수를 쓰지 않고 경험과 학문적 성숙도가 낮은 강사들에게 교양 한국사를 맡기는 데에도 상당한 책임이 있다.

특히 최근 김영삼정부 출범 이후로는 이른바 '대학교육개혁'이 추진되면서 학부제 실시가 권장되자 이에 따라 학과를 폐지하고 교수인력을 감축하는 대학이 나타나고 있다. 이 경우 인기가 높은 영문학 등의 교수인력은 큰 영향이 없으나, 상대적으로 인기도가 낮은 국사과목의 교수인력이 피해를 보게 될 우려가 크다.

1996년 현재 우리나라의 한국사 담당 교수는 전문대학을 제외하고 국립대학 102명, 사립대학 180명으로 모두 280여 명밖에 되지 않는다. 국어국문학 교수 869명, 영어영문학 교수 1,256명, 중어중문학 교수 385명, 철학 교수 433명과 견주어 그 수가 매우 열세인 것을 알 수 있다. 이러한 인력으로 일제에 의해 만신창이가 된 국사를 되찾아 민족정체성을 세운다는 것은 극히 어려운 일이다. 일본에서 일본사를 전공하는 학자가 약 3만 명이라는 사실을 고려하면 하늘과 땅 차이라는 것을 알 수 있다. 우리나라의 학문구조와 교수인력분포가 얼마나 사대주의적으로 구성되어 있는지를 이로써 짐작할 수 있다. 서울대학교의 경우, 교수 1,417명(1996년 현재) 가운데 국사학 전공 교수는 불과 10명이다. 국어국문과 교수(26명), 영어영문학 교수(26명), 철학과 교수(16명)는 물론이요, 독어독문학(16명)이나 불어불문학(11명) 교수보다도 적다. 국보적인 규장각 도서를 가지고 있고 민족의 대학을 표방하고 있는 중추적 국립대학의 인력구조가 이렇다면 다른 대학은 말할 필요가 없다.

▣ 각종 시험에서의 국사과목

대학수능고사에서도 국사과목의 비중은 갈수록 후퇴하고 있다. 원래 국사과목은 대학입시에서 독립과목이었으나, 대학입학자격고사가 실시되면서 5~6점으로 배점이 낮아지고, 지금은 수능고사제도가 실시되면서 사회과목의 2~3개 지문으로 더 낮아졌다. 따라서 국사과목은 학교성적에만 반영될 뿐 수능고사에는 거의 영향을 주지 못하고 있다. 이는 중·고등학교 교육에서 국사의 비중이 낮아지는 또 하나의 요인이 되고 있다.

사법시험이나 행정고등고시 등 각종 국가공무원 임용시험에서 국사는 필수로 지정되어 왔으나 1997년도부터 사법시험에서 국사과목이 완전히 빠지게 되었다. 심지어 일본어와 스페인어까지 선택으로 들어갔으나 국사는 선택과목에서도 탈락되었다. 앞으로 법관이나 변호사 가운데 국사문맹자가 나오게 될지도 모른다.

▣ 개선방향

국사교육은 국어와 더불어 민족교육의 중핵이라는 것은 새삼 강조할 필요가 없다. 그러나 일부 교육학 전문가들은 우리와 역사적 환경이 다른 나라의 예를 들어 국사교육의 비중을 갈수록 낮추어가고 있다. 이는 국민정서에도 맞지 않을 뿐 아니라 우리가 당면한 국가 운영면에서도 심각한 역작용을 일으키고 있다.

국어는 태어나면서부터 부모로부터 배운다. 그러나 국사는 학교에서 가르치지 않으면 문맹이 된다는 점에서 심각한 반성이 요구된다. 다른 나라와 우리나라를 같은 처지에 놓고 국사교육의 문제를 생각한다는 것 자체가 사대주의적이고 몰주체적이다.

국사는 우리 조상이 물려준 엄청난 정신적 자산으로서 21세기의 운명을 좌우할 관건을 쥐고 있다. 국사교육 강화를 위한 대책이 시급히 마련되어야 한다.

첫째, 1995년에 마련된 중·고등학교 교육과정 개정안을 전면 재검토하여 국사과목을 필수로 환원시켜야 한다.

둘째, 대학교육개선안을 빙자하여 국사학과를 폐지한다든가, 국사과목을 축소시키는 행태를 교육부가 감독하고, 교양국사를 필수로 환원하도록 제도적 장치를 마련해야 한다. 한국사 교육의 질을 높이기 위해서도 전임교수의 확보가 필요하다.

셋째, 전국의 국사 담당 교수가 280명으로서 국문과 교수의 3분의 1, 영문과 교수의 5분의 1, 그리고 중문과 교수보다도 100여 명이 적다는 것은 교수 인력 배치가 합리적이지 못하다는 것을 의미한다. 이러한 약체의 인력으로 국사교육의 강화와 국사연구의 활성화를 기대하는 것은 무리이다. 각 대학의 교양 한국사를 젊고 미숙한 강사들이 맡고 있는 이유가 여기에 있다.

또한, 앞으로 다가올 통일 후에 북한주민에 대한 역사 재교육을 전망할 때 인력부족의 문제를 크게 우려하지 않을 수 없다.

넷째, 각종 국가고시에서 이 탈락되는 추세를 막고, 금년부터 탈락된 사법고시에서의 국사과목을 내년부터 다시 환원시켜야 한다.

다섯째, 대학수능고사에서 국사과목의 배점은 고등학교 국사교육의 비중을 좌우하는 관건이 된다. 현재와 같은 6~7점 배점으로는 고등학교 국사교육의 활성화를 기대할 수 없다.

이 밖에 국사연구의 활성화를 위한 여러 문제가 있으나, 이는 다른 기회에 펼쳐보기로 한다.

끝으로, 국사교육의 강화와 아울러 현행 국사교과서를 전면 개편하고, 국정도서를 검인정도서로 환원함으로써 질 높은 교과서를 만들도록 하여야 한다.

(한민족연구발전위원회 정책건의안(시안), 1997. 5. 15)

국사과목의 사회과 통합에 반대한다

　지난 9월 13일 제6차 교육과정 개정시안이 발표된 이후 이에 대한 학계와 일반국민의 반응은 국사과목을 선택과목으로 전환한 데 대해 우려의 목소리가 가장 높았다. 나아가 국사를 종전대로 필수로 환원해야 한다는 데에 이미 국민적 합의가 이루어진 상태라고 볼 수 있다.

　그동안 역사교육 전문가와 역사 관계 주요 학회에서는 국사과목의 필수화를 요구하는 근거와 명분을 정리하여 공식적으로 해당관서에 전달한 바 있으나, 언론매체에 나타난 국민의 여론이나 시중의 목소리가 한결같은 데는 놀라움을 금할 수 없다. 우리 국민의 의식수준이 이 정도로 성숙했다는 사실에 새삼 자부심을 느끼는 동시에 그것이 바로 해방 후 잃어버린 국사를 되찾은 결과라는 것을 되새겨보게 된다.

　물질적 자원이 빈곤한 이 나라가 이 정도로 성장한 것도 따지고 보면 역사에서 얻어진 자신감과 성취의욕이 큰 힘이 되었다고 할 수 있다. 앞으로 다가올 민족통일의 대업이나 그 여세를 몰아 세계사의 주역으로 도약해야 될 미래의 과업도 역사의식에서 그 추진력을 찾아야 할 것이고, 갈수록 심각해지고 있는 이웃 나라들과의 경쟁관계 속에서 민족생존을 지키는 일도 결국 투철한 역사의식을 요구하고 있다는 것이다.

지금 경제가 어려운 상태에 빠져 있는 것도 크게 보면 사회기강의 해이와 관련이 있고, 사회기강의 해이는 정신적 긴장과 구심점을 잡아주는 역사교육의 위축과도 관련이 크다. 대학에서나 언론매체를 통한 사회교육에서 민족교육이 전보다 위축되어 있는 것은 누구나 느끼고 있는 현상이다.

국사교육의 과거와 현재, 미래의 위상을 이와 같이 짚어볼 때 국가 백년대계를 설계하는 국민교육과정에서 국사를 선택으로 돌린다는 것은 우선 그 명분부터가 서지 않는다. 시안의 작성자는 국사를 선택으로 하더라도 실질적으로는 필수의 효과를 기대할 수 있다고 하지만, 국사를 얼마나 많이 선택하고 적게 선택하느냐가 중요한 것이 아니고, 국사를 국어와 똑같이 필수로 지정해야만 국민교육의 명분이 선다는 사실이 더 중요하다.

시안작성자는 독일·일본·미국·영국·프랑스 등의 예를 들어서 국사의 선택과목화를 정당화하고 있으나, 우리나라는 이들 나라하고는 사정이 전혀 다르다는 것을 먼저 고려해야 한다. 다 아는 바와 같이 이들 선진국가는 우리처럼 식민지에서 해방되어 심각한 정신적 상처를 치유하면서 갱생의 길을 걸어가는 나라가 아니며, 국사교육에서 배양될지도 모르는 팽창주의를 국민 스스로가 견제하고 있는 것이다.

특히 일본의 경우는 고등학교에서 세계사를 필수로 하면서 그 내용을 일본사 중심의 세계사로 바꾸어가고 있는 추세에 있으며, 미국의 경우는 역사가 워낙 짧은데다 다종다양한 인종을 포용하고 있는 관계로 역사교육이 국민통합에 기여하는 측면이 상대적으로 적다고 할 수 있다.

따라서 우리가 외국의 예를 참고하고자 할 때에는 우리와 비슷한 처지에 있거나 우리와 가장 예민한 관계에 있는 나라의 교육과정을 이해하는 것이 더 현실적이라고 할 수 있다. 예컨대 우리의 역사교육은 우선 남북관계를 염두에 두어야 하는데 북한이 지금 국사교육을 필수로 하면서 주체사관으로 무장되어 있는 상황에서 우리는 여유만만하게 선택으로 공부하면서 북한주민의 역사의식을 지도, 혹은 포용해 나갈 수 있을까를 생각해보아야 한다. 그리고 일본이 비록 일본사를 선택으로 하여 민족교육을 소홀히 하는 듯한 인상을 주지만 사실은 필수로 지정되어 있는 세계사가 '세계 속의 일본'을 부각시키는 실질적인 국사교육이라는 사실을 유념해야 한다.

다음에, 시안 작성자는 국사를 선택으로 하지만 사회과 속에 국사가 다시 통합 서술된다는 점을 강조하고, 그렇게 하는 것이 복잡한 현대사회를 통합적으로 이해하는 데 도움이 될 뿐 아니라, 또 그것이 국제적 추세라고 주장한다. 국사가 필수가 되어야 하느냐 선택으로 되어야 하느냐 하는 것과는 별개문제로서, 국사와 사회과를 통합한다는 것은 이론적으로는 일리가 없는 것이 아니다.

복잡다단한 현대사회를 분과적으로 가르칠 것이 아니라 역사적 시각과 사회과학적 시각을 통합하여 구조적으로 이해시킬 수 있다면 그 이상 좋은 일이 없을 것이다. 그러나 그것은 이상이지 현실은 매우 어렵다. 역사와 사회과학의 통합은 우선 학문적으로 상당한 준비기간이 필요하다. 지금 당장 국사와 정치·경제·지리 등을 한 그릇에 넣고 녹여서 통합된 지식체계를 재구성한다는 것이 과연 가능하며, 이를 충분히 소화해서 가르칠 교사가 양성되고 있는가.

우리는 근대학문의 연륜이 매우 짧고 외국에서 받아들인 사회과학이 아직도 토착화되지 못한 단계에서 학문과 학문 사이의 대화나 협동이 매우 어려운 것이 현실이다. 이러한 상황에서 현실을 지나치게 앞질러 통합된 지식체계를 초등학교에서 부과하려 한다면 엄청난 부작용과 혼란을 초래할 위험성이 크다. 사회과학이 가장 발달하고 학제간(學際間) 협동이 비교적 잘 이루어지고 있는 미국에서도 통합된 사회과 교육은 많은 문제를 일으키고 있는 것이다.

끝으로 이번 교육과정 개정시안에 대한 국민의 여론을 시안 작성자는 물론이고 행정당국은 겸허하고 진지하게 수렴하여 단순히 국사 과목을 필수로 환원하는 데서 그칠 것이 아니라, 그 내용을 충실히 하는 데 오히려 더 큰 관심을 기울여야 할 것이다. 아울러 중·고등학교의 국사교육뿐 아니라 대학 교양과정에서의 국사교육이나 텔레비전 등 대중매체에서의 민족교육이 최근 급속히 약화되고 있는 현상에 대해서도 근본적인 반성이 있어야 한다는 것을 부언해둔다.

(《동아일보》, 1991. 10. 21)

현대사 바로잡기

"하늘도 울고, 땅도 울고, 바다도 울고……."

1949년 6월 26일 안두희(安斗熙)의 총탄에 쓰러진 백범(白凡)의 영결식 추도가는 민족의 슬픔을 그렇게 표현하였다.

누가 백범의 가슴에 총을 겨누게 하였는가. 안두희의 입을 통해서 그 배후를 형사적 차원에서 밝혀내는 것도 중요하지만, 백범의 죽음이 우리 현대사에 던져준 의미를 되새겨보고, 굴절된 역사를 바로잡는 일은 더욱 근본적인 과제라 하겠다.

해방 전후시기의 정국구도는 단순한 좌우대결만으로 설명되지 않는다. 친일파와 민족반역자가 이 대결구도에 편승하여 순정우익(純正右翼)세력을 좌익으로 몰아붙이면서 좌우갈등구조를 경직화시킨 데서 민족적 불행이 증폭된 것이다.

일제 말기부터 좌이든 우이든 양심적인 인사들 사이에서는 광범한 협력체제가 조성되어 가고 있었고, 건국노선에서도 좌·우 사이에 상당한 접근이 이루어지고 있었다. 개인적인 인간관계에서도 이념을 초월하여 막역한 친구로 지낸 인사들을 얼마든지 찾아볼 수 있다.

정인보(鄭寅普)—홍명희(洪命憙)—백남운(白南雲)의 관계는 좋은 예라 할 수 있다. 민족독립의 대의를 진정으로 생각하는 사람들이라면, 이념의 차이는 크게 문제되는 것이 아니다.

백범이 이끈 대한민국 임시정부가 김원봉(金元鳳)과 손잡고 광복군을 키운 것이나, 조소앙(趙素昻)의 삼균주의(三均主義)를 건국강령으로 채택한 것은 해방 후 우리 민족의 진로에 큰 서광을 비춰준 것이다. 삼균주의는 홍익인간이념을 뿌리로 한 우리 민족의 고유한 이상을 바탕으로 하여 자본주의와 사회주의의 장점을 접합시켜 현대적인 민주국가를 건설하려던 것으로서 안재홍(安在鴻)의 신민족주의와 신민주주의와도 맥이 서로 닿았다.

백범은 뛰어난 이론가는 아니었지만, 순정우익의 최고지도자로서 민족세력의 대동단결을 통해 자주적인 통일국가 수립을 기필코 실현시키려고 하였다.

그가 이승만(李承晩)과 한민당(韓民黨)의 단독정부수립운동을 반대하여 남북연석회의에 참석한 것은 이미 죽음을 각오한 결단이 숨어 있었다.

백범은 현실주의자가 아니요, 대의에 따르는 정도주의자(正道主義者)였다. 그가 귀국 후 "우리는 현실적이냐 비현실적이냐가 문제가 아니라, 그것이 정도(正道)냐 사도(邪道)냐가 생명이라는 것을 명심해야 한다. 비록 구절양장(九折羊腸)일지라도 그 길이 정도라면 그 길을 택해야 하는 것이다. 우리가 망명생활을 30여 년간이나 한 것도 가장 비현실적인 길인 줄 알면서도 독립이야말로 민족지상 명령이기 때문에 그것을 택한 것이다"라고 자신의 심정을 밝힌 것은 백범의 전생애를 말해준다.

백범의 이 말은 이른바 '현실주의'를 내건 인사들이 한말에 일진회(一進會)에 모여든 사실을 뼈아프게 반성한 데서 나온 것이다.

언제나 외세에 의탁하여 일신의 영달을 추구하는 무리들이 '현실주의'를 내세워왔다는 것을 백범은 꿰뚫어보고 있다. 그리고 그 현실주의가 해방 이후 출세주의자들의 명분을 또다시 그럴 듯하게 포장하고 있는 것을 경계한 것이다.

마침내 현실주의자들의 총탄에 백범은 쓰러지고 이 땅은 현실주의의 나라, 분단의 나라로 굳어져갔다. 불순(不純)이 도리어 순정(純正)을 가리켜 불순하다고 지탄하는 가치의 뒤바뀜이 나타난 것이다.

해방 후 우리의 정치사가 권모술수와 음해와 테러에 의해서 점철되어 왔다는 것은 새삼 지적할 필요도 없다. 이 굴절된 정치사의 밑바탕에는 항상 현실적 사고가 뒷받침되어 있고, 명분을 좇아 정도로 가는 것은 웃음거리나 잠꼬대로 치부되어 왔다. 만성적인 정치불신이 이래서 치유되지 않고 있는 것이다.

정치가 정도로 가지 않으면, 국민들은 가치기준을 상실하고 제몫 챙기는 데만 열중하게 된다. 살아야 한다는 본능만이 발휘된다. 대의가 무너지면 소리(小利)가 극성을 부리게 된다.

정치의 민주화는 돌이킬 수 없는 역사의 흐름이다. 그러나 민족통일을 어떻게 할 것이며, 사회통합·지역통합을 어떻게 이룰 것이며, 시시각각으로 조여드는 강대국의 압력으로부터 어떻게 민족자존을 유지할 것인가에 대한 원대하고 근원적인 국가대의를 수립하지 않고서는 장래가 밝다고만 할 수 없다.

무엇보다 급한 것은, 해방 직후의 원점으로 돌아가서 잃어버린 현대사를 다시 찾아가는 일이다. 백범을 다시 찾고, 6·25때 실종된 수많은 순정인사들과 일제때 순국한 항일지사·열사들의 넋이 우리 곁에 다시 살아나게 해야 한다. 그리고 그들의 후예가 가장 대접받고 살아가는 사회를 만들어야 한다.

순정한 사람, 옳게 사는 사람이 대접받고 민족정기가 바로 서면, 경제대국이 되는 것보다도 더 강한 나라가 될 것이다. 도덕과 명분

이 바르게 선 문화대국은 경제대국이나 군사대국을 궁극적으로 이긴
다는 것이 역사의 가르침이다.

(《조선일보》, 1992. 4. 28)

임진왜란 400돌을 되새기며

　임진왜란은 조선왕조가 문치(文治)의 절정에 올라섰던 선조말년에 일어났다. 이 시기는 서경덕(徐敬德), 조식(曺植), 이황(李滉), 이이(李珥) 등 대유(大儒)의 학풍을 계승한 문인학자들이 대거 등장, 현란한 사림문화를 꽃피워 이른바 '목릉성세(穆陵盛世)'를 구가하고 있었다. 그러나 사림정치의 본질상 부국강병을 멀리하여 국가의 군사력과 재정능력은 형편없이 쇠약한 상태였다. 왜란 직전에 이이 같은 선각자가 자신의 시대를 중쇠기(中衰期)로 진단하고 변법경장(變法更張)과 10만양병설을 주장했으나 무위로 끝났다.

　문(文)은 극성하고 무(武)는 극약했던 조선의 사정과는 딴판으로 일본은 상인층과 연결된 무인들이 전국(戰國)시대의 내란을 평정, 통일하고 그 축적된 군사력과 경제력으로 동아시아세계를 제패할 망상을 품게 되었다. 그들은 축성술(築城術)이 뛰어나고 서양에서 수입한 최신무기인 조총으로 무장하였으니 조선과는 상대가 안 되는 군사대국이었다.

　　25만의 왜군이 부산에 상륙한 지 불과 20여 일 만에 서울을 유린한 것은 두 나라의 군사력과 무기를 비교할 때 당연한 결과였다. 당시 조선의 병력은 5만도 되지 못하였고, 신식무기도 없었다. 화포(火砲)와 화공술(火攻術) 그리고 배의 성능만은 일본을 능가하였다.

　　그러나 초전(初戰)의 참담한 전황만을 가지고 왜란을 패배한 전쟁이라고 생각하는 것은 잘못이다. 7년간의 전화(戰禍)는 참혹한 것이 사실이었으나 궁극적으로는 조선이 승리하였다.

　　전란이 끝난 뒤 새로 들어선 도쿠가와(德川)정권은 조선과의 통교를 간청하였고 9년 뒤에 재개된 한일외교는 200여 년간 조선의 우월적 지위를 입증하였다. 1811년까지 12차에 걸쳐 파견된 조선통신사에 대한 일본측의 접대비용은 매번 한 주(州)의 물자를 탕진할 정도로 부담스러웠다.

　　500명에 가까운 통신사 일행을 접대하는 데 동원된 인원이 근 1만 명이고 징용된 선박이 1,400척에 달했다. 이렇게 큰 경비를 감수하면서 통신사의 내방을 간청한 것은 바쿠후(幕府)의 쇼균(將軍) 습직(襲職)에 대한 국제적 권위를 보증받기 위함이었다.

　　조선의 참의급에 해당하는 사신이 일본의 의정급(議政級)에 해당하는 노중(老中)의 접대를 받은 것도 두 나라 위상의 차이를 보여준다. 조선사신의 시·서를 받기 위해 몰려드는 일인들 때문에 곤욕을 치렀다는 보고서가 적지 않다. 이것은 군사강국인 일본이 조선의 인문문화를 얼마나 동경했는지를 말해준다.

　　그렇다면 군사강국이 어찌하여 문화강국에 궁극적으로 패배하였는가. 임진왜란은 7년간 지속된 장기전이었다. 단기전은 군사력의 우열로 판가름나지만 장기전은 그렇지 않다. 그것은 국민 총력전의 형태로 나타나는 것이고 그리고 총력전에서 우리가 이긴 것이다. 그 힘이 바로 목릉성세가 길러낸 문화능력이다.

다 아는 바와 같이 왜군을 격퇴하는 데 가장 공이 큰 것은 전국 각지에서 일어난 의병의 항쟁이다. 유교정치의 교화가 향촌의 민초들에게까지 미쳤기 때문에 전국민이 자발적인 구국의 열사로 일어설 수 있었다. 치마폭에 돌을 날라다준 여인네, 적장을 껴안고 강물에 몸을 던진 기생, 전장에 나간 관인의 늙은 부모를 목숨을 걸고 지켜준 노비 등 이름 없는 민초들의 애국심과 지혜가 모래알처럼 모여서 국난을 극복한 것이다. 이순신 함대의 대승도 모래알들의 지혜와 용맹이 모아진 데 있는 것이고 그것을 모을 줄 안다는 데 이순신의 비범한 면모가 있다.

임진왜란은 도덕성에 바탕을 둔 인문문화가 위대한 국력이라는 것을 가르쳐준다. 도덕성이 있는 사람만이 애국할 수 있다. 사람을 사랑할 수 있는 사람만이 나라를 사랑한다.

명나라가 우리를 도와준 것도 왜란을 극복하는 데 큰 힘이 되었다. 명나라도 우리처럼 도덕을 사랑하는 유교국가인 까닭에 우리를 도와준 것이다. 우리가 도덕이 있었던 까닭에 우방이 우리를 도와준 것이다. 왜란 후 명나라 마지막 황제를 우리가 숭모한 것은 은혜를 잊지 않음이요, 도덕을 사랑한 까닭이다. 죽은 자에 대한 숭모는 아첨이 아니다.

그런데 우리는 임진왜란을 400년 전에 종결된 사건으로만 바라볼 수 없는 데 현실적인 안타까움이 있다. 도요토미는 죽었지만 그의 무모한 패권주의는 왜 일본땅에서 주기적으로 되살아나고 있는가. 아시아의 비극을 몰고온 100년 전의 일본군국주의는 바로 도요토미주의의 근대판이라 할 수 있다. 그러므로 도요토미는 적어도 1945년까지 일본땅에서 살아있었고 왜란은 그때까지 종결되지 않았다.

요즘 통신사가 왕래하던 250년의 평화를 기억하자는 논의가 두 나라 사이에서 일고 있다. 그러나 250년의 평화 속에서 도요토미의 망령이 눈덩이처럼 커간 것을 두 나라는 함께 잊지 말아야 한다. 한 국인의 가슴 속에 왜란은 아직도 완결되지 않은 전쟁이다.

(《동아일보》, 1992. 5. 22)

민족문화의 복원이 광복의 완성이다
— 광복 50주년을 기념하며

역사는 오늘을 위해서 존재한다. 광복 50년은 오늘을 위해서 무엇을 말해주는가.

돌이켜보면 지난 반세기처럼 빛과 그늘이 극단적으로 양립된 시대도 없을 것이다. 빛은 경제성장이요, 그늘은 인간성·도덕성의 타락이다. 반세기 안에 경제규모가 100배 정도 성장한 나라는 동서고금에 없을 것이다. 지금 우리나라의 경제규모는 세계 15위권에 들었다고 한다. 그래서 한강의 기적이라는 말이 생겼다. 그러나 성수대교 붕괴를 비롯한 대형사고의 빈발과 끔찍한 살인사건들, 그리고 환경오염 등은 이 사회가 구석구석마다 크게 병들어 있다는 것을 보여준다. 어쩌면 하루도 마음놓고 살 수 없는 인재(人災)의 사슬에 묶여 있다고 해도 과언이 아니다.

길에서 사람을 만나면 반가워야 좋은 세상이다. 그런데 사람 만나는 것이 두려운 세상으로 변해가고 있다. 잘살면서도 품위를 잃은 나라, 아마도 이것이 오늘 우리의 자화상이 아닌가 싶다.

비록 가난했지만 예의와 품위를 지키고 살아왔던 조상, 그래서 동방예의지국의 칭송을 들었던 우리가 왜 이런 품위 없는 졸부로 변했는가.

근대화철학이 잘못된 탓이다. 전통의 장점을 받아들이면서 서구문명을 접합시켜 법고창신(法古創新)과 동도서기(東道西器)의 근대화를 했어야 옳았다. 그러나 구한말의 극단적 개화주의자들은 그런 노선을 수구로 몰아버리고 잘사는 나라를 너무 부러워한 나머지 나라를 일본에 내주었다. 그리고 그 맥락에서 해방 후의 근대화정책이 추진되어 온 것이다.

옛 사람들은 왕도(王道)와 패도(霸道)를 놓고 수천 년간 고민하면서 결국 왕도를 윗자리에 놓고 살아왔다. 요즘 말로 하자면 도덕이 더 중요하냐 힘이 더 중요하냐의 갈림길에서 도덕 쪽을 선택한 것이다.

일제에게 패망한 것은 도덕이 힘에 굴복한 것인데 일본의 힘은 더 큰 힘에 의해서 결국 망하고 말았다. 20세기는 약육강식과 적자생존의 비정한 철학이 지배하여 강자의 밥이 되지 않기 위해서는 힘을 길러야 한다는 논리가 우세할 수밖에 없었다. 그래서 경제제일주의가 표방되고 힘이 정의라는 사고가 팽배하였다.

그래도 구미 열강은 강자의 위치에 있었기 때문에 대내적으로는 건전한 시민윤리를 세워나갔다. 그러나 우리처럼 약자의 위치에 선 나라는 도덕이니 명분이니 인권이니 하는 기본적인 가치를 제쳐두고 오직 힘을 기르는 데만 피땀을 흘려온 것이다. 그 결과가 오늘의 품위 없는 졸부의 나라를 건설한 것이다.

조선왕조를 매도하고 유교 때문에 나라가 망했다고 비난하는 경향이 많지만 해방 후의 경제성장도 실은 교육을 중요시해온 유교문화의 유산이 있었기 때문이라는 것을 알아야 한다.

일제시대의 고난은 가난이 전부가 아니다. 그보다는 사람 구실을 못했다는 것이 더 아픈 상처였다. 품위를 잃고 살았다는 뜻이다. 그렇다면 해방 후 경제건설 못지않게 품위를 가꾸는 일에도 신경을 썼어야 마땅하다.

해방이 남북분단으로 이어진 데서부터 품위를 잃었다. 6·25는 더욱이나 우리 민족 전체의 품위를 떨어뜨렸다. 부모·형제·친구·이웃을 지상 최대의 적으로 삼아 서로 죽이고 비방하고 살아오면서 어찌 사람 구실을 했다고 할 수 있을까.

일제의 잔재를 청소하지 못하고, 민족문화를 당당하게 복원하지 못한 것도 우리가 도덕성을 회복하지 못한 주요 이유의 하나이다. 노예 상태로부터 해방된 나라의 최고가치는 민족정기의 확립이요, 이것을 기둥으로 하여 경제건설과 문화창달을 병행했어야 옳았다.

첫 단추를 잘못 끼우면 그 다음 단추가 제 자리를 찾지 못한다. 처음부터 다시 끼워야 한다. 큰 명분이 반듯하게 서지 않으면 작은 명분들이 서지 않는다. 큰 기강이 무너지면 작은 기강이 흩어진다.

그동안 우리의 근대화정책은 큰 명분과 큰 기강을 세우지 않고 작은 기강과 작은 명분을 요리조리 기술적으로 뜯어 고치면서 임기응변으로 살아왔다고 해도 과언이 아니다. 이러한 가운데 7천만 동포가 남북으로 갈리고, 남쪽 동포가 또 동서로 갈리고, 동서가 또다시 계층으로 갈리고, 학벌로 갈리고, 혈연으로 갈리고, 군민으로 갈리고, 성(性)으로 갈리고, 끝없는 핵분열을 일으켜온 것이다.

사회는 다양성이 있어야 하지만, 그 다양성이 하나로 모아지는 귀일성(歸一性)이 있어야 한다. 큰 공동체의 응집력이 있어야 다양성이 활력으로 작용한다. 응집력이 없는 다양성은 무질서와 혼란을 가져올 뿐이다. 해방 후 우리 사회가 그런 병증(病症)을 지니고 살아왔다.

구심력과 귀일성을 가져올 통치철학이 준비되지 않고 공동체적 응집력이 확립되지 않은 상태에서 남북관계의 개선이나 WTO 체제의

효과적 대응은 매우 어려운 일이다. 국제화나 세계화는 국가목표 달
성을 위한 수단으로서는 정당하지만 국가목표 자체가 될 수는 없다.
무엇을 위해서 세계화가 필요한 것인지 국민이 확실히 알아야 한다.

경제의 국경이 없어지는 시대일수록 국가 혹은 민족의 의미는 더
욱 커진다고 보아야 한다. 이제 과거와 같은 저항적 민족주의 시대
는 갔다. 그러나 남북문제가 여전히 민족문제에 속하고 개방화시대
의 치열한 경쟁체제에서 살아 남으려면 문화적 민족주의는 매우 유
효한 전략이 아닐 수 없다.

21세기의 상품은 문화상품이 중심이 될 것으로 예견하는 이가 많
다. 관광·디자인·홍보 등이 문화와 연관된다. 우리의 혼을 담은 상
품개발은 경제를 위해서도 좋고 교육적 효과도 적지 않다.

이제 교육과 문화가 윗자리에 서는 시대가 와야 한다. 나라의 큰
기강과 명분이 교육과 문화의 중심에 자리잡고 공동체의 응집력과
귀일성을 높여야 한다. 그것이 국가경쟁력을 키우는 지름길이다.

21세기의 국가목표는 품위 있는 나라의 건설에 두어져야 한다.
그것을 위해서 전통과 세계를 조화시키는 법고창신의 새 기운을 진
작시켜야 한다. 잘못된 단추는 더 늦기 전에 다시 끼워야 한다. 15
세기의 세종시대, 18세기의 정조시대에 이어 제3의 문화중흥시대
를 열어야 한다.

광복 50년이 주는 역사적 교훈은 자신에 대한 치열한 반성이다.

(《서울신문》, 1995. 1. 1)

미래사회와 전통문화

　한국인의 입장에서 20세기를 크게 정리한다면 물질면에서의 성공과 정신면에서의 실패로 요약된다. 국민소득은 1만 달러를 돌파했으나 이를 받쳐주는 정신문화가 없다. 그 결과 부정부패가 끊임없이 이어지고 정치혼란과 경제침체를 가져오는 요인으로 작용하고 있다.
　정신문화가 주체적이고 도덕적일 때 건전한 사회발전이 보장된다. 지난날의 경제발전은 도덕성을 결하였고, 군부통치가 종식된 이후에는 군사문화를 대치할 만한 문민문화를 만들지 못하여 국가경영 능력의 한계를 보이고 있다.
　21세기는 엄청난 도전과 기회가 병존하는 대전환기가 될 것이다. 우선, 우리의 숙원인 민족통일이 이루어질 것이다. 통일은 정복이 아니라 문자 그대로 민족이 하나가 되는 대사업이다. 통일은 사회통합과 문화통합으로 완결되는 것이므로 이를 위한 통일철학·통일문화가 준비되어야 한다.
　21세기의 또 하나의 도전은 국가간의 경쟁이다. WTO의 출범으로 경제는 이미 약육강식의 패권주의로 접어들었다. 장차 이러한 경제논리가 정치와 군사로 확대되면 제국주의시대가 다시 도래하게 될지도 모른다. 이는 우리 자신뿐만 아니라 전인류의 운명이 연관된 중대한 문제이다. 여기서 우리가 도덕성을 외면하고 초강대국의 길을 걷는다면 예기치 않은 내부갈등과 대외긴장으로 더 큰 위기를 불러올지도 모른다. 패권주의는 오래가지 않는다는 것이 과거 역사의 교훈이다. 우리의 선택은 패권주의가 아니라 만민공생과 국제평화여야 한다. 국가간의 공존과 사회균형이 매우 중요한 과제이다.

이상과 같이 21세기의 미래를 전망할 때, 주체성과 도덕성을 지닌 진정한 문민문화의 건설이 시급한 과제이다. 그러나 문민문화를 총체적으로 이론화하는 국가경영철학이 나와야 한다. 나는 그 철학을 '신민족주의'로 정의하고자 한다.

'신민족주의'는 이미 해방 전후시기에 일부 지식층에서 제기하였으나, 불행하게도 냉전구도 속에서 매몰되었다. 약육강식과 국수주의를 거부하면서 민족의 자주와 사회균형 그리고 민족통일을 가져오려 했던 신민족주의를 이제 다시 다듬고 발전시켜 새로운 국가경영철학으로 세울 필요가 있다.

신민족주의는 첫째 역사를 존중하고, 전통문화를 사랑하는 데서 출발한다. 역사를 통해 자신감과 자존심을 배양하고, 역사발전의 원리를 터득해야 한다. 어느 나라든지 자기 전통을 존중하면서 외래문화를 선별하여 받아들이는 나라가 일류국가로 발전하였다. 그것이 서양의 르네상스운동이요, 우리 조상의 법고창신운동이었다. 지피지기 하면 백전백승한다는 손자병법의 이념과도 통하는 말이다. 서양을 발전시킨 원동력과, 우리 민족이 5천 년의 긴 역사를 꾸려온 생명력이 여기에 있다.

20세기 한국은 전통을 마치 근대화의 질곡인 것으로 치부하고 서양화에만 골몰하여 주체적인 문화를 건설하는 데 실패하고, 그 결과 국민의 정신적 기강이 서지 못하였다. 모방한 문화로는 일류국가가 될 수 없다. 일본·프랑스·미국·영국·독일 등 이른바 일류국가가 오늘날 자신들의 전통문화를 얼마나 소중하게 가꾸는지는 다 아는 일이다. 외국을 배우려면 바로 이들의 주체적 문화정책을 먼저 배워야 한다. 그 문화의 외형을 배우는 것은 크게 도움이 되지 않는다.

둘째로 신민족주의를 통해 우리 전통문화에서 사회통합과 문민정치의 지혜를 배우고 다시 일으켜 세워야 한다. 우리 조상은 1+1=2라고 보는 시각은 가장 낮은 단계의 진리라고 보고, 높은 단계의 진리는 1+1=1이라고 해석했다. 이는 사람과 사람, 사람과 자연을 대립물이 아닌 하나의 상보적 통일체로 바라보았음을 의미한다. 생명의 존중은 평화의 출발점이다. 그런데 생명은 사물의 대립에서 창조되는 것이 아니라 대립되는 것처럼 보이는 사물이 하나로 합쳐지는 데서 창조된다. 그러므로 우리의 전통철학은 생명의 철학이요, 평화의 철학이요, 조화의 철학이다. 나보다 '우리'를 강조하는 공동체 윤리가 여기서 피어났다. 자연을 극복하기보다는 자연을 사랑하고, 자연의 위대한 힘과 아름다움을 사람 속으로 끌어안으려는 독특한 미학이 탄생한 것이다. 우리의 음악·미술·춤·건축·그림·조각·공예 등 모든 예술이 자연스럽고, 인간적이고, 그러면서도 초인간적인 힘을 발산하고 있는 이유가 여기에 있다.

문민정치의 전통은 유교문화가 꽃핀 조선시대에서 무섭게 발전하였다. 조선의 지적 엘리트인 선비는 정치의 투명성과 공정성을 높이기 위해, 정치담당자인 선비 자신을 수도자(修道者)의 경지로 절제 속박하고, 최고권력자인 군주를 철저한 감시체제와 교육체제, 그리고 비판체제 속에 가두어두었다. 이것이 조선왕조 519년의 장수를 뒷받침한 생명력이다. 정치의 도덕성에서는 현대 민주정치를 능가한 것이다. 문민정치가 무인통치보다 위대한 이유가 여기에 있다.

다음으로 우리의 가족제도와 마을공동체 전통이 주목되어야 한다.

오늘의 가옥구조와 산업사회에서 대가족을 담는 것은 불가능하고 바람직하지도 않다. 다만, 노인세대를 외롭지 않게 하고 그들의 권위와 지혜가 가정과 직장의 기강을 세우고 후세대 교육에 이바지할 수 있도록 배려되어야 한다. 가정이 무너지고 있는 서양을 따라가는 것은 옳지 않다.

끝으로, 신민족주의는 경제발전에도 크게 이바지할 수 있다. 경제는 사람이 하는 것이요, 모든 국민이 경제의 주체다. 주체적이고 도덕적인 문화가 정착될 때 기업이나 소비자가 망가질 이유가 없다. 오히려 우리의 혼을 담은 새로운 상품과 홍보전략이 나오고, 노사간의 화합이 이루어질 수 있다. 오늘의 경제침체는 총체적인 국가경영 철학의 빈곤에서 유래한 것이므로 이에 대한 처방도 포괄적이고 근원적이어야 할 것이다.

21세기는 20세기의 반성에서 출발하여 새로운 중흥의 시대를 열어야 하며, 우리 자신뿐만 아니라 전세계 인류를 공존과 평화로 이끌 수 있는 새로운 문명의 시대를 열어야 한다. 동양문명의 정수를 지켜왔고, 20세기 냉전문화를 가장 처절하게 경험한 우리는 새로운 세계문명을 창조할 수 있는 잠재력을 가장 많이 가진 나라이다. 20세기를 극복하는 운동이 21세기를 여는 길이다.

(서울대학교 21세기문화연구회 발제문, 1997. 2. 27)

제 3 부

한국사를 경영한 위인들

정 도 전

　600년 전 오늘의 서울이 조선왕조의 수도로 정해지면서 우리 역사는 큰 획을 긋고 새 시대로 들어섰다. 영토·경제력·군사력 등 유형적인 국력이 크게 신장되고 백성들의 생활조건은 현저하게 개선되었다.

　수도 한양에 꽃핀 유교문화의 수준은 그 발상지인 중국을 무색하게 만들 만큼 높았으며, 문화의 선진성에 대한 자신감과 자부심은 왜란과 호란에 이어 근대의 일제침략에 이르기까지 모든 국난을 극복하는 정신적 지주가 되었다.

　조선왕조가 배출한 우수한 인걸들의 학문·사상·예술·과학 등은 현대인의 감각으로도 경탄을 자아내게 하는 것이 많으며, 그들이 남긴 각종 문화유산은 앞으로 21세기의 르네상스를 가져올 귀중한 문화자산임에 틀림없다.

　조선왕조의 출범이 우리 역사의 큰 전환점을 가져왔다고 할 때, 새 왕조 문물의 기초를 놓은 인물들의 의미는 각별하다. 크게 보아

조선왕조를 창업한 주체세력은 신진사대부로 불리는 유자층(儒者層)으로 알려져 있지만, 그 가운데에서도 삼봉(三峰) 정도전(鄭道傳 ; 1342~1398)의 위치는 단연 으뜸이었다.

정도전은 이성계와 혁명을 모의한 최초의 인물이었고, 전제개혁(田制改革)이라는 어려운 개혁사업을 주동하였으며, 개국 후에는 1등공신으로서 수도 한양의 도시계획과 전각 이름을 지어 한양 문화의 기초를 놓았다. 그 다음《조선경국전(朝鮮經國典)》등을 써서 새 나라의 정치규범의 골격을 짜고,《불씨잡변(佛氏雜辯)》을 써서 불교정치시대의 종말을 가져오게 한 것도 그였다. 그 밖에 그가 새 나라 건설에 기여한 공적은 일일이 거론하기 어려울 정도로 많다. 한 신하의 업적으로는 너무 공이 컸던 그는 자신과 이성계의 관계를, 중국의 한고조(漢高祖)와 장량(張良)의 관계에 비유하여 "한고조가 장량을 등용한 것이 아니라, 장량이 한고조를 이용하였다"고 술회한 일이 있었다. 정도전의 뛰어난 업적은 자타가 공인하는 것으로, 뒷날 신숙주는《삼봉집(三峰集)》의 후서에서 정도전의 활약을 높이 평가하면서 "당시에 영웅·호걸이 구름처럼 모여들었으나 선생에 비교될 만한 이가 없었다"고 하여 그를 제1급의 영웅·호걸로 인정하였다.

신하로서 임금을 능가하는 공을 세웠던 그는 바로 그 점 때문에 천수를 다하지 못하고 뒷날 태종이 된 이방원에 의해 주살됨으로써 한동안 역적의 누명을 쓰게 되었다. 난세의 영웅이요 비운의 혁명가였던 그가 왕실로부터 다시 평가를 받기 시작한 것은 400년이 지난 정조 때부터이니, 이때 그의 문집이 다시 정리 편찬되어 오늘에 이르게 된 것이다. 그러나 그에 대한 평가가 적극적으로 이루어진 것은 일제시대 이후로서 그의 사상과 개혁이 지닌 애국심과 도덕성, 그리고 진보적 정치사상이 조명되면서 조선왕조 건국에 대한 부정적 평가를 긍정적 평가로 바꾸는 계기가 되기도 하였다.

■ 亂世의 영웅

정도전은 경상도 봉화(奉化)를 관향으로 하는 형부상서(刑部尙書) 정운경(鄭云敬 ; 1304～1366)의 세 아들 가운데 맏아들로 태어났다. 대대로 봉화 향리를 지내던 그의 집안이 당당한 사족(士族)으로 올라선 것은 정운경이 처음으로서, 그는 과거에 합격하여 벼슬이 형부상서(뒤의 형조판서)에까지 올랐고, 수령으로 있을 때에는 선정을 베풀어 뒷날 《고려사》의 양리전(良吏傳)에 오르게 되었다. 한산(韓山) 향리 출신으로서 유명한 성리학자이기도 했던 이곡(李穀 ; 李穡의 아버지)은 개경 유학시절의 학우였으며, 정운경 자신도 성리학에 조예가 깊었던 듯하다. 그의 세 아들 이름을 도전(道傳), 도존(道存), 도복(道復)이라고 지은 것도 그의 학문과 무관하지 않은 것 같다.

정운경은 처세가 깨끗하고 정의를 사랑하여 '염의선생(廉義先生)'이라는 별명을 얻었는데, 경제적으로는 매우 가난하여 처자가 추위와 배고픔을 면치 못하였다고 한다.

정도전은 가난한 아버지로부터 노약노비(老弱奴婢) 약간 명을 상속 받았으나 학문에 분발하여 20대 초에 과거에 합격하고 벼슬길에 올랐다. 그러나 낮은 벼슬길에서 전전하던 그에게 출세의 길이 트인 것은 29세 되던 해이다. 이 해(공민왕 19년) 공민왕은 새로운 개혁세력을 키우고 성리학을 발전시키기 위해 성균관에 명유 이색(李穡)을 책임자로 앉히고 정몽주·이숭인·김구용·박상충·박의중·정도전 등을 학관으로 임명하여 매일 성리학을 토론하게 하였다. 이때 정몽주의 학문이 가장 뛰어나다는 평가를 받았는데, 정도전도 그들과 토론하는 과정에서 논어·맹자·중용·대학·시경·서경·주역·춘추 등 경전에 대하여 해박한 지식을 얻게 되었다.

그러나 순탄한 벼슬길에 올랐던 그는 공민왕이 시해당하고 우왕이 즉위하면서 크나큰 시련에 봉착하였다. 권신(權臣) 이인임(李仁任) 등의 친원정책(親元政策)을 반대하다가 미움을 사서 전라도 회진현(會津縣)의 거평 부곡(居平部曲)으로 유배되었다. 이때 그의 나이 34세였다. 2년간 부곡의 농민과 지내면서 그들의 어려운 처지를 이해하게 되었고, 4년간 고향으로 이배되어 지내다가 풀려나와 삼각산 밑에 초가집을 짓고 후학을 가르쳤다. 이때 그의 당호를 삼봉재(三峰齋)라 하였다. 그러나 정도전 문하에 학자들이 모여드는 것을 싫어한 그곳 출신의 재상이 삼봉재를 헐어버리자 학생들을 데리고 부평(富平)으로 이사했는데 그곳에서도 재상 왕모(王某)가 별장을 짓기 위해 재옥(齋屋)을 철거하여 다시금 김포로 이사하였다. 이렇게 권신들의 미움을 받아 이리저리 쫓겨다니는 동안 가족들의 생활도 말이 아니었던 듯하다. 그는 〈가난(家難)〉이라는 글 속에서 아내의 불평을 위로하면서 "그대가 가정을 근심하는 일이나 내가 나라를 근심하는 일은 똑같은 것"이니, 내가 나라를 위해 고통을 참듯이, 아내도 남편을 위해 가난을 참아달라고 당부하고 있다.

재상들의 핍박에 견디다 못한 정도전은 42세 되던 1383년(우왕 9년) 드디어 함경도 함주(咸州 ; 함흥)에서 군사지휘관으로 있던 이성계(李成桂)를 찾아가 혁명을 결의하게 되었다.

이때부터 57세로 타계할 때까지 15년간 그는 명장(名將) 이성계의 위망(威望)을 업고 조선왕조 창업이라는 거창한 혁명사업을 주동해갔다. 9년간에 걸친 유배·유랑생활 속에서 그는 새 왕조 건국에 대한 치밀한 구상을 마쳤던 것으로 보인다.

이성계의 일급참모로서 그는 위화도회군 직후 전제개혁(田制改革)운동을 주도하고, 공양왕을 옹립한 다음 이성계·조준과 더불어 군권을 장악하였다. 이때 혁명운동을 알아차린 보수파의 탄핵을 받아 봉화(奉化)·영주(榮州)로 유배되었다가 보주(甫州 ; 禮泉)의 옥에 갇히는 신세가 되었는데, 이 위기상황에서 이성계를 신왕(新王)

으로 추대함으로써 혁명사업을 마무리지었다.

개국 후 그는 개국 1등공신으로서 인사권(人事權), 정권(政權)·병권(兵權)을 장악하고 한양천도와 수도건설사업에 주동적으로 참여하였으며, 스스로 독창적인 병법(兵法)을 창안하여 군사훈련을 강화하고 요동정벌운동을 추진하였다. 요동정벌운동은 명나라의 신경을 크게 자극하여 명나라는 외교문서를 트집잡아 그를 제거하려고까지 시도하였다. 정도전은 명의 압력에 굴하지 않고 요동정벌운동을 한층 강력하게 추진하였는데, 그 과정에서 이방원(李芳遠) 일파의 기습을 받아 1398년 참수당하였다. 그에게는 서얼왕자 방석(芳碩)을 끼고 종친을 모해(謀害)하려 했다는 죄명이 씌워졌으나 사실은 왕위계승을 둘러싼 권력투쟁에서 일어난 사건이었다.

혁명가·정치가로서의 정도전의 생애는 비극적으로 끝났지만, 그가 만들어놓은 문화적 업적은 오랜 생명력을 유지하였다. 정도전은 정치적 실천과 병행하여 많은 저술을 내어 사상혁명·문화혁명을 주도하였다.

그는 《심문천답(心問天答)》, 《학자지남도(學者指南圖)》, 《불씨잡변(佛氏雜辯)》 등을 써서 불교·도교보다 성리학이 우위에 있음을 치밀하게 논증하여 종교개혁의 이론적 기초를 만들어놓았으며, 《조선경국전(朝鮮經國典)》, 《경제문감(經濟文鑑)》, 《감사요약(監司要約)》, 《경제문감별집(經濟文鑑別集)》 등을 써서 조선왕조의 새로운 통치규범을 세워 놓았다. 또한 그는 정총(鄭摠)과 더불어 《고려국사(高麗國史)》(37권)를 편찬하여 뒷날 《고려사절요(高麗史節要)》의 모체가 되게 하였다.

정도전은 병법에도 일가를 이루어 《팔진삼십육변도보(八陣三十六變圖譜)》, 《오행진출기도(五行陣出奇圖)》, 《사시수렵도(四時狩獵圖)》, 《역대부병시위지제(歷代府兵侍衛之制)》, 《수렵강무도(狩獵講武圖)》, 《진법(陣法)》 등을 써서 우리나라 형편에 맞는 독자적인 전법을 개발하였으며, 의학과 역학에도 조예가 깊어 《태을칠십이국도(太乙七十二局圖)》, 《상명태일제산법(詳明太一諸算法)》, 《진맥도결(診脈圖訣)》 등의 저서를 내었다. 이 밖에도 그는 문학에도 뛰어난 재능을 발휘하여 오늘날 많은 학자들의 관심을 끌고 있으며, 특히 이성계의 업적을 찬양한 《문덕곡(文德曲)》, 《몽금척(夢金尺)》, 《수보록(受寶籙)》, 《납씨곡(納氏曲)》, 《정동방곡(靖東方曲)》 등은 음악과 춤으로 형상화되어 후세까지 전승되었다. 한 사람이 문과 무를 겸비하고, 과학과 예능에까지 비범하기란 매우 드문 일이다. 더욱이 그 모든 저술이 하나같이 나라를 사랑하고 백성을 아끼는 마음으로 충만되어 있다는 것은 한층 놀라운 일이다. 난세에 영웅과 호걸이 나온다는 말이 있지만, 신숙주의 평대로 정도전은 여말·선초의 영웅호걸 가운데에서 비교가 어려운 영웅호걸이었다.

■ 불교와 도교에 대한 비판

정도전은 성리학만이 정학(正學)이요 실학(實學)이라는 생각에서 불교와 도교를 맹렬히 비판하였다. 고려 말 조선 초기의 유학자들은 대부분 불교와 도교의 사회적 폐단을 지적하고 불교와 도교의 과도한 종교행사를 억제해야 한다는 입장을 지니고 있었지만, 불교와 도교의 철학체계를 이론적으로 비판하지는 않았다. 또한 승려나 도사 가운데에는 양심적이고 개혁적인 인사도 적지 않았으므로 많은 유자(儒者)들이 이들과 개인적으로 교류하였다.

정도전의 불교·도교에 대한 비판은 《심문천답》, 《심기리(心氣理)》 등에서 단편적으로 피력되어 있었는데, 말년에 쓴 《불씨잡변》에서는 19항에 걸쳐 불교의 이론적 모순점과 사회적 폐단을 비판하고 성리학의 우위성을 논증하였다.

정도전의 불교 비판은 성리학의 객관적 관념론이 불교의 주관적 관념론에 비해 한층 통일직이고[一], 연속적이며[連續], 현실적

[實]이라는 데 모아진다. 다시 말해 불교는 지나치게 인간의 마음
[心]에만 치중하여 인간 현실세계[氣]를 무시하고 있는데, 성리학
은 형이상의 이(理)와 형이하의 기(氣)를 통일적으로 설명하는 이
론체계이기 때문에 바른 학문[正學]이 될 수 있다는 것이다.

정도전의 논리대로라면, 불교는 매우 공허하고 통일성과 연속성이
없는 사상체계로서 무가치한 것처럼 느껴진다. 그러나 오늘날까지도
불교는 건재하고 있듯이, 불교의 종교적 기능은 그렇듯 무가치한 것
은 아니다. 그렇다면 불교의 순기능을 모를 리 없는 그가 그토록 극
렬하게 불교를 공격한 까닭은 무엇인가.

정도전은 불교의 기능이 종교의 차원을 넘어서서 정치와 깊이 유
착하여 국가재정의 낭비를 초래하고, 승려의 과도한 증가로 국역인
구(國役人口)와 생산활동을 위축시키며, 사원경제(寺院經濟)의 비대
화로 인해 분배구조의 모순이 생겨난 것에 대한 우려에서 불교교리
에 대한 근원적 비판이 필요하다고 인식하였다. 따라서 그의 불교비
판은 학문적으로 지나치다는 느낌이 있지만, 결과적으로는 정치권에
서 불교를 배제하고 불교의 사회적 폐단을 시정하는 데 큰 기여를
하였으며, 성리학의 입지를 강화하여 객관적 관념론의 합리정신을
뿌리내리게 하는 계기를 만들었다. 그의 성리학은 권근(權近) 등이
계승 발전시켜 마침내 성리학의 진원지인 중국보다도 더 철저한 성
리학 국가를 열어놓았다.

▣ 民本國家를 지향한 정치론

정도전은 개국 후 정치적 실권을 장악하여 실천적으로 개혁을 추
진하면서 동시에 만세불변의 헌법을 만들어놓고자 여러 경세(經世)
에 관한 저술을 왕에게 바쳤다. 태조 3년에 쓴 《조선경국전》, 태조
4년에 쓴 《경제문감》, 《감사요약》, 《고려국사》, 그리고 태조 6년
에 쓴 《경제문감별집》과 저술연대를 알 수 없는 《경제의론(經濟議

論)》이 그것이다.

먼저, 《조선경국전》은 《주례(周禮)》의 육전(六典) 체제를 모델로 하여 정치의 총체적인 대강(大綱)을 서술한 것이며, 《경제문감》은 그 가운데에서 재상(宰相), 언관(言官), 감사(監司), 수령(守令), 그리고 부병(府兵)의 직책을 논한 것이었다. 《감사요약》에서는 《경제문감》에서 다룬 감사의 기능을 좀더 부연 설명하였다. 《경제문감별집》, 《경제의론》, 그리고 《고려국사》는 군주의 직책을 논한 것으로, 《경제문감별집》에서는 중국과 고려의 역대 군주들의 치적을 논하고, 《경제의론》에서는 군주의 몸가짐을 《주역》의 입장에서 밝혔으며, 《고려국사》에서는 고려 역대왕의 치적을 역사 서술의 형식으로 정리하였다.

위의 여러 저서에서 정도전이 그려내고 있는 조선왕조의 국가상은 한 마디로 주나라의 이상사회를 이 땅에 건설하겠다는 것으로 집약된다. 우리나라는 이미 기자(箕子) 때부터 홍범(洪範)의 학(學)을 가지고 정치와 풍속을 아름답게 하여 주나라의 무왕과 대등한 업적을 쌓은 바 있는데, 조선왕조는 바로 그러한 기자의 전통을 계승하여 더 높은 수준의 동방의 주나라를 다시 만들어보겠다는 것이다. 정도전이 새 왕조의 통치규범을 만들면서 주나라의 주공(周公)이 만들었다고 전해지는 《주례》를 많이 참고한 이유가 여기에 있다.

그렇다면 정도전이 구상한 권력구조의 특징은 무엇인가.

첫째, 《주례》에서 천관총재(天官冢宰)가 6전을 총괄하는 것에 근거하여 재상인 문하시중(門下侍中 ; 뒤의 議政)으로 하여금 정책·인사·재정 및 군사의 모든 권한을 총괄하도록 그 지위를 강화시킨다. 군주는 재상과 더불어 국정을 의결하되, 큰일만 결재하고 나머지 작은 일들은 재상이 전결하도록 한다. 정도전은 재상의 직책을 총괄하여 다음과 같이 설명하였다.

위로는 음양을 조화하고, 아래로는 백성을 편안하게 한다. 안으로는 백성을 평장(平章)하고, 밖으로는 사이(四夷)를 진무한다. 국가의 작상(爵賞)과 형벌이 그에게 관련되어 있고, 천하의 정화(政化)와 교령(敎令)이 그로부터 나온다(《經濟文鑑》上, 總論).

재상이 이와 같이 국정을 총괄해야 하는 이유는 군주세습제가 반드시 현군(賢君)을 보증하지 못하는 데 있다. 다시 말해 세습군주가 반드시 현명하다는 보장이 없으므로, 만인 가운데에서 선택된 재상이 정치를 주도하는 것이 선정(善政)에 대한 기대치를 높일 수 있다는 것이다.

조선시대에는 고려의 중서문하성(中書門下省) 대신에 의정부(議政府)라는 재상관청이 신설되고, 여기에 세 사람의 의정이 동등한 지위에서 왕을 보필하도록 하였다. 이 제도는 《주례》의 총재제도와 삼공(三公)제도를 합쳐서 우리나라의 현실에 맞게 창안한 것으로서, 중국에 없는 우리나라 독자의 기구라 할 수 있다. 그리고 《경국대전》에는 의정부의 기능을 "총백관(總百官), 평서정(平庶政), 이음양(理陰陽), 경방국(經邦國)"이라고 규정하였다. 이는 대체로 정도전이 구상한 재상중심체제가 법제적으로 일단 채택된 것이라 할 수 있다.

조선시대의 왕은 고려시대의 왕에 비해 상징적 권위는 훨씬 높아지게 되었다. 그것은 중앙집권체제가 강화됨에 따라 왕명의 대행자인 수령이 전국의 모든 군현을 직접 다스리는 상황이 되었기 때문이다. 그리고 왕권은 천심(天心)과 민심(民心)의 지지에 의해서 그 정당성이 보장된다고 믿어졌다. 그러나, 조선의 국왕은 사유재산이나 사적인 신하는 일체 갖지 못하게 되고, 군주의 족친은 관직에 나갈 수 없게 됨으로써 사적 기반은 훨씬 약화되었다. 그만큼 공인(公人)으로서의 상징성이 커졌을 뿐, 개인적인 권한은 더욱 축소되었다.

정도전은 대간의 지위가 재상보다는 낮은 것이지만, 재상과 마찬가지로 임금과 더불어 당당하게 시비를 논하여 헌가체부(獻可替否 ; 옳은 일은 받들고 옳지 않은 일은 바꾸게 하는 것)의 일을 맡아야 한다고 한다. 특히 정치를 비판하는 간관의 기능은 매우 중요한 것으로 천하 제일류의 인재를 간관에 임용해야 하고, 군주는 간관의 말을 물이 흐르듯이 따라야 한다. 정도전은 간관의 직책을 다음과 같이 설명하고 있다.

간관은 비록 지위가 낮지만 재상과 동등하다. 천자가 '불가하다'고 말해도 재상은 '가하다'고 말할 수 있고, ……묘당 위에 앉아서 천자와 더불어 서로 가부를 토론할 수 있는 사람이 재상이다.
천자가 '옳다'고 말해도 '옳지 않다'고 말하고, 천자가 '반드시 해야 한다'고 말해도 간관은 '반드시 해서는 안 된다'고 말할 수 있어야 한다.
전폐(殿陛) 앞에 서서 천자와 더불어 시비를 다툴 수 있는 사람이 간관이다(《經濟文鑑》下, 諫官條).

선정을 보장하기 위해서는 이와 같이 언관(言官)의 기능이 강화되어야 하지만, 언관만이 정치를 비판하는 것은 부족하다고 본다. 정도전은 요·순 2대에는 언로(言路)가 국민 각계각층에 모두 열려 있었는데, 후세에 간관제도가 생기면서 오히려 국민의 언로가 막히게 되었다고 보면서 옛날의 이상시대로 돌아가야 한다고 역설한다.

옛날에는 공장(工匠)이 잠언(箴言)으로써 간하고……소경은 시(詩)로써 간하며……공경(公卿)은 상친한 입장에서 간하였으며……서인(庶人)은 길거리에서 비방하였고, 상인(商人)은 저자에게 의논하였으니 서인과 상인 또한 간할 수가 있었다. 위로는 공경대부(公卿大夫)로부터 아래로는 사서(士庶)·상고(商賈)·백공(百工)의 천인에 이르기까지 간하지 않는 사람이 없었으니, 이것은 천하 사람들이 통틀어

간쟁자가 된 것이다. 간관의 직책을 가진 사람이 생겨나서부터 간쟁을 하게 된 것이 결코 아니다. 후세에는 간관의 직책을 두어서 간쟁을 구하였으나, 간쟁의 길이 도리어 이로 말미암아 막히게 된 것을 사람들은 모르고 있다(《經濟文鑑》下, 諫官條).

간관을 비롯한 천하만인의 언로가 넓어져야 한다는 생각은 정도전이 태조 이성계에게 지어 바쳤다고 하는 《문덕곡》이라는 노래에도 보이는데, 여기에서 태조가 수행한 네 가지 중요 업적 가운데 언로를 넓게 열었다는 이른바〈작개언로(作開言路)〉가 지적되고 있다.

조선왕조의 개창과 더불어 이룩된 정치발전 가운데 언로의 확대는 실로 중요한 의미를 지니고 있다. 독립된 간쟁기관으로서 사간원(司諫院)이 처음으로 생겼을 뿐 아니라, 탄핵·감찰을 담당하는 사헌부(司憲府)와 문한(文翰)을 담당하는 홍문관(弘文館)까지도 언론을 관장하여 이른바 언론삼사(言論三司)가 제도화된 것은 잘 알려진 사실이다. 그리고 일반 백성들의 언로를 넓히기 위해 상소제도(上疏制度)가 확립된 것도 큰 의미를 갖는다.

조선왕조는 이른바 역성혁명(易姓革命)을 표방하면서 개창되었는데, 여기에는 천심과 민심의 지지라는 것이 전제되었다. 그런데 천심은 민심에 의해 좌우되므로 실제로 권력의 정당성은 민심의 지지여부에 달려 있다. 여기서 민(民)이라는 존재가 크게 부각되는데, 민심을 따르는 정치가 언로를 열어준다는 것은 당연한 이치라 하겠다.

정도전이 민의 존재를 얼마나 의식했는가는 수령의 직책에 대한 논의에 잘 나타나 있다. 그에 따르면, 백성의 행·불행을 직접 좌우하는 것은 군주가 아니라 지방의 수령이다. 따라서 수령은 하나의 동작, 하나의 시설, 하나의 명령, 하나의 법제라도 모두 백성을 위하고 백성을 존중하는 것이 되지 않으면 안 된다는 것을 강조한다.

　　무릇 백성은 나라의 근본이다. ……옛날에는……천자가 관작을 설
치하고 녹봉을 지급한 것은 신하를 위해서가 아니라 모두 백성을 위한
것이었다. 그래서 성인의 한 동작, 한 시설, 한 명령, 한 법제는 반드시
백성에게 근본을 두었으며, 현명한 관리를 선택하여 백성을 기르고, 관
리의 직임을 무겁게 하여 백성을 책임지게 하고, 관리에게 직권을 빌려
주어 백성을 편안하게 하고, 관리의 녹을 풍족하게 주어 백성을 총애하
고 이롭게 해주었다. 임금이 관리에게 책임을 지우는 것도 한결같이 백
성을 근본으로 하는 것이며, 관리가 임금에게 보답하는 것도 하나같이
백성을 근본으로 하는 것이다(《經濟文鑑》下, 縣令條).

　　정도전은 이와 같이 모든 통치행위가 백성을 위한 것이어야 한다
는 생각에서 '백성은 나라의 근본인 동시에 임금의 하늘(《朝鮮經國
典》上, 賦典 版籍條)'이라고까지 말했다.
　　물론 정도전이 생각하는 백성의 정치는 객체로서의 한계를 가진
것이다. 그리고 위정자와 백성의 관계는 부모와 자식의 관계로 비유
된다. 여기에서 오늘날의 국민주권이나 그에 입각한 국민참정권을
기대할 수는 없다. 하지만 백성을 하늘처럼 떠받들고, 백성의 지지
를 받지 못한 권력은 궁극적으로 정당성을 확보할 수 없다는 민본혁
명(民本革命)사상은 분명히 민주적 사고에 매우 가깝게 접근했다는
것을 부인할 수 없다.
　　그런데, 정도전은 백성을 위해 봉사해야 될 수령을 비롯한 위정자
들이 백성을 도리어 해치고 있는 자기 시대의 현실을 몹시 개탄해
마지 않았다. 그의 말을 직접 들어보자.

　　대저 남의 음식을 먹는 자는 남의 책임을 맡아야 하고, 남의 의복을
입는 자는 남의 근심을 알아야 한다. 조정에서 10만 명의 인구를 한
사람의 수령에게 부탁하고, 100리의 땅을 한 사람의 수령에게 맡기는
데……수령이 이러한 책임을 두려워할 줄 모르고, 그 자리를 이용하여

간사한 일을 꾸미니 어찌 생각이 이토록 부족한가.

　또한 관청을 설치하고 관리를 두는 것은 원래 백성을 위한 것이다. 그런데 지금은 백성의 부모가 되어 도리어 백성을 좀먹는 일만 하고 있으니, 백성은 누구를 바라고 살겠는가. 선비들이 벼슬하지 못할 때에는 조그만 녹줄이라도 얻기를 바라다가 세월이 지나 집안이 따뜻해지고 먹을 것이 넉넉해지면서 옛날의 소원을 모두 잊어버리고 만다. 아, 참으로 한탄스럽다(《經濟文鑑》下, 縣令條).

　정도전의 정치개혁사상 가운데서 수령의 자질 향상과 그들의 책무의 중요성, 그리고 수령의 비행을 감독 규찰하는 감사의 기능이 강화되어야 함을 역설하는 이유는 바로 민본정치의 관건이 수령에게 달려 있다고 보기 때문이다.

　조선시대에 들어오면서 고려시대에 비하여 수령권이 강화되었을 뿐 아니라 수령에 대한 감사의 권한 또한 높아졌다. 그리고 엘리트 관료들도 반드시 수령을 거쳐야만 재상의 지위에 오를 수 있게 하였다. 그 결과 지방 토호들의 작폐가 많이 시정되고 중앙집권체제가 비로소 확립되었다. 수령권 강화에 관한 정도전의 아이디어는 《주례》에서 빌려온 것이 아니라, 한(漢), 당(唐)의 제도에서 모델을 찾았다. 그것은 《주례》가 중앙집권을 지향하면서도 주나라가 봉건제도의 잔재를 아직 청산하지 못한 점이 있기 때문이다.

■ 公槪念에 의한 경제개혁

　정도전의 개혁사상에서 《주례》의 영향을 가장 크게 받은 것은 경제개혁 분야라 할 수 있다. 그는 농업을 비롯하여 상업·수공업·임업·광업·수산업·목축업 등 모든 산업을 공개념에 의해 국가가 통제해야 한다고 주장하였다. 물론 공개념하에서도 토지 사유는 인정되며, 가정부업 정도의 작은 생산활동이나 유통활동은 개인의 자유에 맡기자는 것이다. 요즘 말로 한다면 주요 산업을 국유화하고, 작은 산업은 시장경제활동에 맡기자는 일종의 혼합경제 형태라 할 수 있다.

특히 산업에서 가장 근본이 되는 것은 농업이므로, 토지제도를 공개념으로 개혁하는 일을 일차적 급무로 보았다. 정도전·조준 등이 중심이 되어 실시한 전제개혁은 그야말로 고려왕조의 국기(國基)를 뒤흔드는 큰 사건이었고, 이것이 성공했기 때문에 조선왕조가 감히 민심과 천심의 지지를 얻게 되었다고 자처할 수 있는 근거가 마련된 것이기도 하다.

정도전이 토지에 공개념을 투입하여 이른바 국전제(國田制)를 실현하려고 한 것은 토지 소유가 극단적으로 편중되고, 국가에 대한 세금 납부를 소홀히하는 폐단을 시정하기 위함이었다. 그가 고려 말기 토지제도의 모순을 얼마나 심각하게 인식하고 있었는가는 다음과 같은 보고에 잘 나타나 있다.

전조(前朝)에는……백성들이 경작하는 토지에 대해서는 자간자점(自墾自占)하는 것을 허락하였다. 노동력이 많고 세력이 강한 자는 개간 점유하는 땅이 많아지고, 힘이 약한 자는 노동력이 많고 세력이 강한 자의 토지를 차경(借耕)하여 소출의 반을 나누어 먹게 하였다. 이것은 한 집이 경작하여 두 집이 먹는 것이다. 그리하여 부자는 더욱 부자가 되고, 가난한 사람은 더욱 가난하게 되어 자존할 수 없게 됨으로써 토지를 버리고 떠돌아다니거나 직업을 바꾸어 말업(末業)을 하거나, 심한 경우에는 도적이 되었다(《朝鮮經國典》上, 賦典 經理條).

즉 고려시대에는 토지 개간과 점유를 개인의 자유에 맡긴 결과, 강자와 약자의 양극화 현상이 생겨나고 강자와 약자 사이에는 50퍼센트의 고율지대를 바치는 차경(借耕)제도가 생겨나서 약자의 생계

자립이 불가능한 상태에 빠졌다는 것이다. 고려 말기의 부익부 빈익빈 현상과 국가의 재정 부족에 대한 정도전의 우려는 다음의 글에서도 절실하게 피력되고 있다.

　　토지제도가 무너진 뒤로 호강자(豪强者)는 남의 땅을 겸병하여 부자는 땅이 천맥(阡陌)을 이을 만큼 많아졌으나, 가난한 자는 송곳 꽂을 땅도 없게 되어 부자의 땅을 차경하게 되었다. 가난한 자는 일 년 동안 부지런하고 힘들여 농사를 지어도 식량이 도리어 부족하고, 부자는 편안히 앉아서 농사를 짓지 아니하여도 용전인(傭田人)을 부려서 그 수입의 태반을 먹는다. 국가는 두 손을 모은 채 구경만 하고 그 이(利)를 얻지 못하고 있으니, 백성은 갈수록 괴로워지고, 나라는 갈수록 가난하게 되었다(《朝鮮經國典》上, 賦典 經理條).

이 글에서 차경제도의 모순이 지적되고 부자[地主]에 대한 혐오감과 가난한 농민[作人]에 대한 동정, 그리고 국가 재정의 궁핍에 대한 우려가 표명되고 있다. 고려 말기에 이르면, 여기에 더하여 지주들 서로간에 토지쟁탈전이 벌어지고, 지대(地代) 이외에 각종 잡세가 부과되어 농민생활이 최악의 상태에 이르게 되었다고 판단하였다. 고려 말기의 상황이 어떠한가를 다시 정도전의 보고를 통해 알아보기로 한다.

　　토지제도가 더 한층 심하게 무너지게 되면서 세력있는 자들은 서로 토지를 빼앗아 한 사람이 경작하는 토지에 주인이 7, 8명이 되는 경우도 있었다. 지주가 전조(田租)를 받아들일 때에는 사람과 말을 접대하게 하고, 뇌물을 청구하고, 노자(路資)와 조운비(漕運費)까지 물리게 하여 이런 것들이 전조보다 배가 되었다. 상하가 번갈아 세를 거두어가고, 힘을 다투어 서로 쟁탈을 벌이니, 드디어 화란이 일어나서 나라가 망하게 된 것이다(《朝鮮經國典》上, 賦典 經理條).

한 농민에 지주가 7, 8명이나 되고, 50퍼센트의 지대 이외에 각종 부담을 농민에게 지우는 일이 보편적 사례는 아니겠지만 고려 말기의 토지제도가 얼마나 문란한 상태에 있었는가를 짐작할 수 있게 한다.

그렇다면, 정도전은 이러한 토지제도의 문란을 어떻게 시정하려고 하였는가. 그에 따르면, 옛날의 토지제도는 이와 같지 않았다고 한다. 즉 모든 토지가 국가에 소속되어 국가에서 나누어줌으로써 "천하의 백성은 토지를 받지 않는 사람이 없고 경작하지 않는 사람이 없었다"는 것이며, 그래서 "빈부와 강약이 그다지 큰 차이가 없었으며, 모든 토지에서의 소출은 국가에 세금으로 들어가서 국가가 또한 부유하였다"는 것이다. 그리고 옛날의 토지분배방식은 인구수를 헤아려서 나누어주는 이른바 '계민수전(計民授田)'이었다고 본다.

정도전이 이상으로 생각하는 토지제도는 결국 국가권력을 매개로 하여 토지를 노동인구수에 따라 평균 분배하여 자영농을 창출하는 것이며, 50퍼센트의 지대를 바치는 차경제도는 당연히 없어져야 한다는 것이다. 그리고 모든 토지에서 국가는 세금을 거두어갈 수 있어야 한다.

여기에서 정도전이 주장하는 토지국유제는 토지소유권을 국가에 귀속시킨다는 데에 목적이 있는 것이 아니라, 농민의 토지소유를 평등화시킨다는 데 주목적이 있음을 알 수 있다. 실제로 사유지를 빼앗아 무전농민(無田農民)에게 준다는 것은, 토지에 대한 공개념을 부여하여 국가가 무상몰수하는 수단을 취하지 않을 수 없는 것이다. 따라서 그러한 토지국유제는 오늘날의 사회주의적 토지제도와는 다르고, 자본주의적 토지소유와도 같지 않은 것이다. 즉 이 두 가지가 혼합되어 있는 형태, 다시 말해 관념상으로 사유가 부인되고, 실제상으로 사유가 인정되는 토지제도라 할 수 있다.

상업이나 수공업·광업·수산업·목축업 등도 기본적으로는 공개념에 의한 개혁을 주장하기는 마찬가지다. 그리하여 조선 초기에는 이러한 방향으로 모든 경제구조가 개편되어, 어느 특정한 개인이 상업이나 수공업·광업·목축업·어업 등을 독점하는 일은 일어나지 않았으며, 국가와 경제주체 그리고 백성들이 비교적 이익을 고르게 나눌 수 있었다.

특히 전제개혁이 가져 온 효과는 매우 큰 것이었다. 이제 산천을 경계로 하던 대지주는 사라지고, 5결에서 10결을 표준으로 하는 중소지주층이 확산되었다. 말하자면 중산층 농민이 사회의 기간세력을 형성하게 된 것이다. 물론, 남의 토지를 빌려서 경작하는 차경제도가 완전히 사라진 것은 아니었다. 그러나 그것은 대지주와 빈농 사이에서 이루어진 것이 아니라, 토지가 있지만 노동력이 없는 사람과, 노동력이 있으나 토지가 없는 사람 사이에 맺어지는 수평적 호혜적 차경제도로 바뀐 것이다. 그리하여 그 명칭도 두 집이 서로 힘을 합친다는 뜻에서 '병력이작(並力而作)'이라 하고, 그것을 줄여서 '병작(並作 ; 어우리)'이라고 부르게 되었다(우리나라에서는 소작이라는 용어가 없다. 그 용어는 일제시대에 생긴 것이다).

정도전의 경제사상에서 또 하나 주목되는 것은 군주의 사유재산 소유를 철저하게 반대하고 나선 것이다. 군주는 국가운영상 필요한 경비가 있어야 하는 것은 물론이다. 군주에게 필요한 경비는 음선(飮膳), 의복, 분반(匪頒 ; 신하들에 대한 하사품), 그리고 진보(珍寶)이다. 이를 묶어 상공(上供)이라 한다.

그런데 이 상공의 경비는 국가의 재정 지출의 일부로서, 그 지출권을 군주가 가져서는 안 되며 재상이 관장해야 한다. 또한 군주는 사치와 낭비를 극도로 억제하여 상공의 경비를 최소화해야 하며, 절대로 사유재산을 따로 관리하여 사인(私人)을 거느려서는 안 된다. 군주가 재산권과 사인을 갖게 되면, 모든 부패와 부정의 원인이 된다고 본다.

정도전에 따르면 역사적으로 볼 때, 주나라 시대에는 군주가 사유재산이 없어서 이상적인 정치가 이루어졌다. 그러나 한·당시대 이후로 사유재산이 생기면서 국가재정과는 별도로 관리되기 시작했는데, 이때부터 만사의 폐단이 생기기 시작했다는 것이다(《朝鮮經國典》上, 賦典 上供條). 더구나 군주가 사유재산을 갖는 데서 오는 극심한 폐단은 고려 말기에 이르러 절정에 이르렀다. 따라서 군주의 사유재산을 일체 몰수하여 국고에 귀속시킴으로써 국가 경비에 충당하는 일을 경제개혁의 주요 과제의 하나로 보는 것이다.

정도전은 군주가 사유재산을 가져서는 안 되는 또 하나의 이유를, 천하의 토지와 백성이 모두 군주의 것이라는 데서 찾는다. 그의 말을 들어보자.

군주는 넓은 토지와 많은 백성을 오로지한다. 거기에서 나오는 부(賦)는 모두가 자기 몫의 소유가 아님이 없다. 무릇 나라의 경비도 자기 몫의 소용(所用)이 아님이 없다. 그래서 군주는 사장(私藏)이 없는 것이다(《朝鮮經國典》上, 賦典 上供條).

이 말을 얼핏 들으면, 군주가 온 나라의 토지와 백성을 진정으로 '소유'해야 한다는 것처럼 느껴진다. 그러나 결코 그런 뜻은 아니다. 이때의 '소유'는 매매 상속 전당할 수 있는 근대법적인 의미의 배타적인 소유를 의미하는 것이 아니라, 추상적 관념적으로 가진다는 의미다. 그리고 그 '소유'는 군주가 진짜 소유, 즉 사유재산을 가져서는 안 된다는 것을 강조하고자 하는 데 초점이 있다.

또한 앞에서 설명한 군주의 필요한 경비는 국가재정에서 충당해야 한다는 논리를 '궁부일체(宮府一體)'라고 하였다. 왕실과 정부가 하나로 통합되어 있다는 뜻이다. 이와 같이 왕실 재정과 정부 재정을 하나로 통합시킨 것은, 왕실의 사유재산을 막기 위한 것이지, 정부

재정을 왕실이 마음대로 쓰도록 하기 위함이 아니다. 즉 군주를 철저하게 공인으로 만들기 위함이다.

서양의 근대 학자들은 동양 유가(儒家)들의 이와 같은 왕토(王土)사상이나 궁부일체사상을 잘못 이해하여 마치 군주가 국가의 토지·인민·재정을 사유재산으로 소유한 것처럼 해석하고, 이것을 동양적 봉건제의 특색으로 보았으나 이는 잘못이다. 막스 베버의 '가산제국가(家産制國家)' 이론도 마찬가지다.

요컨대, 정도전이 군주의 사유재산 소유를 철저하게 봉쇄하려고 시도한 것은 왕실 재정까지도 공개념 속에 묶어서 경제 정의를 관철시키려 한 데 목적이 있는 것이고, 또 그것은 그대로 실현되었다. 조선시대 왕은 고려시대 왕보다 개인적으로 훨씬 가난해졌을 뿐 아니라, 왕의 의식주생활이 판이하게 검소해진 것을 기억해둘 필요가 있다. 조선시대 왕실에서 금을 사용한 예가 드물다는 것이 그 단적인 예가 될 것이다.

▣ 인문학과 기술학의 조화

일반적으로 성리학자들은 문(文), 사(史), 철(哲)로 대표되는 인문학을 높이고, 의학·천문학·통역학·수학·법률·음악·미술·군사학 등 기술학(직업교육)은 잡학(雜學)으로 취급하여 천시하는 경향이 있다. 이러한 경향이 교육제도나 관리인사제도에 반영될 때, 신분적 차별이 생겨나게 된다.

국가 경영의 궁극적 목표를 왕도정치(王道政治), 즉 도덕정치의 구현에만 두고자 할 때에는 기술학에 대한 천시나 차별은 나름대로의 정당성이 인정된다. 그러나 국가경영의 궁극목표를 부국강병과 도덕정치의 조화에 두고자 할 때에는 기술학을 천시 차별하는 것은 타당치 못하다.

정도전은 조선왕조 국가건설의 목표를 도덕정치와 부국강병의 조화에 두었던 까닭에 인문학과 기술학의 중요성을 동등하게 인식하였다. 그는 〈금남야인(錦南野人)〉이라는 글에서 유자의 소업(所業)을 설명하면서 첫째, 천지의 음양·오행의 법칙을 배워 천문·지리·귀신에 통달해야 하고, 둘째, 오륜의 윤리를 실천해야 하며, 셋째, 고금의 역사에 통달해야 하고, 넷째, 성리학을 선양하여 이단(異端)을 물리치며, 다섯째, 교육문필을 통해 자제와 후세인들을 깨우쳐주어야 하며, 여섯째, 세속에서 버림받고 굶어서 죽은 한이 있더라도 정의를 위해 뜻을 굽히지 않는 순도자(殉道者)라야 진유(眞儒)라고 부를 수 있다고 한다. 그러니까 참된 유자는 요즘 말로 하자면, 과학자·윤리도덕가·역사가·문필가·철학자·교육자·종교가의 기능을 겸비한 인물이어야 한다. 특히 정도전은 죽음에 대하여 놀랄 만큼 담담하여 의를 위해서는 생명을 바칠 각오가 되어 있어야 한다고 말한다.

　　죽어야 할 경우에는 죽어야 한다. 의(義)는 육신보다 중요한 것이다. 이 때문에 군자(君子)는 살기성인(殺己成人)하는 것이다(《心氣理篇》, 理論心氣).

정치는 이러한 진유(眞儒)들이 맡아야 하며, 교육이나 관리선발도 이러한 기준에서 이루어져야 한다. 그는 주나라 시대에 육덕(六德)과 육행(六行), 그리고 육예(六藝)에 의해서 만민을 가르친 것을 좋게 이해하였다. 육예는 예(禮), 악(樂), 사(射), 어(御), 서(書), 수(數)를 가리키는 것으로 대부분 기술학에 속하는 것이다. 즉 이것들은 부국강병에 필요한 학문이다. 정도전은 교육에서뿐 아니라 관리등용에서도 인문학과 기술학을 구별하여 선발하되 특별한 차별을 두어야 한다고 생각지는 않았다. 그래서 그는 관리 선발제도를 문과(文科), 무과(武科), 이과(吏科), 역과(譯科), 의과(醫科),

음양복서과(陰陽卜筮科), 그리고 문음(門蔭)의 7과로 나누어 시험에 의해서 뽑을 것을 주장하였다.

정도전이 관리등용에서 가장 불합리하다고 생각한 것은 능력을 무시하고 가문의 배경이나 권세가의 도움을 얻어 관리가 되는 것이었다. 그는 특히 고려 말기 인재등용의 문란상을 다음과 같이 소개하고 있다.

후세에는……인재의 성취가 천자(天資)의 높고 낮음에서 오지 못하고, 관리를 등용할 때 혹은 군주의 사은(私恩)에 의해서, 혹은 재상의 이끔에 의해서, 혹은 병졸 가운데서 발탁되거나, 도필(刀筆)하는 이(吏) 가운데서 배출되었거나 하였다. 그러나 이것은 그래도 나은 편이다.

재산이 많은 사람은 뇌물을 들고 가서 관작을 구하고, 자녀를 가진 자는 혼인을 빙자하여 관직을 얻으니 어찌 인재를 선택한다고 할 수 있으며, 관리가 되는 길이 넓다고 하지 않을 수 있겠는가, ……군주나 재상은 여러 사람들이 다투어 출세하려는 마음을 이기지 못하여, 저 사람의 관직을 빼앗아 이 사람에게 주고, 아침에 임명했다가 저녁에 파직시키면서 헛되이 고식책을 추구하는 데 급급하다. 그러니 관직에 머무는 기간이 길고 짧은 것은 미처 생각할 겨를도 없다(《高麗史》, 鄭道傳傳).

정도전은 고려 말기 인사제도의 문란상을 이와 같이 고발한 후 "비록 현명하고 지혜로운 선비가 있다한들 어찌 자기의 재주를 펴서 일의 공적을 이룰 수 있겠는가"라고 개탄하고, 이어서 이러한 문란상을 제방이 무너지는 상황에 비유하여 다음과 같이 쓰고 있다.

비교하건대 만 길이나 되는 둑이라도 날마다 물이 스며들면 마침내 무너지고 범람하고 말 듯이, 나라가 드디어 망하고 마는 것이니, 어찌

한심하다고 하지 않을 수 있으랴(《高麗史》, 鄭道傳傳).

고려가 멸망한 원인이 여러 가지 있지만, 정도전은 그 가운데에서 인사제도의 잘못이 큰 원인이라는 것을 이렇게 지적하고 있다.

고려의 용인법(用人法)은 크게 무너져서 백성을 교육시키고자 하면 사도(師道)가 밝지 못하고, 과거를 하고자 하면 사(私)가 공(公)을 가리고, 전주(銓注)를 하고자 하면 현자(賢者)와 우자(愚者)가 어지럽게 섞이고, 고과(考課)를 하고자 하면 청탁이 번성하고, 출척(黜陟)을 하고자 하면 뇌물이 공공연히 횡행하여 다섯 가지가 모두 무너졌다(《高麗史》, 鄭道傳傳).

인재 양성과 인사제도에서 공도(公道)가 무너지고 사도(私道)가 횡행하던 고려 말기의 부패상에 대한 정도전의 고발은 옷깃을 여미게 할 정도로 절절하다. 결국 그가 추구하는 교육은 도덕사회를 건설하면서 부국강병에 필요한 인문·기술 교육을 조화시키자는 것이며, 관리 등용은 어디까지나 본인의 능력에 바탕을 둔 공정한 경쟁시험이어야 한다는 것으로 요약된다.

정도전은 부국강병과 관련하여 병학(兵學)에 대한 관심도 깊었으며, 문과 무가 신체의 양 어깨처럼 균형을 이루어야 한다고 주장하였다. 일반 유자들의 문존무비(文尊武卑)사상과는 사뭇 다르다. 정도전 자신도 항상 서(書)와 검(劍)을 겸비했다고 자부하기도 하였다. 그는 중국 역대의 병서들을 깊이 있게 공부한 다음 우리나라 현실에 맞는 병법을 스스로 창안하여 《팔진삼십육변도보(八陣三十六變圖譜)》, 《오행진출기도(五行陣出奇圖)》, 《강무도(講武圖)》, 《진법(陣法)》 등 다수의 병서를 편찬하였다. 그리고 자신이 창안한 병법에 의거하여 군사들을 훈련시키고 요동정벌 운동을 준비하기도 했던 것이다.

정도전의 국방에 대한 생각은 기본적으로 고구려의 옛 땅을 수복하려는 데 목적을 둔 것이지만, 단기적으로는 원·명 교체기에 힘의 공백지대로 놓여진 요동지방을 먼저 탈환하려는 것이었다. 이 계획은 사전에 명나라에 알려져서 그 주동자인 정도전을 미워하게 되어 '조선의 화근(禍根)'이라고까지 극언하였던 것이다. 그리고 조선의 요동정벌을 저지시키기 위해 정도전을 제거하려고 하였으며, 조선에서 올린 외교문서(표전문)가 불온하다는 것을 트집잡아 정도전을 명나라에 압송하라고까지 강요하고 나섰다.

정도전의 요동정벌운동은 물론 태조 이성계와의 합의하에 이루어진 것이므로, 명나라가 태조 이성계를 신임하지 않는 이유도 여기에 있었다. 정도전이 이방원의 습격을 받아 불의에 죽고, 이어 태조 이성계가 하야하는 정치적 대변동이 일어난 것은 왕위세습과 관련한 권력투쟁이 원인이기도 하지만, 동시에 대명관계에서 강경파와 온건파(이방원)의 노선 갈등도 한 요인이 되었던 것이다.

그러므로 정도전의 몰락과 이방원의 등장은 크게 보면 급진파의 후퇴와 온건파의 대두라는 정치사의 변동을 의미하는 것이기도 하였다.

(11월의 문화인물, 1994. 11)

이 수 광

　임진왜란이 조선왕조의 전기와 후기를 가르는 분수령이라면, 그 분수령의 꼭대기에서 조선 전기의 성리학시대와 조선 후기의 실학시대를 가르는 분기점에 서 있던 인물의 하나로서 지봉(芝峰) 이수광(李晬光 ; 1563~1628)을 꼽을 수 있다.

　난세에는 영웅적인 개혁가가 나오고, 치세에는 합리적인 기능인이 나오는 것이 동서고금의 상례이다. 이수광의 시대는 극도의 난세는 아니었으나 왕조의 중흥을 가져올 변법경장(變法更張)이 요구되던 이른바 중쇠(中衰)의 시대였다. 안으로 성리학의 도덕규범이 향촌 사회에까지 뿌리내리면서 문치(文治)의 극성을 이루었으나 그 부작용이 빚어낸 당론의 격화로 경제력과 군사력이 약화된 것이 식자들의 근심거리였다. 임진왜란은 바로 조선 내부의 이러한 취약점을 뚫고 들어온 외환이었으나, 성리학으로 무장된 조야관민(朝野官民)의 단합된 충성심과 자존심이 근세 최대의 외환을 능히 승리로 이끌어 낼 수 있었다. 조선은 아직 일본과의 총력전에서 무릎을 꿇을 만큼 정신적으로나 물질적으로 약한 나라는 아니었다.

왜란에서 승리한 것은 왕조의 자신감을 북돋워주었으나 중흥의 과제는 여전히 남아 있었다. 성리학의 위력은 정신면에서 크게 발휘되었으나, 성리학자들의 소모적인 정쟁과 출세 위주의 도구적 학문태도는 뜻있는 식자들의 반성을 불러일으켰다. 이제 성리학은 인간을 참되게 만들고, 백성을 편안하게 해주고, 민족적 자각을 북돋워주고, 피폐된 국력을 키워줄 수 있는 진실된 학문으로 다시 태어나지 않으면 안 되었다.

성리학이 내실을 다지는 방향으로 재구성되어야 한다는 생각은 많은 식자들이 공감하고 있었지만, 이를 제 몸으로 실천하고 학문이론으로 다듬어간 사람은 많지 않았다. 이수광은 바로 흔치 않은 선각자 가운데서 앞장서간 인물이었고, 자신의 새로운 학문을 '무실(務實)'의 성리학으로 이름지었다. 그리고 후세 사람들은 이를 '실학(實學)'이라 부르게 되었다.

조선 후기는 실학이 꽃핀 시대이다. 물론 논자에 따라, 혹은 지역에 따라 실학의 정도가 다르고 실천의 방법론은 다르다 하더라도, 무실의 큰 원칙을 좇는 데는 다름이 없었다. 무실은 곧 끊임없는 경장(更張)으로 이어지고, 그 결과 18세기의 영·정(英正)시대에는 왕조의 중흥이 이루어진 것이 사실이었다.

이수광을 조선 후기 실학의 선구자로 이름 붙인 것은 일제시대의 국학자들이었다. 왕조의 중흥을 도모하던 식자들이 이구동성으로 이수광을 기억하고 《지봉유설(芝峰類說)》을 애독하여왔기 때문에 일제시대 국학자들이 그렇게 자리매김한 것이다.

이수광은 선조·광해군·인조의 세 임금을 섬긴 관료로서 무실의 학문을 몸소 실천하여 청백한 삶의 표본을 보여주었고, 무실의 학문을 이론적으로 정리하여 《지봉유설》을 내었으며, 무실의 감각으로 세계 각국의 문화와 우리 문화를 정리하여 국제안(國際眼)과 민족

혼을 동시에 불어넣었다. 《지봉유설》이 당대의 대표작으로 후세인
들 사이에 끊임없이 회자된 것은 허황된 세계주의자도 아니요, 협소
한 국수주의자도 아닌 그의 뛰어난 균형감각이 돋보인 까닭이었다.
　세계화의 거친 물결 속에서 우리의 민족혼을 지키면서 세계로 나
아가야 하는 오늘의 처지에서 이수광의 그림자는 400년의 시차를
뛰어넘어 우리 곁에 친근하게 다가오고 있다.

■ 이수광의 생애

　이수광은 태종의 아들 경녕군(敬寧君)의 5세손으로서, 선조 초
판서를 지낸 희검(希儉 ; 1516~1579)의 외아들로 태어났다. 어머니
는 세종조 청백한 정승으로 이름이 높은 유관(柳寬)의 5세손이었는
데, 유관이 살던 동대문 밖 오두막집(지금의 동대문구 창신동 소재)
을 희검이 인수해서 살게 되면서 이곳이 이수광의 본가가 되었다.
지봉(芝峰)이라는 호는 이 집 부근에 있는 상산(商山)의 한 봉우리
에서 취한 것이다.
　이수광은 외5대조 유관 정승을 흠모하였을 뿐 아니라, 그 집을 인
수하여 검약하게 살아간 아버지 희검에 대해서도 큰 감명을 받았다.
이 집은 임진왜란 도중에 불타버렸으나 이수광은 그 자리에 다시 오
두막을 짓고 당호를 '비우당(庇雨堂)'이라 하였다. 비나 겨우 막으
면서 살겠다는 선조의 유지를 계승한 것이다. 그는 평생 '성시(城
市) 속의 은자(隱者)'를 자처하면서 청백을 몸소 실천하였는데, 그
의 실학사상은 이러한 청백사상이 밑바탕에 깔려 있었음을 주목할
필요가 있다.
　이수광은 1585년 23세에 문과에 합격하여 30세에 임진왜란을
맞이하기까지 청요직(淸要職)을 두루 역임하였으며, 28세에 성절사
(聖節使)의 서장관(書狀官)으로 베이징에 다녀왔다. 왜란 도중에는
왕을 호종하여 평양에 피난했다가 돌아오고, 함경도지방의 반민(叛

民)을 선유(宣諭)하는 임무를 맡기도 하였다. 35세에 그는 진위사(進慰使)로서 두 번째로 베이징을 다녀오고 49세가 되던 1611년에도 세 번째로 베이징을 다녀왔다. 이는 그의 뛰어난 문장력이 인정을 받은 까닭으로서, 세 차례의 사행(使行)을 통하여 베트남(安南), 오키나와(琉球), 타이(暹羅) 사신과 깊이 사귀면서 시(詩)와 정보를 교환하고 중국을 비롯한 세계 여러 나라의 사정을 폭넓게 이해하게 되었다. 세계 각국의 문물을 소개하면서, 그 속에서 우리 문화의 우수성을 드러내보이고자 했던《지봉유설》이 이러한 관점에서 집필된 것이며, 국제안과 민족혼의 균형잡힌 시각이 이 책의 가치를 오래도록 빛나게 했던 것이다.

이수광의 외교활동 가운데서 특히 주목되는 것은 베트남 사신과의 교유로서, 그의 문명(文名)이 멀리 안남에까지 떨치고 안남문화가 국내에 소개되는 계기가 되었다. 지금도 베트남사(安南史)를 연구하는 학자들은《지봉집》에 실린 베트남 관계 기록을 중요한 자료로 이용하고 있다.

이수광의 순탄했던 관직생활은 광해군이 즉위하면서 크게 굴절되기 시작했다. 특히 1613년에 일어난 인목대비 폐위사건으로 많은 선비들이 이에 반대하여 관직을 떠났는데, 그도 관직을 그만두고 동대문 밖 자택에 은거하면서《지봉유설》을 편찬하였다. 그 후 3년간 순천부사(順天府使 ; 1616~1619)를 맡았으나, 이는 벼슬에 대한 미련 때문이 아니라 골치아픈 서울을 벗어나기 위함이었다.

1619년 순천부사를 끝으로 벼슬을 단념한 이수광은 수원 시골집과 서울 본가를 오가면서 독서와 저술에 몰두하였는데, 이때《채신잡록(采薪雜錄)》,《경어잡편(警語雜編)》,《잉설여편(剩說餘編)》 등 경학에 관한 저술을 내었다. 그의 무실을 강조하는 실학이 정리된 것이 이때이다.

이 시기 그는 서울 창덕궁 서쪽의 침류대(枕流臺)에 모여들어 시를 창화(唱和)하던 이른바 '침류대학사'들과 어울려 지내기도 하였으나, 뚜렷한 사우(師友)가 없이 독학으로 자신의 학문체계를 쌓아갔다. 그것은 이해관계에 따라 아침에 친구가 되었다가 저녁에 적이 되고마는 당파 싸움에 말려드는 것이 싫어서였다. 스스로 '성시 속의 은자'임을 자처한 이유도 여기에 있었다.

인조가 즉위하여 '숭용산림(崇用山林)'의 기치를 내걸고 유교정치의 중흥이 추구되면서 이수광은 61세의 나이로 다시 관직에 복귀하여 도승지(都承旨), 홍문관제학(弘文館提學), 대사간(大司諫), 이조참판(吏曹參判) 등의 중임을 맡고 말년에는 이조판서로 재직하다가 66세를 일기로 1628년 세상을 떠났다. 그 사이 1624년에는 이괄의 난을 피하여 임금을 모시고 공주로 남행하였으며, 1625년에는 대사헌으로서 12개 조에 걸친 개혁상소를 올렸다. '중흥장소(中興章疏)'로 더 알려진 이 상소에서 이수광은 필생의 정치경륜을 응집하여 중흥정치의 방향을 제시하였는데, 그것은 한 마디로 무실의 실학에 바탕을 둔 것이었다.

그는 사후에 영의정에 추증되고, 문간(文簡)의 시호를 받았으며, 경기도 양주 장흥리에 안장되었다. 그는 세상사람들로부터 "위인(爲人)이 안상(安詳)하다"는 평을 얻었으며, "교유(交遊)를 하지 않으면서 전랑(銓郎)의 자리를 얻은 사람은 이수광뿐이다"는 세평을 듣기도 하였다. 실록의 졸기(卒記)에 의하면, 그는 몸가짐이 승검(繩檢)하고 성색(聲色)과 식화(飾華)를 싫어하여 44년간 벼슬하는 동안 출처언행(出處言行)에 티가 없는 인물이라고 한다.

이수광 자신은 당론에 휩쓸리지 않고 초연하게 처신하였으나, 그의 후손은 남인실학(南人實學)의 거두인 이익(李瀷) 집안과 혼인관계를 맺고 천주교에 귀의하였다.

■ 주요 저술

이수광은 어려서부터 문장을 잘하여 당시 거유(巨儒) 이이(李珥)의 칭송을 받은 바 있다. 관리가 된 뒤에는 선조의 명으로 《주역(周易)》,《사기(史記)》 등의 고전을 교정 혹은 언해하는 사업에 참여하였는데, 이는 그의 경사(經史)에 대한 해박한 지식이 인정을 받은 까닭이었다.

그러나 이수광의 저술활동이 본격화한 것은 이른바 계축옥사(癸丑獄死)로 불리는 광해군의 폐모살제(廢母殺弟)사건으로 동원(東園 ; 동대문 밖 本家)과 수원의 시골집에 은거하던 시절이었다. 그의 첫 저술은 계축옥사 다음 해에 편찬된 20권의 《지봉유설》로서, 이 책은 중국과 우리나라의 경서(經書)와 소설·문집 등 348명의 저서를 참고하였으며, 2,265명의 인물을 소개하고 3,435개의 항목을 25부(部)로 나누어 쓴 최초의 문화백과사전이다. 이와 같은 방대한 저술이 은퇴한 지 1년 만에 완성된 것은 이미 재관(在官)시절에 상당한 정도의 준비가 있었음을 말해준다.

이수광의 두 번째 저술은 그가 순천부사로 재직중이던 1618년에 지은 순천부 읍지 《승평지(昇平誌)》로서, 이 책은 조선 후기의 선구적 읍지의 하나로 평가되고 있다. 그는 1607년의 홍주목사(洪州牧使) 재임시에도 《홍양지(洪陽志)》를 편찬했다고 하나 지금 전하지 않는다.

이수광의 학문이 절정기에 이른 것은 수원 시골집에 은거하던 광해군 말년 4년간이었다. 이 시기에 그는 거의 전적으로 경학에 매달려 독창성이 풍부한 이론을 창출했다. 그 대표적 저술이 《채신잡록(采薪雜錄)》,《설문청독서록해(說文淸讀書錄解)》,《승촉잡기(秉燭雜記)》,《제채자리심법론후(題蔡子履心法論後)》,《제채자리중용집전찬후(題蔡子履中庸集傳贊後)》,《경어잡편(警語雜編)》, 그리고 《잉설여

편(剩說餘編)》등이다.

인조반정 후 다시 관직에 복직하여 〈중흥장소(中興章疏)〉로 불리는 장문의 개혁안을 인조에게 올린 것은 그의 생애의 마지막 꽃이라 할 수 있다. 이 글은 단순한 시무책이 아니라 그의 평생의 학문이 온축된 일종의 정치철학적 논설이라고 할 수 있는데, 그 요지는 한마디로 수기(修己)와 치인(治人)의 실효를 거두기 위한 무실의 실학으로 요약된다.

이 밖에 이수광은 원래 문장이 뛰어난 문인으로서 많은 시문(詩文)을 남겼고, 당대에는 오히려 문장가로서의 명성이 더 높았다. 그의 시문은 《지봉집》에 실려 있는바, 장유(張維), 이정구(李廷龜), 이준(李埈), 이식(李植) 등 당대의 대문장가들이 서문 혹은 발문을 써서 그의 문장을 칭송하였다.

▣ 문장관

이수광은 시를 짓는 것이 큰 취미였다. 그는 "나는 평생 기호(嗜好)하는 것이 없는데, 기호가 있다면 오직 시뿐이며, 당시(唐詩)를 가장 좋아했다"고 시에 대한 애정을 표현한 일이 있다. 그는 유능한 작시자일 뿐 아니라 시론(詩論)과 시평(詩評)에서도 일가를 이루었다. 《지봉유설》에는 중국과 우리나라의 시에 대한 시평이 꽤 많이 나타나고 있는데, 중국의 경우에는 이(理)에 치중한 송시(宋詩)보다 흥취를 위주로 한 당시(唐詩)를 좋게 평하였다. 우리나라 시에 대해서도 고조선의 공후인에서 시작하여 고구려의 을지문덕을 거쳐 삼국·고려·조선에 이르는 명시들을 소개하면서 '근고(近古)'한 을지문덕의 시와 '기고(奇古)'한 최치원의 시를 호평하고, 고려 후기의 문인 이규보(李奎報)를 고려시대 최고의 시인으로 꼽았다.

대체로 조선시대 성리학자들은 최치원이나 이규보를 좋게 생각하지 않았다. 그것은 그들이 불교와 도교와 교섭한 것을 싫어한 까닭이었다. 그런 점에서 이수광의 위 두 사람에 대한 평가는 통념과 다른 점이 있었다. 조선시대의 시인에 대해서는 박순(朴淳), 최경창(崔慶昌), 백광훈(白光勳), 이달(李達) 등이 당시(唐詩)에 가깝지만 아직 미숙하다고 보았다. 이수광이 이상으로 생각하는 시는 성당(盛唐)의 시를 모범으로 하면서도 환골탈태(換骨奪胎)의 독창성을 지녀야 한다는 것이다.

이수광은 시란 별재(別才)에 속하는 것이므로 반드시 학문이 깊거나 지체가 높은 사람이 좋은 시를 쓴다고 생각지 않았다. 그가 《지봉유설》에서 사대부뿐 아니라 승려·천인·규수·기첩(妓妾)에 이르기까지 각계각층의 시인을 소개한 것도 이러한 까닭이었다. 신분을 초월한 그의 시론은 그 후 하나의 유행이 되어 조선 후기에 편찬된 많은 시론의 효시가 되었다.

시뿐 아니라 가사(歌詞)에 대한 관심에서 그는 송순(宋純), 정철(鄭澈), 백광홍(白光弘), 이원익(李元翼) 등이 지은 장가(長歌)를 소개하면서 그 가운데서 송순과 정철의 작품을 최선으로 평가하는 안목을 보여주었다.

이수광은 명대에 유행한 고문사(古文辭)에 영향을 받아 송(宋), 원(元) 이후의 문체를 배격하고 간이직절한 진(秦), 한(漢)의 고문을 숭상하였다. 이수광 자신은 "나는 문(文)에서는 6경(經) 이외에 장자(莊子), 좌구명(左丘明), 사마천(司馬遷), 그리고 한유(韓愈)와 유종원(柳宗元)을 즐겨 읽었다"고 하여 선진(先秦), 한(漢), 당(唐)의 고문을 좋아했음을 피력한 일이 있다. 그가 고문을 좋아하는 이유는 문장의 뜻이 쉽고, 어휘가 쉽고, 외우기가 쉽기 때문이었다. 이러한 시각에서 그가 높이 평가하는 우리나라의 문장가는 신라의 최치원, 고려의 박인량(朴寅亮), 이규보(李奎報), 임춘(林椿) 등이고, 조선에 와서는 차천로(車天輅), 최립(崔岦) 등을 꼽았다.

이수광의 문학관은 성리학의 문학관과는 다르며, 이 점은 뒤에 살피게 될 그의 경학사상의 정신과도 통한다.

▣ 학문관

이수광은 도가도 아니고 양명학자도 아니며 더구나 승려도 아니었다. 그는 기본적으로 유자요, 성리학자였다.

그러나 이수광은 주자(朱子)의 학문을 그대로 따르는 모방적 성리학자가 아니었다. 위로는 제자백가로부터 아래로는 양명학에 이르기까지 중국 역대의 학문을 넓게 섭렵하고, 중국뿐 아니라 우리나라의 역대 고승들과 도가들에 대해서도 많은 이해를 가지고 이를 종합하고 절충하여 독창적인 학문을 세워 놓았다. 그의 학문은 한 마디로 '실(實)'을 강조하는 '실학(實學)'이며 실학으로서의 성리학이었다. 이수광이 강조하는 실학의 '실(實)'은 '실천'을 강조한 데 특색이 있다. 이는 당시의 선비들이 구담(口談)과 문자로는 온갖 진리를 이야기하면서도 실제로는 학문을 사리사욕을 위한 출세의 도구로 이용하는 데 대한 반성이 담긴 것이다. 그가 학문의 실천을 강조하는 언설의 몇 대목을 옮겨보면 다음과 같다.

학문을 하는 사람은 말을 비록 번지르하게 잘 하더라도 끝에 가서 실천을 하지 않으면 도리어 배우지 않는 것과 같다(《芝峰類說》권 5, 儒道部 學問).

학문하는 사람이 구담(口談)에만 의존하고 실천을 하지 않는다면, 경서(經書)를 베끼고 외우는 사람과 무엇이 다른가(위와 같음).

지금 학자들은 성현(聖賢)의 책을 읽으면서 오직 구담(口談)에만 의존하고 실천을 하지 않으며, 자기의 몸과 마음에는 아무런 간섭을 하지 않는다. 이는 사장(詞章)을 기록하고 외우는 것과 무엇이 다른가(《芝峰集》권 25, 薛文淸讀書錄解).

실천이 따르지 않는 학문은 무학(無學)과 다를 것이 없다고 본 이수광은 실천의 첫 출발을 '치심(治心)'에서 찾는다. 다시 말해 마음을 다스리는 것이 가장 중요하다. 그는 《지봉유설》에서도 '심학(心學)'이라는 항목을 설정하여 치심에 대한 깊은 관심을 보여주었는데, 수원에 있는 시골집에서 은거할 때 지은 저술들은 대부분 심학(心學)에 관한 것이 중심을 이루고 있다. 사실 마음을 바르게 다스려 놓지 않고 학문을 실천한다는 것은 거짓말이다. 그렇다면 마음은 어떻게 다스리는 것인가.

이수광은 '심즉천(心卽天)'의 논리로 마음의 본질을 설명한다. 이 말은 마음 속에 천덕(天德)과 천도(天道)가 있고, 하늘 속에 천심(天心)이 있다는 뜻이며, 다른 말로 하면 천덕과 천도를 체득해야 한다는 뜻이다. 그에 의하여 천덕은 '생(生)'이요, 도는 '자연(自然)'이다. 그리고 '생'과 '자연'을 체득하는 것이 곧 '성(誠)'이다.

이수광의 '심즉천' 사상은 우주자연의 이치에 따라 살아야 한다는 뜻으로 풀이해도 좋다. 우주자연은 말이 없으면서도 끊임없이 생명을 탄생시키는 큰 덕을 지니고 있으므로, 사람은 그 이치를 따라서 말없이 생명을 사랑하는 마음을 가지고 실천해야 한다. 그것이 '성(誠)'이요, '성'이 곧 '실(實)'이다.

이수광의 '심(心)'에 대한 생각은 주자와 다른 점이 있었다. 주자는 마음이 성과 정을 포함한다는 '심포성정(心包性情)'을 주장했으나, 이수광은 마음이 성(性)과 정(情)을 통합한다는 '심통성정(心統性情)'설을 내세웠다. 또한 마음을 다스리는 방법으로서, 주자는 '독서궁리(讀書窮理)'를 강조하였으나, 이수광은 '특경(特敬)'을 통한 '존양성찰(存養省察)'을 주장하였다. 다시 말해 주자는 독서를 통한 방법을, 이수광은 마음을 비우고 사색하는 방법을 선호한 셈이다.

이수광의 '심즉천' 사상은 '물아일체론(物我一體論)'으로도 뻗어갔다. 만물이 모두 몸 안에 있으므로, 만물의 이치를 밖에서 연구할 것이 아니라 자기 몸 안에서 찾아야 한다는 것이다. 그의 말을 직접 들어보자.

> 물(物) 또한 심(心)이고, 아(我) 또한 물(物)이다. 그래서 성인(聖人)은 아(我)가 없고, 아(我)가 없으므로 물(物)이 없다(《芝峰集》 권 24, 采薪雜錄).

> 만물은 모두 아(我)에 갖추어져 있다. 천지만물은 본래 아(我)와 일체(一體)이다. 그래서 만물의 이치를 잘 탐구하는 이는 만물에서 탐구하지 않고 일신(一身)에서 탐구한다(같은 글).

> 성인(聖人)의 마음은 만물을 갖추고 있어서 일물(一物)도 갖지 않는다. 물(物)을 갖지 않았기 때문에 물(物)을 볼 수 있다. 물(物)을 좇는 이는 물(物)에 가리워지고, 마음이 비어 있는 이는 능히 물(物)을 밝힐 수 있다(같은 글).

만물의 이치가 내 몸 속에 있다는 주장은 인간의 주체성을 강조한 것이며, 마음이 비어 있어야 만물의 이치를 밝힐 수 있다는 주장은 극도의 자기 절제를 강조한 것이다. 이수광은 자기 절제의 경지를 무아(無我)의 단계에까지 가야 한다고 생각한다. 그에 의하면, 성인이란 무아의 경지에 도달한 사람이다. 아(我)가 없어야 만물을 이롭게 할 수 있다. 아(我)는 사(私)를 유도하고, 사(私)는 공(公)을 해치기 때문이다. 그래서 그는

> 아(我)가 없어야 공(公)하다. 아(我)가 있으면 사(私)하다. 그래서 군자(君子)의 학문은 극기(克己)를 앞세운다. 기(己)란 아(我)를 가진 사(私)이다(《芝峰集》 권 28, 秉燭雜記).

라고 하여 아(我) 즉 사(私)를 없애는 것이 대공무사(大公無私)의
길이요 극기의 본질임을 거듭 강조한다. 다음의 구절도 비슷한 뜻을
갖는다.

나에게 공(公)하는 사람은 남에게도 공(公)하고, 남에게 공(公)하
는 사람은 물(物)에도 공(公)하다. 이것이 대공(大公)으로서 천지와
더불어 하나가 되는 것이다(《芝峰集》권 24, 采薪雜錄).

철학논리로 말한다면 이수광의 물아일체론(物我一體論)은 주관적
관념론이라 할 수 있으며, 이 점 주자의 객관적 관념론과 대비된다.
그의 주관적 관념론은 주자학을 존숭하던 학자들로부터 양명학에 가
깝다든가 '노장기미(老莊氣味)'가 짙다는 비판을 받기도 하였다.

실제로 이수광은 양명학과 도가 그리고 불교의 선가(禪家) 등에
대해서 비교적 관용적 태도를 보여주었고, 이것들이 인간의 마음을
다스리는 데는 도움이 되는 것으로 생각했다. 그러나 이수광은 양명
학·도가·불교가 치심(治心) 즉 '수기(修己)'에 도움이 되는 측면
은 있지만 다른 사람을 적극적으로 교화시키고 바른 길로 인도해주
는 이른바 '치인(治人)'의 방법으로는 한계가 있다고 믿었다. 그래
서 그는 양명학·도가·불교를 총체적 학문체계로는 받아들이지 않
고, '수기'와 '치인'을 겸비한 유교가 정학(正學)이라고 믿었다.

유교가 이론적으로는 정학이었지만 당시의 유자들은 실제로 이욕
(利慾)에 눈이 어두워 '수기'를 소홀히 하고, 결과적으로 '치인'의
실효도 거두지 못하고 있다고 믿었기 때문에 이수광은 당시의 선비
들을 비판하였고, 이단으로 취급되던 양명학·도가·불교에 대해서
도 배울 것이 있다고 생각했던 것이다.

유교가 궁극적으로 정학이라 할 때 그 정학의 기본경전은 무엇인
가. 이수광은 《지봉유설》에서 경서를 소개하면서 6경(詩·書·易·

春秋·禮記·周禮)을 먼저 다루고, 다음에 4서(論語·孟子·大學·中庸)를 언급하였다. 이는 6경 고학(古學)을 중심에 둔 유학으로서 주자학에서 4서를 중심 경전으로 다루는 것과는 다른 점이 있다.

주자학에서 6경 고학으로의 전향은 왜란 전후 시기 서울 일원의 학인들 사이에 일어난 새로운 학풍이기도 한데, 이는 지방 학인들이 주자학에 매달려 있던 풍조와는 대비되는 현상이다. 여기에서 조선 유학계는 이른바 경(京), 향(鄕) 분리가 나타나고, '성시산림(城市山林)'과 '지방산림(地方山林)'의 분화가 일어났다. 이수광은 바로 그러한 경향 분리의 초기단계에서 성시산림의 중심에 서 있던 학인의 한 사람이었다.

■ 경세관

이수광은 위기(爲己), 수기(修己)의 출발로서 치심(治心), 즉 마음의 정화를 중요시하는 경학이론을 폈다. 그것은 당시의 선비들이 '위기(爲己)'를 자기 완성의 뜻으로 받아들이지 않고, 이기(利己)의 수단으로 잘못 실천하고 있는 데 대한 중엄한 반성이 담겨 있었다.

그러나, 선비가 '위기'를 통해 자기 완성을 했다고 해서 할 일을 다한 것은 아니다. '위인(爲人)'의 정치를 실현하여 만백성을 편안하게 해줄 의무가 남아 있는 것이다. 다시 말해 선비의 길은 위기에서 출발하여 위인에서 완결되는 것이며, 다른 말로 하면 수기와 치인의 겸행이다. 이수광은 수기치인의 중요성을 이렇게 지적한다.

서(書)와 사(史)를 널리 읽더라도 이를 정치로 실천하지 않으면 배움이 아무 도움이 되지 않는다(《芝峰集》 권 29, 警語雜編).

문사(文詞)를 하는 사람이 한 가지 기(技)에만 머무르면 비록 그 기(技)가 우수해도 쓸데없다. 해도 좋고 안 해도 좋은 것이다. 그러나 수기치인(修己治人)의 학은 사람마다 반드시 힘써야 하고 또 하지 않으면 안 되는 것이다(《芝峰集》 권 30, 剩說餘編).

이와 같이 선비는 배움을 실천해야 하고, 그 실천은 수기와 치인의 겸행으로 완결되어야 한다는 생각은, 바꿔 말해 선비의 도덕적 수행과 정치적 경륜의 겸비를 강조한 것이라 할 수 있다.

이수광의 수기치인적 경세관은 《지봉유설》에 가장 포괄적으로 정리되어 있다. 이 책은 방대한 백과사전 형식으로 편찬되었지만, 그것은 단순한 조각지식의 나열을 위한 것이 아니라, 수기의 도덕적 수행과 치인의 경륜이 함께 담긴 저서라 할 수 있다. 그리고 《지봉유설》의 내용을 함축하고 또 함축하여 인조의 치정(治政)의 방향으로 제시한 것이 바로 1625년 대사헌으로 있으면서 올린 〈차조진십이사(箚條陳十二事)〉(일명 中興章疏)이다.

〈차조진십이사〉에서 제시된 수기치인(修己治人)의 개혁안은 모두가 12항으로 '무실(務實)'을 강조한 것이다. 이 글의 앞머리에서 이수광은 '무실'의 필요성을 다음과 같이 다짐한다.

국사(國事)는 날로 허물어지고, 조정의 기강은 날로 문란한데, 이는 다른 데 이유가 있는 것이 아니고, 부실(不實)에 병이 있습니다. …… 만약 실(實)에 힘쓰지 아니하고 헛되이 문구(文具)만 가지고 치공(治功)을 이루려고 한다면 만 가지 일들이 모두 허사가 될 것입니다. 전하께서는 위로 성(誠)을 다하시고, 아래로 실(實)을 책하여 실심(實心)으로 실정(實政)을 행하고, 실공(實功)으로 실효(實效)를 거두시고, 생각마다 실(實)을 생각하시고, 일마다 실(實)을 생각하시면 정치가 잘 이루어질 것입니다. 그래서 신(臣)은 감히 무실(務實)이라는 한 글자를 가지고 말씀드립니다(《芝峰集》 권 22, 雜著 條陳務實箚子).

그렇다면 이수광이 강조하는 무실의 구체적 내용은 무엇인가.

위 상소문에서는 12항에 걸친 무실의 방향이 제시되어 있는바, 그것은 ① 근학(勤學), ② 정심(正心), ③ 경천(敬天), ④ 휼민(恤民), ⑤ 납간쟁(納諫諍), ⑥ 진기강(振紀綱), ⑦ 임대신(任大臣), ⑧ 양현재(養賢才), ⑨ 소붕당(消朋黨), ⑩ 식융비(飾戎備), ⑪ 후풍속(厚風俗), 그리고 ⑫ 명법제(明法制)이다. 이를 다시 분석한다면, 앞의 근학·정심·경천, 이 셋은 한 마디로 임금의 수기(修己)를 강조한 것이다.

먼저, 첫째, 근학에서는 임금의 사서(四書)공부가 문자상의 강조에 그치지 말고 성현의 가르침을 심신으로 체득하여 실천(實踐), 실득(實得), 실용(實用), 치용(致用), 실공(實功)에 힘쓰고, '지행정일(知行精一)'을 가져오도록 하라는 것이다.

둘째, 정심에서는 임금의 마음이 모든 교화의 근본이라는 생각에서 성(誠)과 경(敬)으로서 마음을 바르게 하고《심경(心經)》,《근사록(近思錄)》,《성리서(性理書)》 등을 따로 읽어 성현의 경지에 도달한다는 것이다.

셋째, 경천에서는 하늘을 두려워하라는 것인데, 이는 창천(蒼天)의 하늘이 아니라, '심즉천(心卽天)'의 시각에서 마음속의 하늘을 공경하라는 뜻이다.

임금의 '수기'는 위정(爲政)의 출발점이지만, 위정의 종착은 결국 '치인'이다. 위 상소문의 ④항에서 ⑫항에 이르는 개혁안은 말하자면 '치인'의 경륜을 제시한 것이다. '치인'에서 첫째 중요한 것은 '휼민'으로서, "임금은 민(民)을 하늘로 삼는데, 하늘이 임금을 세운 것은 양민(養民)을 위해서이지 민을 독려해서 임금을 봉양하기 위함이 아니다"라는 전제하에 양민을 위한 구체적 방안으로서 징세의 완화, 호패의 중지, 그리고 공물의 감면과 왕실재정인 내수사(內需司)의 혁파를 주장하고 있다. 말하자면 백성들의 경제적 안정과 왕실의 근검절약을 개혁의 첫째 항목으로 들고 있다.

‘치인’을 위한 두 번째 개혁안은 ‘납간쟁(納諫諍)’이다. 이것은 신하들의 언로를 열어주고 중인(衆人)의 여론을 존중하여 언론정치의 실효를 거두라는 것이다.

‘치인’의 세 번째 개혁안은 ‘진기강(振紀綱)’으로서, 임금이 권위를 세워 간신이 날뛰는 것을 막아야 한다는 것이다. 그러나 임금의 권위가 중요하다고 해서 모든 권력을 임금이 쥐어야 한다는 뜻은 아니다. 오히려 관리의 인사권과 형벌권을 대신에게 위임하여 대신의 권한을 높여야 한다고 주장한다. 이수광은 《지봉유설》에서도 당시의 비변사 대신들이 임금의 물음에 ‘지당하다’는 말만 외우고, 승정원의 승지들은 ‘황공합니다. 죄를 주십시오’라고만 대답하는 폐단을 신랄하게 비판하고 있다.

인재 등용을 잘하는 것도 ‘치인’에서 빼놓을 수 없는 일이다. ‘양현재(養賢才)’항이 그래서 들어가 있다. 여기서 이수광은 시험답안을 잘 쓰는 선비들만이 관리로 뽑히는 과거제도의 폐단을 지적하고, 성균관과 향교 교관의 질을 높여 기능적 인재보다는 도덕적 인재를 기른 다음 과거제도의 갖가지 부정행위를 막아야 한다고 주장한다.

붕당의 폐단도 개혁의 대상이다. ‘소붕당(消朋黨)’이 그것이다. 이수광은 성리학의 기본이념인 군자집단으로서의 붕당의 존재가 나쁘다고 본 것은 아니었다. 다만, 군자 아닌 소인들도 붕당을 만들고, 당이 같으면 옳고 당이 다르면 그르다고 배척하여 충량한 선비들이 버림받는 현실을 개탄하였다. 이러한 상황에서 임금은 어느 붕당에 편중하지 말고 오직 개인의 현부(賢否)만을 가려서 인재를 등용함으로써 ‘평평탕탕(平平蕩蕩)’의 정치를 해야 한다고 강조한다. 말하자면 ‘탕평’의 중요성을 일찍이 간파한 것이다.

‘치인’의 열 번째 항목으로 제시된 ‘식융비(飾戎備)’는 국방과 관련된 군정개혁안이다. 이수광은 왜란의 참상을 직접 체험하여 국방의 중요성을 절실하게 깨닫고, 《지봉유설》에서 병정(兵政)에 관한 의견을 정벌(征伐), 병기(兵器), 구적(寇賊), 민호(民戶) 등 5개 항으로 나누어 자세히 설명한 바 있다. 여기에서 그는 임진왜란 때 위력을 발휘한 거북선과 이순신의 공적을 높이 평가하고, 화포와 배의 성능에서는 우리가 일본을 앞섰다는 것을 증언하고 있다. 그러나 궁극적으로 왜란에서 우리가 승리하게 된 원인은 전국 각지에서 일어난 의병의 힘이었다고 보고, "200년간 선비를 길러낸 유택(遺澤)의 결과"라고 결론 짓고 있다. 다시 말해 조선왕조가 유교로서 나라를 세우고 선비들을 길러냈기 때문에 그들이 국난을 당하여 전국 각지에서 벌떼처럼 일어나 나라를 회복하는 데 원동력이 되었다는 것이다. 그의 말을 직접 들어보자.

임진왜변으로 임금이 서쪽으로 피난하고 나라가 텅 비어…… 거의 나라가 없는 지경에 이른 것이 한 달을 넘었다. 이때 영남의 곽재우(郭再祐), 김면(金沔), 호남의 김천일(金千鎰), 고경명(高敬命), 호서의 조헌(趙憲) 등이 의병을 불러일으키고, 원근에 격문을 퍼뜨렸다. 이로부터 백성들이 향국지심(向國之心)이 생겨 주군(州郡)의 선비들을 곳곳에서 불러 모아 의병장을 칭한 이가 무려 백여 명을 헤아리게 되었다. 이로써 왜적을 소탕하고 국가를 회복하게 되었으니, 실로 의병의 힘 때문이다(《芝峰類說》 권 3, 君道部 賞功).

그러나 왜란이 궁극적으로 우리의 승리였다 하더라도 전쟁 초기에 국토가 유린당하고 왜적에게 입은 피해에 대해서는 깊은 반성을 보이면서 그 이유를 분석하는 데 인색하지 않았다. 이수광은 우리가 본래 강국으로서 삼국시대에는 당군(唐軍)을 물리친 일이 있고, 고려시대에도 20만의 병력으로 홍건적을 물리친 사실이 있으며, 세종 때 대마도를 정벌한 일도 있음을 상기시키면서 왜란때 수모를 당한 것은 사족피역자(士族避役者)가 많아 군인이 줄어들고 전투훈련을

게을리한 탓이라고 보고 있다.

이수광의 국방에 대한 깊은 관심은 왜란이 끝난 지 25년이 지난 1625년의 〈중흥장소〉에서도 그대로 나타나고 있다. 이때는 북쪽에서 후금(後金)이 일어나 심양에 도읍을 정하고 명나라와 우리나라에 압박을 가하고 있었는데, 이수광은 후금을 군사적으로 먼저 정벌할 것을 주장하고 나섰다. 그 구체적 방법으로 그는 군대조직의 개편과 정예화를 주장하고 나섰다. 이수광의 주장은 결과적으로 실현되지 않았지만, 그로부터 몇 년 뒤에 정묘호란(丁卯胡亂)이 일어나서 선제공격의 기회를 잃고 말았다.

이수광의 '치인'을 위한 개혁안은 국방강화에 이어 '명법제지실(明法制之實)'로 연결되고 있다. 여기서는 현행 《대전속록(大典續錄)》을 부분적으로 수정하여 현실에 맞게 변통할 것이 강조되고 있다. 변통의 구체적 내용은 〈중흥장소〉보다도 《지봉유설》에 상세하고 보이고 있는데, 그 요지는 다음과 같다.

① 공(工), 상인(商人)들이 국가에 은(銀)을 바치고 통정대부(通政大夫), 가선대부(嘉善大夫) 등 높은 산직(散職)을 받는 일을 금지시켜 명분을 바르게 할 것.

② 노비들이 군공(軍功)이나 납속(納粟)에 의해 천역(賤役)을 벗어나거나 과거에 급제하는 일이 많고 이들이 사족(士族)을 멸시하고 능멸하는 일이 많은데 이를 막을 것.

③ 의관(醫官), 역관(譯官) 등 잡학인(雜學人)들이 1·2품의 고관으로 승진하는 것을 막을 것.

④ 이조(吏曹), 병조(兵曹) 등 인사권을 가진 관청에 관직을 청탁하는 풍습을 없앨 것.

⑤ 소를 잡아먹는 것을 금할 것.

⑥ 이서(吏胥)들에게 녹봉을 주어 그들의 가렴주구 행위를 막을

것.

⑦ 공물 방납(防納)의 폐단을 시정할 것.

⑧ 공주·옹주 등 종실녀(宗室女)에게도 녹봉을 주어 생계를 안정시킬 것.

이상과 같은 법제개혁안은 기본적으로 사회신분질서의 안정과 민폐(民弊)의 광정에 목표를 둔 것으로서 특히 하극상 풍조에 대한 우려가 깊이 배어 있다.

이수광의 사회신분질서에 대한 관심은 〈중흥장소〉의 ⑪번으로 제시된 '후풍속지실(厚風俗之實)'에서도 엿보인다. 그에 의하면 당시 풍속의 문제점은 신분질서의 문란과 강상윤리(綱常倫理)의 붕괴이다. 특히 천인과 서얼들이 존비(尊卑)의 차등을 무시하고, 어른에게 효제(孝悌)를 하지 않는 것을 크게 개탄하고 있다. 이수광은 무너지는 풍속을 바로잡을 방안으로서 향약의 엄격한 실시를 제의하고 있다.

이수광의 풍속에 대한 관심은 《지봉유설》에서도 피력되고 있다. 여기에서 그는 우리나라가 옛부터 풍속의 아름다움으로 칭송을 받았음을 지적하고, 구체적으로 사대부는 예양(禮讓)과 염치를 숭상했으며, 농(農), 공(工), 상(商), 고(賈)는 본업을 지키면서 분수를 지켜 윗사람을 능멸하는 일이 없었으며, 특히 부녀의 정신(貞信), 불음(不淫), 수절(守節)은 중국이 따르지 못하는 우리나라 네 가지 장점 가운데 하나라고 칭송하고 있다(《芝峰類說》 권 2, 諸國部 風俗 및 권 16, 語言部 雜說).

우리나라의 아름다운 풍속은 이 밖에도 시골에서 계(契)를 만들어 서로 돕는 향도(香徒)의 풍속, 70세 이상의 고령자를 위로하는 강릉(江陵)의 청춘경로회(靑春敬老會), 정승이나 은퇴한 노인들이 좌수(座首)가 되는 안동(安東)의 유향소 등이 있음을 소개하고 있다.

지금까지 소개한 이수광의 무실개혁안(務實改革案)은 한 마디로 왜란으로 무너진 국가기강과 사회기강을 바로잡아 사족(士族)지배 체제를 강화하면서 동시에 선비들의 철저한 자기반성과 도덕적 정화를 통해 수기치인이 명실공히 관철되는 이상적 유교정치의 재건에 있다고 할 수 있다. 그리고 그것이 바로 이수광이 지향하는 무실사 상의 핵심이다.

■ 국토지리 연구

이수광이 후세에 가장 큰 영향을 미친 것은 우리나라의 국토 역사 문화에 대한 지식과 관심을 높여준 국학자로서의 공헌이다. 이는 왜 란을 겪으면서 드높아진 애국심을 바탕으로 하여 중국을 세 차례나 왕래하는 가운데 중국 이외의 넓은 세계에 대한 견문을 넓힌 것이 계기가 되었다. 특히 마테오 리치의 〈만국여도(萬國輿圖)〉를 비롯 한 유럽인 제작의 각종 세계지도와 천형도(天形圖)를 볼 수 있었던 것은 중국 중심의 잘못된 세계관을 타파하는 데 크게 기여하였다.

이수광은 새로운 지리지식에 기초하여 중국이 마치 세계의 대부분 을 차지하는 것처럼 과장하여 기록해놓은 중국문헌의 잘못을 여러 가지로 지적하였다. 먼저 그는 중국땅의 넓이가 동서남북으로 1만~ 2만 리에 지나지 않음에 비하여 전 세계는 그보다 훨씬 크고 넓다는 것을 정확하게 인식하였다. 따라서 중국인들이 28수(宿)의 별을 모 두 중국땅에 배정하고 겨우 2수만을 다른 나라에 배정한 것은 잘못 이라고 지적하였다.

또한 중국의 《사기》에는 황제(黃帝)가 100리의 나라를 1만 개 나 두었다고 하며, 우(禹)임금 때에는 주변의 1만 개 나라가 옥백 (玉帛)을 가져다 바쳤다고 하는데, 이는 모두 거짓말이라고 한다. 그의 말을 직접 들어보자.

《사기(史記)》에 의하면 황제(黃帝)가 야(野)와 주(州)를 나누어 백리(百里)의 나라를 1만 개나 두었다고 한다. 그러나 중국땅은 동서 남북이 1만 리에 지나지 않는데, 어찌하여 1만 개의 많은 나라를 둘 수 있단 말인가. 또한 우(禹)임금이 도산(塗山)에서 제후(諸侯)를 모이게 했는데 옥백(玉帛)을 가지고 온 나라가 1만이라고 한다. 생각건 대, 도산은 동남지방의 한 모퉁이에 지나지 않는다. 또한 제후가 조빙(朝聘)하는 것은 때가 있는 법이다. 어찌하여 천하 여러 나라가 한꺼번에 모일 수 있단 말인가. 1만 개의 나라라고 말하는 것은 너무 크며 실제의 숫자도 아니다(《芝峰類說》권 2, 諸國部 郡邑).

이수광은 한 걸음 더 나아가 세계의 명산이 대부분 중국에 있다는 주장도 믿지 않았다. 중국이 세계의 대부분을 차지하고, 또 세계의 중심이라는 잘못된 시각을 비판하는 이면에는 우리나라의 국토에 대한 사랑이 짙게 깔려 있었다.

이수광은 우선 우리나라에 명산이 많음을 자랑스럽게 생각하였다. 우리나라의 모든 산은 백두산에서 발원하는바, 금강산·오대산·태백산·지리산·한라산이 모두 백두산에서 맥이 이어진 것이라 한다. 그리고 백두산·금강산·지리산·한라산 등은 중국에도 널리 알려져 여러 가지 다른 명칭으로 불렸음을 이수광은 하나하나 기록을 통해 확인하고 있다. 특히 금강산은 중국인들이 "고려나라에 태어나서 금강산을 직접 보는 것이 소원이다(願生高麗國 親見金剛山)"고 할 만큼 해외에 널리 알려진 명산임을 자랑하고 있다.

이수광은 우리나라 명산뿐 아니라 강과 바다에 대해서도 깊은 애정을 가지고 그 명칭과 중요성을 밝히고 있다.

우선 중국인들의 시문에 자주 나오는 벽해(碧海)는 바로 우리나라의 동해를 가리키며, 중국인들이 발해(渤海)라고 한 것은 우리나라의 서해를 가리킨다고 해석했다.

우리나라의 압록강은 주자가 일찍이 황하(黃河), 장강(長江)과 더불어 '천하삼대수(天下三大水)'라고 불렀는데, 백두산에서 발원하여 수천 리를 흐르는 까닭에 대수(大水)로 일컬어지게 된 것이다.

이수광은 중국 문헌에 나오는 패수(浿水)는 우리나라의 압록강·대동강, 그리고 황해도의 저탄강(猪灘江)을 가리킨다고 하여 이른바 삼패수설(三浿水說)을 처음으로 제시했다. 패수의 위치는 우리나라 고대사 연구의 열쇠가 되는 중요한 문제로서 그의 삼패수설은 후세 학자들에게 큰 영향을 주게 되었다.

《천자문》에 나오는 '금생려수(金生麗水)'의 여수는 요수(遼水 ; 遼河)를 가리키는데, 옛날에 이 강이 고구려에 속하여 여수라 한 것이고, 이 강에서 금이 나왔으므로, '금생려수'라 하였다.

'고려(高麗)'라는 국호는 '산고수려(山高水麗)'에서 나왔다. 산수가 아름다워 붙여진 이름이다. 우리나라 사람들이 중국과 일본땅에 진출한 일이 많아서, 중국으로 가는 일로(一路)에는 고려촌(高麗村), 고려포(高麗舖), 고려정(高麗井) 등으로 불리는 지명이 있고, 일본에는 무원주(武苑州)에 고려군(高麗郡), 섭진주(攝津州)에 백제군(百濟郡) 등의 지명이 있다고 한다.

이 밖에 이수광은 울릉도·삼봉도·해랑도·손죽도·흑산도 등 섬들에 대해서도 깊은 관심을 가지고 소개하면서 국방에 대한 경각심을 촉구하고 있는데, 이는 조선 후기에 국방의 일선을 바다로 확산시킨 이른바 '해방(海防)'정책의 선구를 이루는 것이다.

▣ 國史와 전통문화의 연구

이수광은 체계적인 역사책을 쓰지는 않았지만, 우리나라 역사에 대하여 많은 관심을 가지고 새로운 해석을 내림으로써 조선 후기에 유행한 고증적 역사학의 단서를 열어놓았다. 《지봉유설》의 〈제국부(諸國部)〉에는 따로 '본국조'를 설정하여 우리나라 고대국가의 강역을 새롭게 고증하였으며, 그 밖의 여러 부(部)에서도 우리나라의 역사·문화·풍습 등에 대하여 논하고 있다.

이수광이 국사에 대하여 갖는 자부심은 무엇보다도 예의(禮義) 수준이 높은 문화국가라는 데 있다. 그는 중국의 《산해경(山海經)》 과 《고금기(古今記)》에 우리나라를 군자국(君子國)으로 기록한 것을 비롯하여 동방삭(東方朔) 《신이경(神異經)》에도 우리나라 사람을 선인(善人)으로 기록한 것을 주목하면서 공자가 이민가고 싶어 했던 나라도 조선이라고 해석하였다.

이수광은 우리나라의 역사가 중국과 동등한 편년을 가진 것에도 큰 자부심을 보여주었다. 그는 상고시대의 국가는 100리 정도의 작은 나라였을 것으로 추측하면서 3국시대 이전에는 그러한 나라들이 50개나 있었다고 주장하였다. 이러한 해석은 최초의 국가를 조그만 성읍국가로 보는 오늘날의 역사 해석에 한층 접근한 것을 의미한다.

삼한(三韓) 사군(四郡)의 위치에 대해서도 이수광은 새로운 해석을 내렸다. 그는 한사군(漢四郡) 가운데서 그 위치를 모르고 있던 진번(眞番)을 요동지방에 비정하면서, 한무제가 설치한 사군은 우리나라 전 국토가 아니라 만주와 한반도 북부에 지나지 않는다고 주장하였다. 이러한 주장은 그때까지 한사군이 모두 한반도에 있었던 것처럼 믿어온 통념을 깨뜨린 것으로 조선 후기 한사군 연구의 단서를 열어놓은 것이었다.

삼한의 위치에 대해서는 종전에 진한을 경상도에 비정한 것은 누구나 일치된 견해이지만, 마한과 변한의 위치를 둘러싸고 세 가지 견해가 대립해오고 있었다. 첫째는 마한＝전라도, 변한＝충청도 설이고, 둘째는 마한＝전라도·충청도, 변한＝경상도 설이며, 셋째는 마한＝경기도·충청도·황해도, 변한＝전라도 설이다. 이중에서 이수광은 어느 견해가 맞다고 단언하지는 않았지만, 고조선과 삼한이 지리적으로 중첩되지 않았다는 입장을 지지하였다. 이는 바꿔 말해 삼한이 한사군의 지배하에 들지 않았다는 주장으로서, 이수광과 비슷한 시기에 고조선과 삼한의 남북분립설을 주장하여 큰 파문을 던진 한백겸(韓百謙)의 견해와 매우 흡사한 것이다.

이수광은 우리나라 역사책에서 소홀하게 다룬 부여(扶餘)에 대해서도 관심을 보이고, 그 위치는 고구려의 북쪽에 있다고 확신했으며, 부여성이 뒤에 발해의 도읍이 되었다고 주장했다. 또한 고구려의 첫번째 수도였던 졸본(卒本)을 평안도 성천(成川)으로 비정한 통설을 망설이라고 비판하고, 고구려는 요동 북쪽에서 일어나 점차 동쪽으로 이동한 후 한반도로 들어왔다고 주장했다. 또한 고구려의 두번째 수도였던 환도성(丸都城)의 위치를 《동국여지승람》에서는 지금의 평안도 용강(龍岡)지방으로 비정했으나, 이수광은 이를 믿지 않고 "압록강 입구에서 100여 리를 배로 올라가고 다시 작은 배로 500리를 동북방으로 올라가면 환도성(丸都城)에 이른다"고 한 《당지(唐志)》의 기록에 주목하였다. 이는 환도성의 위치를 정확하게 맞춘 것은 아니지만, 환도성이 압록강 연안에 있다는 것을 발견한 것은 중요한 수확이라고 할 수 있다.

기자조선의 중심지역을 요서의 영평부(永平府)에 있는 고죽국(孤竹國)과 일치한다고 본 것도 매우 획기적인 주장이다. 그동안 고죽국은 황해도 해주(海州)에 있다고 본 통설을 뒤집어놓았기 때문이다. 기자라는 명칭에 대해서도 이수광은 새로운 해석을 내렸다. 즉 기자는 사람 이름이 아니라, 기(箕)라는 나라의 사람을 가리키며, 기자의 성은 은(殷)나라의 성과 같다고 생각했다. 또한 기자는 은나라 왕가(王家)의 서통(緖統)을 계승하기 위하여 주나라에 복속하지 않고 조선에 와서 왕이 되었다고 해석했다. 말하자면 기자를 의리가 강한 자주독립의 인간으로 해석한 것이다. 기자조선은 요서지방에 있었기 때문에 평양에 있는 기자묘(箕子墓)는 기자후손의 무덤일 것으로 추정하고, 기자 후예인 기준(箕準)이 마한에 내려와서

왕이 되었는데, 이가 곧 마한의 무강왕(武康王)이라고 했다. 그리고 기자의 후예들이 뒷날 한씨(韓氏), 선우씨(鮮于氏), 기씨(奇氏)로 되었다고 했다.

이수광은 고구려가 당군(唐軍)과 싸워 승리를 거둔 안시성(安市城)의 위치에 대해서도 이를 평안도 용강으로 비정하는 통설을 반박했다. 그는 안시성이 요동의 속현임을 정확히 밝혀내고, "요즘 사람들이 망령스럽게도 압록강 동쪽에서 찾으려고 하는 것은 잘못이다. 김시습이 유관서록(遊關西錄)에서 안주(安州)를 안시성이라고 말한 것도 가소롭다"고 말하였다.

이수광은 안시성의 위치뿐 아니라, 그 성주(城主)에 대해서도 깊은 관심을 보였다. 안시성 싸움에서 끝까지 성을 지킨 성주야말로 충의가 대절(大節)하고 예를 아는 군자라고 칭송하고

아, 우리나라에 이와 같은 괴걸지사(魁傑之士)가 있으니 어찌 위대하지 않은가. 역사에 그의 이름이 전해지지 않는 것이 참으로 애석하다. 누군가 말하기를, 안시성주(安市城主)의 이름은 양춘(楊春)인데 고기(古記)에 보인다고 한다(《芝峰類說》 권 15, 人物部 節義).

고 썼다. 여기서 양춘(楊春)이라고 한 것은 양만춘(楊萬春)을 잘못 쓴 것이다. 어쨌든 그동안 사실(史失)되어 온 안시성주의 이름을 《고기》에서 찾아내려고 한 것은 주목할 일이다.

이 밖에도 이수광은 고대사의 강역이나 역사적 사실에 대하여 의문점을 해결하려고 많은 노력을 기울였다. 그의 이러한 노력은 이수광의 친구이자 고대사 연구의 새 장을 열어놓은 《동국지리지》의 저자 한백겸과 더불어 조선 후기에 유행한 실증적 역사연구의 선구를 이룬다.

◼ 문화전통에 대한 자부심

이수광은 고대로부터 자신의 시대에 이르기까지 우리나라의 문화 전통에 대하여 큰 자부심을 가지고 《지봉유설》의 곳곳에서 이를 자랑하고 있다. 특히 그는 우리나라 사람들이 중국이나 일본 등 이웃나라에 어떤 영향을 주었으며, 우리나라가 그들로부터 어떤 평가를 받았는가를 주목하고 있다. 먼저, 백제가 망한 후 임정태자(臨政太子)가 배를 타고 일본으로 건너가 대내좌경대부(大內左京大夫)가 되었으며, 그 후예들이 47대 동안 안예주(安藝州)를 세습적으로 지배했는데, 그들의 습속은 다른 왜인들에 비해 관대하여 우리나라 사람들과 기상이 비슷하다고 한다.

이수광은 신라문화에 대해서도 자부심을 가지고 있었다. 신라는 1천 년의 향국(享國)기간, 중엽에는 삼한을 통일하여 시화세풍(時和歲豊)을 이루었기 때문에 '신라성대(新羅盛代)'라는 말이 나왔으며, 당 현종이 '군자의 나라'로 부르게 되었다고 한다. 또 당이 신라 사신을 대접할 때는 발해국보다 서열상 윗자리에 두었음을 지적하면서 '군자의 나라'라는 칭호가 한낱 빈말이 아니었다고 하였다.

또 신라는 일본에도 영향을 주었다. 일본의 애탕산(愛宕山) 수신(守神)은 신라사람 일라(日羅)의 신을 말하는데, 일라는 《삼국사기》에 보이는 연오(延烏) 세오(細烏)일 것으로 추측하였다. 이밖에 신라는 서도의 대가인 김생(金生)뿐 아니라 진흥왕 때의 화가 솔거(率居)의 노송(老松) 그림에 대해 격찬하고 그의 이름이 후세에 전하지 않는 것을 애석해하면서 솔거는 승명(僧名)일 것으로 추측하기도 하였다.

이수광은 발해에 대해서도 주목하였다. 그는 발해국왕 대조영(大祚榮)이 고구려 후예라고 단정하였다. 이는 발해를 말갈족으로 이해하여 이족시(異族視)해온 《동국통감》 이래의 통념을 부인하고 발해사를 적극적으로 국사에 편입하려는 의도로 풀이되며, 조선 후기에 유행한 발해사 연구 붐에 불을 붙인 첫 시도이기도 하다.

우리나라 사신들이 중국으로부터 어떤 대우를 받았느냐는 우리나라의 국위를 가늠하는 하나의 표준이 될 수 있다. 이수광은 이 점에 대해서도 깊은 관심을 가지고 역사적으로 우리나라 사신들이 받은 대우를 다음과 같이 소개하고 있다.

원위(元魏)시대에 여러 나라 사신들이 숙소를 정할 때, 제(齊)나라 사신이 제일이었고, 고구려 사신이 두 번째였다. 이때는 고구려가 매우 강성하였던 까닭이다. 당나라 때에는 신라의 서열이 발해보다 위에 있었고 송나라 때에는 거란 사신을 제일로 하고, 고려를 다음으로 하였으며, 고려 사신이 국경과 교정(郊亭)과 관(館)에 이르면 황제의 노문(勞問)이 답지하였고 예대(禮待)가 극진하였다. 지금 명나라의 외국 반차(班次)는 우리나라(조선)가 제일이고, 베트남(安南)과 오키나와(琉球) 등 여러 나라의 사신은 모두 감히 나란히 서지 못하였다. 중국 사신 진감(陳鑑)이 쓴 부(賦)에 "조선은 동번(東藩)의 중요한 나라로서 예의지국이며 시서(詩書)가 뛰어나므로 수위(首位)에 두게 된 것이다"라고 하였다(《芝峰類說》 권 4, 官職部 使臣).

삼국시대에서 조선에 이르기까지 우리나라 사신들은 중국대륙에 세워진 제나라나 거란을 제외하고는 항상 반차의 수위로 대접받았음을 자랑스럽게 생각하면서 그 이유가 국력과 인문문화의 선진성에 있음을 지적하고 있다.

우리나라 사신들이 중국으로부터 받은 예우의 실례로서 고려 사신에 대한 영접과 전송의 실태를 다음과 같이 소개하고 있다.

석림연(石林燕)이 말하기를, 송나라가 고려를 대접하는 예는 특별히 후하였다. 고려 사신이 지나는 주에는 모두 관(館)을 짓고 창고를 따

로 두어 공장(供帳)과 집물(什物)을 비축해두었으며, 태수가 모두 교
외에 나와서 맞이하였다. 전송도 또한 이와 같이 하였다(《芝峰類說》권
4, 官職部 使臣).

이수광은 우리나라 사신들이 역사적으로 후대를 받아왔음에도 불
구하고 최근에는 역관(譯官)배들이 사행(使行)을 수행하면서 상행
위를 하여 멸시를 받고 있음을 매우 안타깝게 생각하였다.

　지금 우리나라 사신에 대한 중국의 관곡(館穀), 연로(宴勞)의 예
(禮)가 후(厚)하지 않음이 없지만 사신들이 화인(華人)으로부터 무겁
게 대우받지 못한다. 그것은 역관들이 따라가서 모리를 하여 모멸을 받
고 있는 까닭이다. 참으로 안타깝다(《芝峰類說》권 4, 官職部 使臣).

　요즘의 사신은 자기 단속을 하지 못하여 사람들이 장사꾼으로 보고
있으니 창피스럽기 한이 없다(위와 같음).

이수광은 이와 같은 명나라에 가는 사신들의 상행위로 국위가 실
추되고 있는 현실을 개탄하고 있는데, 이는 17세기에 이르러 국제
무역이 성행하면서 사행의 목적이 정치적인 데서 경제적인 목적으로
변질되고 있음을 보여주는 것이기도 하다.

이수광의 우리 문화에 대한 자랑은 인물에 관해서도 나타나고 있
다. 그는 우리나라 인재들이 중국이나 일본에서 명성을 떨친 이가
많은 것을 주목하고 그 예를 다음과 같이 들고 있다.

　당나라 때 흑치상지(黑齒常之), 왕사례(王思禮), 왕모중(王毛仲), 고
선지(高仙芝)는 모두 동방 한인(東方韓人)으로서 당세에 큰 이름을 떨
쳤으며, 죽백(竹帛)에 이름을 남겼다. 최치원(崔致遠)도 문장으로서
한 시대를 감동시켰다. 호원(胡元)시대에는 우리나라 문인들로서 과거

에 합격하여 벼슬길에 나간 사람이 매우 많다. 목은(牧隱) 부자는 한림
학사가 되어 가장 유명하였다.(《芝峰類說》권 15, 人物部 人才).

한편 이수광은 중국과 북방국가의 명인 가운데 우리나라 사람의
후예가 적지 않은 사실도 함께 주목하였다. 예컨대 왜란 때 명의 원
병을 거느리고 조선에 온 이여송(李如松)은 강계인(江界人)이며,
고려때 여진족의 수장이던 김완안(金完顏)은 본래 고려 출신으로서
고려를 매우 후하게 대하였다. 조선 중기의 홀온여진(忽溫女眞)은
윤관(尹瓘)이 9성을 쌓고 돌아올 때 군병 일부가 호지(胡地)에 남
아 부락을 형성하고 살던 이들의 후예이다. 건주위(建州衛) 여진도
고려시대 왕씨의 후예들이 수장이 되었다 한다.
　우리나라 인재 가운데는 중국인과 행적이 비슷한 인물이 많다는
것도 이수광은 예사로 보지 않았다.

　신라에 김생(金生)이 있는 것은 진(晋)나라에 왕희지(王羲之)가 있
는 것과 같고, 고려에 이규보(李奎報)가 있는 것은 송(宋)나라에 소자
첨(蘇子瞻)이 있는 것과 같으며, 정몽주(鄭夢周)가 있는 것은 송나라
에 문천상(文天祥)이 있는 것과 같다. 본조에 육신(六臣)이 있는 것은
황명(皇明)에 방효유(方孝儒) 제인(諸人)이 있는 것과 같다〈《芝峰類
說》권 15, 人物部 人才).

중국에 유명한 서도가(書道家, 文章家)와 충신이 있다면, 우리나
라에도 그러한 인물이 얼마든지 있다는 데서 우리 문화에 대한 이수
광의 자신감이 엿보인다. 우리나라는 역사적으로 이렇듯 중국에 뒤
지지 않는 인재를 많이 배출하였지만 조선시대에 들어와서는 특히
선조대에 많은 인재가 배출되었다고 보았다. 그 예로서 문장의 최립
(崔岦), 글씨의 한호(韓濩), 그림의 김제(金禔), 양장(良將)의 이순

신(李舜臣)과 곽재우(郭再祐), 순절(殉節)의 조헌(趙憲), 김천일 (金千鎰), 송상현(宋象賢)을 들고, 이들은 옛 사람에 비해 조금도 부끄러움이 없다고 하였다. 또 지방별로는 송도에 인물이 많다고 보고, 한호(韓濩)의 글씨와 차천로(車天輅)의 문장을 들었다. 그리고 송도삼절(松都三絶)로서 박연폭포, 서화담 및 진랑(眞娘 ; 황진이)을 들기도 하였다.

이수광은 인물뿐 아니라 우리의 풍습이나 산물 가운데도 중국이 따를 수 없는 것이 적지 않다고 믿었다. 예컨대 우리의 풍습 가운데 부녀의 수절, 천인(賤人 ; 노비)의 장례와 제사, 맹인의 점치는 재주, 무사(武士)의 활솜씨 등은 중국사람이 따르지 못하는 우리의 미풍이요 장기이다. 또 우리의 물산 가운데 경면지(鏡面紙)로 불리는 종이, 황모(黃毛)로 만든 붓, 화문석(花紋席), 그리고 양각삼(羊角蔘)은 중국에서 생산하지 못하는 특산품으로 중국인의 애호를 받았다고 한다. 이 밖에도 주자(鑄字)로 책을 인쇄하는 것은 우리나라에서 창시된 것이며, 세종이 만든 언서(諺書 ; 훈민정음)는 글자 구조가 공실(功實)하여, 이 문자가 만들어진 뒤로는 세계만방의 말과 소리가 통하지 않는 것이 없게 되었다고 하면서 "성인(聖人)이 아니면 할 수 없는 일"(《芝峰類說》 권 18, 技藝部 書)이라고 격찬하였다. 이것은 당시에 〈훈민정음〉을 그다지 평가하지 않던 풍조에 비추어 이례적인 태도이다.

이수광의 우리 문화에 대한 자랑과 자부심은 끝없이 이어지고 있어서 다 소개하기 어려울 정도이다. 사실 《지봉유설》은 중국문화와 우리 문화를 대등한 수준에 놓고 두 나라 문화를 비교하기 위하여 편찬된 것이다. 심지어 중국에 요순(堯舜)이 있다면 우리에게는 "동방의 요순"인 세종이 있고, 중국에 염락(濂洛)의 유학이 있다면, 우리에게도 퇴계의 《성학십도(聖學十圖)》와 율곡의 《성학집요(聖學輯要)》가 있어서 이 땅에도 염락의 학통이 있다고 단언하고 있다.

《지봉유설》에 피력된 이수광의 역사의식과 문화의식은 한 마디로 왜란을 극복한 자신감과 왜란에 의해서 상처받은 자존심을 회복하고, 중국을 능가하는 문화국가로 도약하려는 강력한 의지가 담겨 있다고 할 수 있다.

■ 세계문화에 대한 이해

이수광은 우리 문화전통에 대한 깊은 지식과 자긍심을 가진 지식인이면서 동시에 세계문화에 대한 정보를 많이 가지고 있는 국제통이기도 하였다. 그의 해박한 해외지식은 세 번이나 베이징에 다녀오면서 명나라 문화를 직접 목격하고, 또 그곳에 온 동남아 각국의 사신들과 개인적으로 깊이 사귀면서 동남아 각국의 정보를 입수한 결과이며, 이 밖에 명나라의 왕기(王圻)가 쓴 《삼재도회(三才圖會)》와 정효(鄭曉)의 《오학편(吾學編)》, 그리고 왕세정(王世貞)의 《완위여편(宛委餘編)》 등과 같은 책들을 입수하여 동남아시아와 중앙아시아에 대한 정보를 파악한 것도 그의 시야를 넓혀주는 데 기여하였다.

한편, 이수광은 서양인들이 제작한 세계지도와 천형도(天形圖 ; 天球圖) 등을 국내에서 보았으며, 이것들을 통해서 유럽 여러 나라의 사정을 이해할 수 있었으며, 심지어는 타이 지도인 〈섬라국지도(暹羅國地圖)〉까지도 볼 기회가 있었다 한다. 특히 마테오 리치가 만든 지도와 〈천구도(天球圖)〉의 영향이 매우 컸다.

우리나라에서는 이미 1402년에 〈혼일강리역대국도지도(混一疆理歷代國都之圖)〉로 불리는 세계지도를 제작했는데 이 지도에는 중국·일본·오키나와뿐 아니라 동남아시아·중앙아시아·아프리카·유럽까지도 그려져 있다. 따라서 세계 여러 나라 사정을 상당한 정도로 이해하고 있었지만, 이 지도에는 중국과 우리나라가 실제보다 크게 과장되어 있고, 인도·유럽·아라비아반도·중앙아시아·동남아시아가 실제보다 축소되었거나 왜곡되어 있어서 이 지역에 대한 지식이 아직 미숙함을 보여주고 있다.

이수광은 서양지도를 통해서 중국이 세계의 중심이요, 세계의 대부분을 차지한다고 생각해온 통념을 수정하게 되었고, 세계에는 다종다양한 문화를 가진 나라들이 수없이 있으며, 그들 나름의 미풍양속을 꾸리고 산다는 것을 알게 되었다. 중국만이 문화국가이고 그 주변에는 문화가 낮은 오랑캐들이 산다는 전통적인 화이관이 무너진 것이다.

물론, 이수광도 북방민족에 대해서만은 아직도 멸시감을 가져 이들을 '북로(北虜)'라고 호칭하였다. 그러나 그 밖의 나라들은 '외국'이라고 호칭하면서 세계 50여 국의 지리·기후·물산·풍속·역사 등을 가능한 한 객관적으로 소개하고 있다.

'외국조(外國條)'의 서술은 베트남(安南)에서 시작하여 바그다드(大秦國)로 끝나고 있는데, 그 가운데 포르투갈(佛浪機國), 네덜란드(南番國), 영국(永吉利國), 이탈리아(大西國)과 같은 서양 여러 나라도 소개되고 있다.

이수광은 우선 세계 각국의 기후와 자연환경이 다르다는 것을 이해하였다. 즉 베트남, 오키나와, 벵골(榜葛剌) 같은 나라는 더워서 벼의 이모작이 이루어지고 있음을 알고 있으며, 캄보디아(眞臘國), 자바(爪哇), 실론(錫蘭山), 일본 같은 나라는 부유한 나라로 보았다.

또한 세계에는 여러 다른 종교가 있고, 그 종교를 가진 나라들이 아름다운 풍속을 유지하고 살고 있는 것으로 이해하였다. 예컨대 타이(暹羅), 캘리컷(古俚大國), 실론, 투루판(土魯番), 코탄(于闐大國), 코조(火州), 호르무스(忽魯謀斯), 이스파한(亦思把汗), 아속(阿速) 같은 나라들은 불교를 숭상하고 있는데, 그 중에서 캘리컷은 "신의를 숭상하며…… 상고시대 삼대(三代)의 기풍이 있다"고 칭송하였으며, 아속에 대해서도 "형벌을 두려워하고, 남에게 베푸는 것을 좋아하고 남의 것을 뺏는 것을 싫어하며, 사람들이 배고픔과 추위를 모르는 낙토(樂土)"라고 소개하고 있다.

한편, 이슬람문화를 가진 나라로서 말라카(滿刺加), 벵골(榜葛刺), 사마르칸드(撒馬兒罕), 메카(天方), 아라비아(大食國) 등을 소개하고, 이들 나라도 호의적으로 쓰고 있다. 예컨대 벵골의 경우 "풍속이 박후(朴厚)하고, 형벌이 자연순화(自然淳化)하여 도적이 없다"고 하면서 아마도 불경에 나오는 천당(天堂)이 이곳을 가리키는 것 같다고까지 격찬하고 있다. 유교의 입장에서 이단으로 배격되어야 할 불교 및 이슬람국가를 이렇듯 격찬하고 있는 것은 파격적이라고 할 만하다.

이수광은 왜란의 침략국인 일본에 대해서 경계하는 태도를 잃지 않으면서도 가능한 한 최근의 정보를 통해 그 실체를 객관적으로 파악하려는 태도를 보이고 있다. 조선시대 지식인의 대일관(對日觀)은 조선 초기 신숙주(申叔舟)가 쓴 《해동제국기(海東諸國記)》가 표본이 되고 있는데, 이수광은 이 책을 참고하면서 이 밖에 왜란중에 포로로 잡혀갔다가 돌아온 강항(姜沆)과 조완벽(趙完璧)의 견문록 등을 참고하여 한층 상세한 일본론을 펴고 있다.

이수광의 일본 인식을 《해동제국기》와 비교하면 몇 가지 다른 점이 보인다. 《해동제국기》가 주로 일본의 천황과 국왕 계보(系譜), 행정구역, 그리고 우리나라와의 통신교역에 중점을 두고 쓴 것이라면, 이수광의 일본 서술은 일본의 지리, 경제력과 군사력, 문화풍속에 주안점을 두었다는 것이다. 이것은 일본이 문화적으로는 대국이 아니지만 경제·군사적으로는 부강한 나라라는 것을 객관적으로 인식한 결과이다.

한편, 이수광은 쓰시마섬(對馬島)이 한일관계에 미치는 영향을 주목하고 있다. 그에 의하여 쓰시마섬의 도주(島主)인 종씨(宗氏)의 조상은 본래 우리나라 사람이었으나 종씨가 조선사정에 밝고 조선말

을 잘하는 것을 이용하여 도요토미 히데요시(豊臣秀吉)가 그로 하여
금 왜란의 길잡이 역할을 맡게 하였다고 개탄하면서 앞으로 또다시
환난의 원인이 될지도 모른다고 경고하고 있다. 쓰시마섬 사람에 대
한 배신감이 서려 있는 것이다.

다음에 이수광의 서양에 대한 인식이 어떠한가를 검토할 필요가
있다. 《지봉유설》 외국조의 마지막 부분에 소개되고 있는 서양은
포르투갈·네덜란드·영국·이탈리아 등이다. 이들 나라는 당시 동양
에 선교사를 보내오고 식민지를 건설하는 등 동양과 밀접한 관계를
가지고 있었으므로 이들을 중심으로 서양을 이해하고 있는 것은 당
연하다 할 수 있다.

이수광의 서양에 대한 인식은 군함이나 대포와 같은 무기, 그리고
천주교에 집중되고 있다. 예컨대, 포르투갈은 대포(불랑기포)가 유
명한 나라로, 영국은 군함과 대포의 위력이 대단한 나라로, 그리고
이탈리아에 대해서는 천주교를 전파한 나라로 이해하고 있다.

특히 마테오 리치가 지은 《천주실의》의 요지를 《지봉유설》에 소
개한 것은 매우 이례적이라 할 수 있으며, 우리나라에 천주교 교리
를 소개한 최초의 글이기도 하다. 천주교에 대한 그의 이해태도는
매우 소박하지만 특별히 이단으로 비판하거나 찬성하지도 않는 냉정
성을 보여주고 있다. 그는 《천주실의》의 내용이 ① 천주가 천지를
창제하고 안양(安養)의 도를 주재한다는 것, ② 인혼(人魂)이 불멸
한다는 것이 짐승과 크게 다르다는 것, ③ 윤회육도(輪廻六度)의 잘
못을 비판한 것, ④ 천당과 지옥, 선과 악의 응보를 논한 것, ⑤ 인
성은 본래 착하지만 천주의 뜻을 경봉(敬奉)해야 한다는 것을 논한
것이라고 정리하였다.

이수광은 천주교와 관련하여 교화황(敎化皇)이 혼인을 하지 않으
며, 현자(賢者)를 교화황으로 뽑으며, 우의정신이 강하고 개인 재산
을 축적하지 않는 풍속 등을 비교적 호의적으로 소개하고 있다.

이수광이 천주교 신자라는 증거는 없지만 천주교에 대해 호의적 반응을 보인 것은 그의 유학이 종교적 수양을 강조하고 있는 태도와 무관하지 않은 것 같다. 이미 이수광의 경학관에서 설명한 바와 같이, 그는 양명학·불교·도교 등에 대하여 학문으로서는 받아들이지 않았지만 마음을 수양하는 격언으로서는 받아들일 점이 많다는 관용적 태도를 지니고 있었다. 따라서 그가 천주교에 대하여 보인 호의적 반응도 이를 학문체계나 종교적 신념으로서가 아니라 개인의 정신을 수양하는 수단으로서의 장점을 인정한 것이라 할 수 있다. 그러나 그의 후손 가운데에는 천주교신자가 많이 생겨나서 결과적으로 그의 《천주실의》 소개는 이 땅에 천주교를 퍼뜨리는 데 기여한 것이 되었다.

■ 후세에 미친 영향

이수광이 살았던 16세기 말에서 17세기 초는 조선사회가 보수와 혁신의 갈림길에서 크게 고민에 빠져 있던 시기였다. 선비사회의 일각에서는 동아시아 여러 나라가 상업사회로 전환해가는 추세에 맞추어 적극적인 상업정책을 추진하면서 농업 중심, 성리학 중심의 국가질서를 크게 개편하려는 움직임이 일어났다. 특히 왜란의 충격이 이러한 변화를 가속화시켰으며, 임진왜란에서 주역을 맡았던 광해군정권이 그러한 성격을 강하게 띠고 있었다.

이 시기의 사회변동에 가장 예민하게 반응을 보였던 학인들은 개성 출신 서경덕(徐敬德) 문인들과 경상도 해안지방 출신 조식(曺植) 문인들이었다. 수로(水路)교통의 이점으로 교역이 발달하고 대외정보 입수가 빨랐던 이곳 출신 학인들은 사상과 학문상으로도 주자성리학에 대한 회의가 크고 이단조류에 대한 관용이 상대적으로 짙었다.

주변지역에서의 변화는 서울 학계에도 변화를 가져왔다. 개성과 근거리에 있으면서 상업과 대외정보의 중심권에 있었던 서울학인들이 그 영향을 받는 것은 당연한 일이었다. 광해군대에 서울 한복판의 침류대(枕流臺)에 모여들어 시문을 나누던 이른바 '침류대학사'들은 바로 학문과 사상의 변동을 주도하던 선도적 지식인 그룹이었다.

그러나, 광해군대의 폐모살제사건(廢母殺弟事件)을 계기로 침류대학사들은 국가중흥의 과제를 추구하면서 도덕성 제고의 필요성을 절감하게 되었다. 선비의 처절한 자기절제와 도덕수양이 전제되지 않은 국가중흥, 즉 치인의 완성이 어렵다는 것을 깨닫게 된 것이다. 여기서 수기와 치인의 두 측면을 겸비한 학문이 진실된 학문이라는 '실학(實學)'이 탄생하게 된 것이다.

실학의 선두에 선 이는 바로 이수광이었다. 그는 수기를 위한 선비의 내성을 철저히 요구하였고, 치인을 위한 시야의 확대를 동시에 추구하였다. 그것은 사변화되고, 형식화되고, 출세도구화된 당시의 성리학과는 질적으로 다른 것이다.

치인을 향한 이수광의 시야는 종으로는 전통문화를 사랑하고, 횡으로는 세계를 넓게 이해하는 방향으로 펼쳐졌다. 그야말로 지피지기(知彼知己)의 균형잡힌 시각을 요구하고 나선 것이다. 한편으로는 철저한 한국인이 되고, 다른 한편으로는 세계를 넓게 보는 안목을 갖자는 것이다. 한국적 국제화 혹은 국제적 한국화의 정도(正道)를 꿰뚫어본 것이다.

이수광은 바로 그러한 균형감각 때문에 후세 학인들에게 많은 영향을 주었다. 조선 후기의 선진적 지식인 가운데 《지봉유설》을 읽지 않은 이가 없을 정도로 그의 저술은 널리 애독되었다.

일제시대의 '조선학'을 주도했던 국학자들이 '실학'을 주목하면서 이수광을 '선구자'의 위치로 올려놓은 것은 우연한 일이 아니다. 그들은 실학을 민족적 민중적 실용적 학문으로 규정하면서, 그 뿌리를 캐올라가다가 다산 정약용과 성호 이익과 반계 유형원을 찾아냈고, 그보다 더 앞선 이수광과 만나게 된 것이다.

물론 이수광의 실학은 개혁의 강도에서 그 다음 시기의 실학자보다 뒤지는 것이 사실이다. 그러나 씨를 뿌려야 거둠이 있듯이, 선구자가 있어야 완성자도 있는 법이다.

실학은 지나간 시대의 학문일 뿐 아니라 21세기를 열어가는 오늘의 우리에게도 많은 교훈을 던져주고 있다. 전통을 사랑하고 철저한 한국인이 되면서 국제감각을 가지려고 노력했던 이수광의 고민과 안목은 바로 우리가 걸어가야 할 좌표를 정확하게 밝혀주고 있기 때문이다. 이수광이 만약 오늘에 살아 있다면 자주적이고 민족적인 세계화를 부르짖고 나섰을 것이다.

(11월의 문화인물, 1995. 11)

조 광 조

　역사에는 보수와 개혁, 현실주의와 이상주의, 변칙과 원칙의 갈등이 있다. 대개 단기적으로는 현실주의가 승리하고 장기적으로는 이상주의가 이긴다. 그래서 역사는 느리지만 이상을 향해서 발전하는 것이다.

　이상주의가 현실주의 벽에 부딪혀 좌절하는 정치드라마는 수없이 많지만 중종(中宗)과 정암 조광조(靜庵 趙光祖 ; 1482~1519)가 펼친 16세기 초 5년간의 정치드라마는 아주 긴 여운을 후세에 남겨놓았다.

　정암은 중종 10년(1515) 34세에 정치에 입문한 뒤 4년 만인 38세에 감찰기관의 최고 책임자인 종2품 대사헌(大司憲)의 지위에 오르는 파격적인 출세가도를 달렸다. 그는 어려서부터 어른이라도 잘못이 있으면 꾸짖는 어른 같은 어린이였다. 이미 17세 때 무오사화(戊午士禍)로 유배간 평안도 희천(熙川)의 김굉필(金宏弼) 문하에서 학문을 배우고, 천마산·성거산·용문사 등지에서 학문을 계속했는데, 새벽닭이 울 때 일어나 세수하고 머리 빗고 숙연한 자세로 글을 읽어 사람들이 '미친 사람(狂者)' 혹은 '화를 불러올 사람(禍胎)'이라고 불렀다. 과연 그는 연산군이 두 차례나 사화를 일으켜 깨끗한 선비들이 쓰러지고, 백성의 원성이 높아지는 것을 보고, 그는 유교의 이상국가를 다시 세워야 한다는 사명감에 불타게 되었다.

정암이 25세 되던 1506년, 박원종(朴元宗), 성희안(成希顔), 유순(柳洵), 유순정(柳順汀), 유자광(柳子光) 등이 반정을 일으켜 연산의 아우 중종이 왕위에 오르자 정암을 비롯한 젊은 선비들의 기대는 크게 부풀어올랐다. 그러나 중종이 등극한 지 10년이 되어도 중흥의 기운은 나타나지 않았다. 정권을 창출한 정국공신(靖國功臣)들이 권력을 남용하여 구악(舊惡)에 못지않은 신악(新惡)을 조성하였기 때문이다. 연산군의 총애를 받았던 공신들이 연산군을 축출한 것도 선비들의 눈에는 기회주의로 비쳐졌다. 중흥의 영주가 되고 싶었던 중종은 정치권의 물갈이가 절대로 필요하다는 것을 인식하였다.

중종 10년, 왕이 성균관을 방문하여 알성시(謁聖試)를 연 것은 젊은 유생을 직접 발탁하겠다는 뜻이 담겨 있었다. 이때 왕이 낸 시험문제는 의미심장하다. 공자가 3개월 안에도 정치의 실효를 낼 수 있고, 3년이면 충분하다고 하였는데, 나는 10년이나 노력을 하였으나 정치의 실효가 없으니 그 이유와 대책을 제시하라는 것이었다. 정암은 바로 이 시험에서 모범답안을 제시하여 2등으로 발탁되었다. 그의 나이 34세로서 혈기가 넘쳐 흐를 때였다. 드디어 왕은 새 부대에 담을 새 술을 찾은 것이다.

그런데 어찌하여 왕과 젊은 선비가 파트너가 되어 벌인 이상정치의 드라마는 5년 만에 실패로 돌아가고, 중종은 자신이 키우고 총애한 젊은 선비들에게 죽음의 약을 내리지 않으면 안 되었는가.

정암은 알성시에 합격하여 사간원 좌정언이 되자마자 바로 박상(朴祥 ; 담양부사), 김정(金淨 ; 순창군수) 등과 더불어 정국공신이 폐위시킨 왕비 신씨(愼氏)의 복위운동을 벌였다. 이때부터 조정에는 신구세력간의 갈등이 돌풍을 일으키기 시작하였다. 그 후 그가 왕도정치(王道政治)와 지치주의(至治主義)를 내걸고 추진한 개혁은, 첫째 군주독재의 방지, 둘째 유교의 진흥과 불교·도교 등 이단의 배척, 셋째 민생의 안정, 넷째 부정한 공신세력의 도태로 요약된다. 당시의 역사적 조건은 왕조 개창 후 100여 년간 이미 기틀을 잡은 유교정치를 다시 회복시키는 중흥의 시대로서 이 정도의 개혁도 큰 의미가 있었다.

먼저, 정치개혁의 구체적 사업은 왕이 신하를 존대하여 실권을 의정부에 넘기도록 하고, 경연의 자리에서도 신하가 엎드리지 않고 앉아서 하도록 바꾸었으며, 현량과(賢良科)를 통해 28명의 신진사류를 대거 영입하여 정치권의 물갈이를 실현하였다. 유교의 진흥을 위한 시책으로는 김굉필·정몽주·성삼문·박팽년 등 충의를 위해 순절한 선현들을 문묘(文廟)에 제사할 것과 소격서(昭格署)를 폐지하여 도교적 제천행사를 중지시키는 일, 그리고 《소학》과 향약을 농촌에 보급하여 삼강오륜의 윤리질서를 세우려는 것이었다. 충신에 대한 포장은 자칫 그들을 죽인 왕실을 모욕하는 일이 될 수도 있어서 실행되지 못했으나, 소격서 폐지와 향약 실시는 관철하였다. 정암은 올바른 정치가 국가의 태평을 이루는 방법이지 막대한 재정낭비를 가져오는 불교나 도교행사는 국가안녕에 도움이 되지 않는다고 보았다.

다음에 민생을 위한 개혁으로서는 무엇보다 당시 농민을 가장 괴롭힌 공물(貢物)의 폐단을 시정하고, 한전법(限田法)을 실시하여 토지소유의 상한선을 정하려고 하였다. 정암의 개혁정치는 국민들의 열렬한 환영을 받았다. 특히 서울의 시인(市人)들은 그가 나타날 때마다 말 앞에 엎드려 "우리 상전이 오신다"고 환호하였다고 한다. 그러나 그의 인기가 올라갈수록 그를 시기하는 무리는 더욱 늘어났다.

그런데 정암의 몰락을 결정적으로 재촉한 것은 중종 14년 정국공
신 117명 가운데 76명의 공신훈작을 취소시킨 사건이었다. 전체
공신의 4분의 3에 해당하는 인사들의 훈작을 박탈한 사건은 정국공
신 자체를 부인하는 것이나 다름없었다. 또한 그것은 정국공신에 의
해 추대된 중종 자신의 정체성에 대한 위협이 되었다. 이 사건은 결
과적으로 공신을 견제하려 했던 중종이 다시금 공신의 편에 서지 않
을 수 없는 계기가 되었다.

왕의 마음이 돌아서는 것을 눈치챈 홍경주(洪景舟), 남곤(南袞),
심정(沈貞) 등 원로대신들은 후궁을 움직여 정암 일파를 무고하기
도 하고, 대궐 나뭇잎에 과일즙으로 "주초위왕(走肖爲王)" 즉 조광
조가 왕이 된다는 글자를 쓰고 벌레가 파먹게 한 다음에 이를 궁녀
가 따서 왕에게 바치기도 하는 등 갖은 모략을 다하여 왕의 마음을
돌려놓는 데 성공하였다. 하루 세 차례씩 경연을 열면서 성군(聖君)
이 되라고 왕을 지나치게 닥달하는 정암의 태도에 피곤을 느끼던 왕
은 마침내 정암을 제거하기로 마음먹었다.

결국 중종 14년 11월, 왕은 정암과 그를 추종하던 김정(金淨 ; 형
조판서), 윤자임(尹自任 ; 승지), 박세희(朴世熹 ; 승지), 박훈(朴薰),
김구(金絿 ; 부제학), 김식(金湜 ; 대사성), 기준(奇遵 ; 응교) 등을 체
포하였다. 정암은 전라도 능주로 유배되고 마침내 이 해 12월 20일
사약을 받고 운명하였다. 정암은 사약을 가지고 온 도사에게 자신의
죄명이 무엇이냐고 물었으나 도사는 대답을 하지 않았다고 한다. 뚜
렷한 죄명도 모르고 죽은 것이다.

역사상 기묘사화(己卯士禍)로 불리는 이 사건은 옳은 일도 지나치
게 급하게 서둘면 실패하고, 결과적으로 나라를 어지럽게 한다는 교
훈을 남겨주었다. 그래서 후대의 사림은 정암의 고결한 인품과 자질
은 높이 평가하여 1610년 그를 문묘(공자사당)에 제사하도록 하였

으나, 정치가로서의 경륜은 미숙하다고 평가했다. 예컨대 정암을 누
구보다도 존경한 율곡은 삼대(三代)의 이상을 하루 아침에 달성하
려고 덤빈 정암 일파의 처사를 "작사무점(作事無漸)하고 직전태예
(直前太銳)하다"고 평하였다. 즉 일을 점진적으로 추진할 줄 모르
고, 직선적이고 너무 날카롭다는 것이다. 그리고 그 원인을 학문이
채 성숙하지 않은 탓으로 보았다. 그래서 율곡은 정암의 실패를 거
울삼아 하루에 한 가지씩 실천하는 점진적인 '변법경장'을 들고 나
오게 된 것이다. 그것이 16세기 초의 사류(士類)와 16세기 말 사류
의 차이다.

(《주간조선》, 1997. 6. 12)

광 해 군

　역사에는 꼭 필요한 일을 많이 하고도 당대에 좋은 평가를 받지 못한 인물이 있다. 광해군도 그 가운데 하나다.

　광해군(光海君 ; 1608~1623)은 세자의 몸으로 임진왜란이라는 미증유의 국제전쟁을 치러내고, 왕이 된 뒤에는 전후복구사업을 위해서 15년간 분골쇄신하였으나, 끝내는 국모인 인목대비를 학대하고 중국을 배신한 패륜아로 낙인이 찍혀 옥좌에서 쫓겨나는 비운의 임금이 되었다. 그가 잘못한 것인지, 아니면 그를 쫓아낸 이른바 반정(反正)의 쿠데타가 잘못된 것인지, 후대의 평가도 그만큼 복잡하다. 하지만, 그보다 117년 전에 '반정'에 의해 쫓겨난 연산군에 대한 평가처럼 광해군을 바라보는 시선이 차가운 것은 아니다. 왜 그럴까?

　광해군이 국모인 인목대비를 폐위시켜 서궁(西宮 ; 지금의 덕수궁)에 연금시키고, 대비의 아들 영창대군(永昌大君)을 살해한 것은 도덕적으로 잘한 일은 아니다. 하지만, 전후사정을 보면 그것은 불가피한 선택이었다.

광해군은 비록 후궁의 소생이지만 왜란 초에 세자가 되어 이미 선조 왕권의 반을 위임 받아 항일전쟁을 주도적으로 지휘하고 전란을 수습하는 데 앞장섰다. 따라서 그가 선조의 뒤를 이어 왕위에 오른 것은 법적으로나 자신이 쌓은 공적과 능력으로 보거나 하등의 하자가 없었다. 그럼에도 그의 왕권은 끊임없는 도전을 받았다. 명나라는 그의 형(임해군)이 살아 있다는 이유로 세자 책봉을 인정하지 않았고, 설상가상으로 계비인 인목왕후가 뒤늦게 영창대군을 낳자 그를 세자로 바꾸어야 한다는 정치세력(소북파)이 나타나 광해군을 곤경에 빠트렸다. 유교적 명분으로 움직이는 조선사회와 국제질서가 그를 도덕적으로 압박하였다.

광해군은 그와 더불어 항일전쟁에 가장 적극적이었던 대북파의 강력한 지지를 받아 왕위에 오르기는 하였으나, 명분의 사슬이 끊임없이 그의 목을 죄었다. 그는 명분보다 실력으로 이 난국을 돌파하면서 국가재건사업을 벌이지 않으면 안 되었다. 명의 승인을 받기 위해 과도한 로비자금이 소요되었다. 게다가 왜란 때 우리를 도운 공을 내세워 시혜자로 자처하면서 과도한 공물을 요구하는 명의 콧대를 꺾지 않으면 안 되었다. 명은 은인이기도 하지만, 수만 명의 명나라 군대를 먹이느라 백성이 받은 고통도 작은 것이 아니었다. 병도 주고 약도 준 것이다. 그러한 명에 일방적으로 충성을 바칠 수는 없는 일이었다.

더욱이 명이 쇠약해진 틈을 타서 여진족이 일어나 후금을 세우고 조선과 명을 압박하기 시작한 것은 광해군에게는 위기인 동시에 기회였다. 명과 후금의 갈등을 적절히 요리한다면 우리의 자주성을 높일 수 있는 기회도 되는 것이다. 명의 요청에 따라 심하(沈河)전투로 불리는 명·청전쟁에 강홍립(姜弘立)부대를 보내 명을 위해 싸우는 척하면서 후금에 투항하게 한 것은 매우 절묘한 외교술이었다.

한편으로는 명의 은혜를 갚은 것이고, 다른 한편으로는 후금의 원한을 사지 않은 것이다.

그러한데도 광해군의 중립적인 외교정책은 반정세력에 의해 명나라에 대한 배신으로 지목되었다. 사실 인간의 의리라는 측면에서 보면 광해군의 외교는 하자가 있었지만, 다른 대안이 없었다.

국제전쟁을 치른 폐허 속에서 신속하게 국력을 재결집시키는 일은 왕조를 새로 창업하는 것과 다름이 없었다. 이는 유교적인 도덕주의로 해결될 수 있는 일이 아님을 왕과 대북파는 깨달았다. 무엇보다도 전쟁에 지친 민생을 안정시키고, 국민의 애국심을 높이고, 국가재정과 군사력을 키우는 일이 급하였다. 그래서 부드러운 유교정치를 버리고 법가적이고 능률적인 접근방법이 선택된 것이다. 명나라나 후금과의 외교가 그러하였지만, 일본과의 관계도 마찬가지였다. 포로의 쇄환을 위해서도 일본과의 감정을 정리하고 외교관계를 재개하지 않으면 안 되었다. 그래서 새로 들어선 도쿠가와정권의 간절한 요구를 받아들여 대일외교를 다시 열었고, 포로의 쇄환이 이루어졌다.

민생안정과 국가재정 확보를 위해서 토지조사사업과 대동법(大同法), 그리고 중상정책(重商政策)이 추진되었다. 대동법은 경기도에서만 실시하였지만, 농민을 가장 괴롭히던 공납의 폐단을 시정하는 데 크게 기여하였고, 이로부터 공인(貢人)이 등장하여 상업이 발달하는 기폭제가 되었다. 예방의학에 역점을 둔 허준의 《동의보감》이 출간된 것도 전후의 의료사업에 큰 도움을 주었다.

광해군의 중상정책은 전쟁중에 명과 일본의 경제력과 상인들의 활동을 보면서 더욱 뼈저리게 느낀 것이었다. 은광 개발, 상점 증설, 수레 사용, 대외무역 강화 등이 강조되고, 대외상업 중심지로 여건이 좋은 교하(交河)지방으로 도읍을 옮기려고 한 것도 그러한 목적이 있어서였다. 교하와 서로 마주 보고 있는 강화도 개발에 착수한 것도 마찬가지였다. 이 역시 농업 중심의 전통적 국가경영과는 맞지 않지만, 미래를 내다보는 안목이 있었다.

전쟁을 미리 막지 못한 왕조의 실추된 권위와 통치질서를 회복시키는 일도 중요하였다. 이를 위해 광해군은 세조 때 시행했다가 중단된 하늘에 대한 제사를 부활하고 환구단을 세우려고 하였으며, 병화로 타버린 《동국여지승람》, 《용비어천가》, 《삼강행실》 등의 이데올로기 서적을 다시 찍어내고, 무주의 적상산에 새로운 사고(史庫)를 지었다. 또한 불타버린 궁궐을 복원하는 것도 필요한 일이었다. 창덕궁을 복원하고, 인왕산 기슭에 경덕궁(慶德宮 ; 뒤의 慶熙宮)과 인경궁(仁慶宮)을 새로 건설한 것은 왕조의 권위를 회복시키는 동시에 백성에 대한 구휼사업의 의미도 있었다. 다만, 이 일을 위해 무리하게 자금을 조달하는 과정에 민원을 사게 되었고, 또 어느 곳에 왕기(王氣)가 서려 있다는 등 신비적인 말을 너무 믿은 것이 식자들의 비난을 샀다.

광해군의 국가재건사업이 결정적으로 유생들의 반발을 사게 된 것은 유학의 상징이라고 할 수 있는 성균관의 문묘제사에서 이언적(李彦迪)과 이황(李滉)을 빼고 조식(曺植)을 넣으려고 한 사건이었다. 이는 조식의 제자인 정인홍(鄭仁弘)의 주장에 의한 것으로서, 이에 반발하는 유생들을 모조리 성균관에서 내쫓았다. 정인홍은 나라를 혁신하기 위해서는 교학이데올로기를 바꿔야 한다고 생각하여 이런 일을 했지만, 그의 처사는 신중하지 못했다. 결과적으로 이 사건은 유생들 사이에 광해군의 인기를 낮추는 것이 되었다.

인목대비의 폐위를 비롯하여 광해군의 왕권강화와 부국강병정책을 강력하게 뒷받침한 핵심참모인 이이첨(李爾瞻)은 법가(法家)라는 평을 받았다. 법가는 현실주의요, 힘의 논리를 숭상한다. 광해군의 처지로서는 법가적 방법으로 정치를 이끌어갈 수밖에 없었지만, 법가의 생명은 짧은 것이다. 말 위에서 정복은 할 수 있어도, 말 위에서 나라를 오래 다스릴 수는 없다. 그것이 역사발전의 논리다.

　광해군이 반인륜적이라는 죄명으로 쫓겨난 것은 충분한 이유가 있다. 그러나 반인륜적이었기 때문에 전란의 피해를 빠르게 복구할 수 있었던 것도 기억해두어야 한다. 그는 도덕과 명분을 잃었으나 그 대신 나라를 구하였다. 광해군이 나라를 구하였기 때문에 그를 내쫓은 반정의 주역들은 도덕과 명분을 소리 높여 외치면서 인조의 유교정치를 다시 열어갈 수 있었다. 역사는 한꺼번에 발전하는 것이 아니다.

　광해군시대는 어쩌면 박정희시대와도 유사한 면이 있다. 한국전쟁을 겪은 후의 폐허 속에서 조국근대화와 부국강병의 깃발 하에 얼마나 많은 인권과 도덕이 무너졌는가. 박정희시대는 현대판 법가의 시대라고 불러도 좋을 것이다. 그래서 그는 현대판 반정(反正)의 대상이 되었지만, 그러나 그가 이룩한 경제발전이 있었기에 오늘날 우리는 도덕과 민주주의를 다독거릴 수 있는 여건을 마련했다는 것도 인정해야 할 것이다. 그래서 역사는 과거와 현재가 끊임없이 대화하면서 엮어가는 것이 아니겠는가.

(《주간조선》, 1997. 7. 3)

제 4 부

오늘의 한국학

한국학의 개념과 분야

한국학이란 한국에 대한 학문적 연구라고 간단히 정의할 수 있다. 미국에 관한 학문적 연구가 미국학이요, 중국에 관한 학문적 연구가 중국학이라고 불리는 것과 마찬가지 논리다.

한국학이라는 낱말의 뜻은 이와 같이 간단한 것이지만, 그 낱말에 담겨진 학문적 개념은 결코 간단한 것이 아니다.

우선, 한국학이라는 용어는 한국인 사이에서는 잘 쓰지 않는다. 대체로 우리나라에 관한 학문을 대외적으로 표현할 때 한국학이라고 쓰며, 외국에서 우리나라를 학문적으로 연구할 경우에도 그 연구자들을 한국학 전문가로 부른다. 이 경우 영어로는 'Korean Studies'로 널리 쓴다.

한국학 혹은 Korean Studies는 최근 20∼30년 전부터 유행하여 지금은 거의 대중화되다시피 했는데, 그것은 우리나라의 국제적 위상이 높아짐에 따라 우리 자신이 우리의 역사와 문화를 전 세계에 알리고, 외국에도 우리의 역사와 문화를 연구하는 학자들이 많아진 결과이다.

그러나 우리가 지금 쓰고 있는 한국학이라는 용어는 외국인의 Korean Studies를 우리말로 번역한 것에 불과할 뿐이지, 한국학의 개념을 우리 시각에서 정립해놓은 것을 아직 보지 못하였다. 실제로 외국인의 Korean Studies라는 것도 그 개념과 포괄영역은 지역적으로 혹은 시대적으로 다양하기 때문에 일정한 정형(定型)을 가지고 있는 것은 아니다. 따라서 외국인의 한국학은 역사적 검토가 불가피하다.

우리나라 학자들이 써온 한국학이라는 용어도 또한 역사성을 띠고 있기는 마찬가지다. 일제시대에 있었던 이른바 '조선학'과 오늘날의 '한국학'이 반드시 같은 의미를 가진 것이 아니라는 것만 보아도 우리의 한국학이 역사적 변화를 거쳐왔다는 것을 짐작할 수 있다.

그렇다면, 한국학이라는 용어는 국내와 국외에서 어떤 개념으로 쓰여왔으며, 그 속에 포괄된 학문영역은 무엇인가. 또 현재 우리가 추구해야 될 한국학의 개념과 학문영역은 무엇이어야 하는가. 이러한 의문에 대한 해답은 당위의 세계와 관련되어 있으므로 주관이 담기지 않을 수 없다. 이 점 독자의 양해를 미리 구해두는 바이다.

■ 韓國學의 胎動—조선시대의 '東國學'

우리나라 역사상 우리 자신에 관한 연구를 '학(學)'이라는 차원에서 접근한 것은 일제시대가 최초라 할 수 있다. 이른바 '조선학'이 그것이다. 그러나 조선학은 일제시대에 갑자기 돌출한 것이 아니요, 오랜 기간 점차적으로 배태되고 성숙한 결과임을 유념해야 한다.

비록 '학'이라는 용어는 쓰지 않았지만, 우리 자신을 이웃나라와 비교하여 객관화시키고, 객관화된 우리의 정체성을 대외적으로 보여주려고 한 노력은 그 기원이 매우 오래다고 할 수 있다.

중국과의 문화교섭이 대외관계에서 가장 큰 비중을 차지했던 근대

이전 시기에서 우리 자신의 정체성을 자각하는 일은 우선 풍토와 인성의 차이를 확인하는 데서부터 시작된 것으로 보인다. 즉 중국과 우리나라는 자연환경이 다르고, 자연환경이 다르면 인성이 같지 않다는 인식이다. 그리고 인성이 다르면 언어와 습속이 같을 수 없다는 인식이 뒤따른다.

이미 이와 같은 풍토론(風土論)은 고려 초기부터 확인되고 있으니, 태조 왕건(王建)이 후손들을 경계하기 위해 지었다고 전해지는 〈훈요십조〉 가운데 "중국과 우리나라가 방토(方土)가 달라서 인성이 같지 않다"는 것과, "거란[契丹] 또한 풍속과 언어가 우리와 같지 않다"는 것을 지적하면서 "그 나라들과 문물예악(文物禮樂)이나 의관제도(衣冠制度)가 반드시 같을 필요가 없다"는 것을 강조한 것(惟我東方 舊慕唐風 文物禮樂 悉遵其制 殊方異土 人性各異 契丹是禽獸之國 風俗不同 言語亦異 衣冠制度 愼勿效焉)이 그 증거라 할 수 있다.

이와 비슷한 발상은 성종대의 명유(名儒) 최승로(崔承老)의 상소에서도 보이는 바이니, 최승로는 이 글에서 "중국의 제도를 받아들여 문화의 후진성을 탈피해야 한다"는 것을 인정하면서도, "토성(土性)에 따라 습속이 다르므로, 우리는 우리의 풍토에 맞는 거마(車馬)와 의복제도를 만들어야 한다"고 주장하고 있다(華夏之制 不可不遵 然四方習俗 各隨土性 似難盡變 …… 其餘車馬衣服制度 可因土風使奢儉得中 不必苟同). 이는 바꿔 말하면, 우리의 고유한 토풍(土風)에 대한 인식을 바탕으로 하여 중국문화의 선별수용을 통한 문화진보의 방향성을 제시하고 있는 것이다.

고려 초기에 보이던 풍토론은 고려 후기에 이르면 독자적 혈통의식으로 정체성의 인식의 폭이 넓어지는 것을 볼 수 있다. 몽고간섭 시기에 나타나는 단군국조론(檀君國祖論)이 그것으로서, 이는 무인정권기의 이규보(李奎報)의 〈동명왕편(東明王篇)〉에 보이던 천손후예(天孫後裔)의식이 한 단계 심화되면서 나타난 결과이기도 하다.

일연의 《삼국유사》에서는 천손 단군의 혈통이 부여·고구려·백제로 이어지는 것으로 되어 있어서 우리 민족 전체의 시조라는 차원으로까지 단군의 위상이 높아져 있지는 않지만, 이승휴(李承休)의 《제왕운기(帝王韻紀)》에서는 삼한, 삼국이 모두 단군의 후예로 인식되어 단군의 위상은 민족시조의 차원으로 고양된 것을 볼 수 있다.

물론, 고려 말이나 조선시대의 모든 식자들이 단군을 민족시조로 이해한 것은 아니지만, 적어도 기자나 위만과 같은 중국계 이주민과는 혈연계통을 달리하는 독자의 천손집단이 우리 민족의 주류를 이루고 있다는 인식은 널리 받아들여지고 있었다. 이러한 혈연의식은 혈연공동체로서의 '민족'을 완전히 의식한 것은 아니라 하더라도 민족의식의 한 단계 심화과정인 것만은 틀림없다.

대체로 조선 전기의 학인들은 고려 이래의 풍토론을 계승하면서, 여기에 혈통의식을 가미하여 중국과 대비되는 우리의 정체성을 확인하고 있었다. 〈훈민정음〉 서문에서 "풍토가 다르면 성기(聲氣 ; 소리)가 다르다"고 하여 우리의 성기에 맞는 문자를 만들어야 한다고 한 것은 풍토의식이 문자의식으로까지 확산된 것을 의미한다. 단군숭배가 국조 숭배(國祖崇拜)로 정착되어 국가의 사전(祀典)에 오른 것도 획기적 의미를 갖는다.

조선시대의 심화된 민족의식은 우리 자신을 '동국(東國)'으로 명명하는 관행을 가져왔다. 《동국통람(東國通鑑)》, 《동국정운(東國正韻)》, 《동문선(東文選)》, 《동국여지승람(東國輿地勝覽)》, 《동국문헌비고(東國文獻備考)》, 《동국지리지(東國地理誌)》, 《동사강목(東史綱目)》 등에서 표출되고 있듯이, '동국'이라는 칭호는 '조선'이라는 국호와는 다른 의미로 우리의 문화적 정체성을 드러내는 용어로 정착된 것이다.

물론, 동국이라는 개념은 중국을 중심에 두고, 그 동쪽에 있는 나라라는 뜻으로 쓰였으므로 중국 중심의 세계관을 탈피하지 못한 한계가 있다. 그러나 동국은 중국과 다른 독자의 자연환경과 문화를 가졌다는 의식이 그 속에 자리잡고 있는 까닭에 이를 몰주체적, 중국 아류(亞流) 의식이라고는 도저히 생각할 수 없다. 따라서 조선시대의 우리 자신에 대한 학문적 정리는 곧 '동국학(東國學)'이라고 불러도 좋은 것이며, 이는 고려시대에 비해 진일보한 조선시대 지식인의 자기인식체계를 반영하는 것이다.

조선 후기에 이르면 동국학은 그 깊이와 넓이를 더해간다. 이제 그 범위는 언어·문화·정치·경제·사회·종교·풍속·예술·금석(金石)·의약·과학·지리·인물·초목(草木)·금수(禽獸)에 이르기까지 다양해져서 이른바 백과전서적 지식체계를 형성하게 되는데, 당시에는 이를 '유서(類書)'의 체제로 체계화하고 있었다. 조선 후기의 역사학은 이와 같은 동국학을 가장 포괄적으로 표현하는 학문분야이었다. 역사서술이 방대해지는 이유의 하나가 여기에 있었다.

조선 후기의 동국학은 지역적 범위도 전보다 확산되었다. 동국학의 중심지역은 물론 한반도이지만, 북으로는 고조선과 고구려와 발해의 강역(疆域)이던 중국 동북지방과 만주, 그리고 남으로는 제주도·강화도·울릉도·대마도 등 수많은 도서들이 수복되어야 할 강역 혹은 적극적으로 개척되어야 할 강역으로 관심의 대상이 되었다. 한백겸(韓百謙)의 《동국지리지(東國地理誌)》와 이수광의 《지봉유설(芝峰類說)》을 효시로 하여 역사지리 연구가 활기를 띠기 시작하여, 신경준(申景濬)의 《강계고(疆界考)》와 정약용(丁若鏞)의 《강역고(疆域考)》로 이어지는 각종 역사지리 연구서가 나온 이유가 여기에 있다.

국토의 강역뿐 아니라 국토의 자연환경과 생산물에 대한 이해도 깊어졌다. 우리나라가 '요동(遼東)의 별천지'라는 인식은 이미 고려 말 조선 초기에도 있었지만, 조선 후기에는 여기서 한 걸음 더 나아가 우리나라를 '독립된 천하'로 인식하는 경향이 나타났다. 이 천하

의식은 확대된 강역에 대한 자부심뿐 아니라, 우리도 중국과 마찬가
지로 역사적으로 주요 대국(大國)이 수많은 소국(小國)을 부용(附
庸)으로 거느리고 살아왔으며, 여진·일본 등과 같은 이웃나라들을
제후적 존재로 삼아 그 위에 문화적으로 군림해왔다는 자부심이 또
한 담겨져 있었다. 이웃나라들을 '열전(列傳)'으로 편입하여 국사에
편입한 것이 그것을 말해준다.

　천하의식 속에는 또한 국토에 담겨진 문화적 물산적 다양성이 중
국과 비슷하다는 생각도 내포되어 있었다. 이는 수많은 읍지(邑誌)
의 편찬을 통해서 향토사에 대한 이해가 깊어진 결과이기도 하지만,
이러한 향토사에 대한 이해를 포괄적으로 정리함으로써 전 국토를
몇 개의 문화권 혹은 생활권 혹은 풍토권으로 묶는 작업이 성행하게
된 것이다. 이중환(李重煥)의 《택리지(擇里志)》로 대표되는 인문지
리서의 성행이 그것으로서, 이 밖에도 8도 인심의 특색을 논한다든
가, 북방에는 들짐승이 많고 남방에는 새가 많다고 한다든가, 백 리
마다 민요가 다르고 천 리마다 풍속이 다르다고 하는 것 등이 모두
우리 국토의 천하적 다양성을 이해하고자 하는 노력의 결과이다.

　조선 후기의 회화의 특색인 진경산수(眞景山水)나 시문학에서의
진시(眞詩)의 출현은 이러한 국토의 개성적 파악을 배경으로 하여
나타난 예술계의 변화인 것이다.

　수산(修山) 이종휘(李種徽)가 우리나라의 고유신앙인 '신교(神
敎)'를 포착하여 《신사지(神事志)》를 쓴 것은 동국학의 분야가 유
(儒), 불(佛), 도(道)의 삼교를 뛰어넘어 민족신앙에까지 파고든 것
을 의미하며, 김정희(金正喜)가 진흥왕순수비의 일부를 발견하고
《금석과안록(金石過眼錄)》을 쓴 것은 금석학(金石學)과 고고학의
시원을 이루는 것이다.

　조선 후기 학자들은 신화에 대해서도 새로운 해석을 가하였다. 고
대인들은 신화를 사실로 그대로 믿고 썼으나, 조선 초기 학인들은

이를 신비주의로 배격함으로써 합리주의를 진일보시켰다. 조선 후기에는 여기서 한 걸음 더 나아가 태초의 인간은 인간으로부터 태어날 수 없고 천지가 창조될 때 올챙이나 물벌레가 연못 속에서 '화생(化生)'하듯이 인간도 '화생'의 원리에 의해서 태어났을 것으로 보면서, 이러한 태초의 인간을 천강신인(天降神人)으로 미화한 것으로 이해하였다. 이는 소박한 진화론적 시각에서 신화를 재해석한 것이며, 여기에서 신화학의 단초가 열리게 된 것이다.

한편, 우리 민족의 혈통적 문화적 기원에 대한 인식도 달라졌다. 종전에는 고조선이라는 테두리 안에서 혈통과 문화의 기원을 이해하였으나 이제는 중국 동북지방과 만주·한반도에 널려 살던 '동이(東夷)'집단을 설정하고, 동이문화 전체를 우리 문화의 뿌리로 이해하였다. 이렇게 될 경우, 동이족으로 간주되던 순(舜)임금, 대련(大連), 소련(少連) 등의 존재가 주목됨은 물론이요, 각종 중국문헌에 보이는 동이족에 대한 칭송기록들이 관심의 대상으로 떠올랐다. 공자가 이민가고 싶어 했다는 구이(九夷)가 고조선으로 이해될 뿐 아니라, 높은 수준의 동이문화 속에서 성장한 단군조선도 당당한 문명국가로 재인식되었다. 이제 동이는 화하(華夏 ; 중국)와 구별되는 야만사회가 아니라 화하와 동등한 문명사회로 해석되면서, 우리나라는 단군 때부터 높은 수준의 화하국가였다는 인식의 대전환이 이루어진 것이다. 그리하여 동국학의 틀을 벗지는 못하였지만 문명의 중심은 중국이 아니고 현재 우리나라가 문명의 중심이라는 생각이 자리잡게 되었다.

이러한 세계관의 대전환은 직접적으로는 임진(壬辰), 병자(丙子)의 양난(兩亂)을 거치면서 성장한 반일·반청의식에서부터 배태된 것이지만, 실제로 조선 후기의 우문정치(右文政治)와 학술문화의 수준이 동아세계의 선도적 수준에 있었던 데 대한 자부심이 밑받침되어 있었다. 정조의 규장각 설치는 조선 후기 우문정치와 학술발전의 정화(精華)라고 할 수 있다.

　조선시대 동국학은 이상 설명한 바와 같이 동국을 하나의 독자적 문화단위로 설정하고 그 정체성을 파악하는 데 치중하였다는 점에 특색을 찾을 수 있지만, 동시에 그 동국을 유교문화권이라는 큰 테두리 속에서 파악하는 국제적 관점을 또한 이탈하지 않았다. 이 유교문화권을 당시 학인들은 한자를 공통으로 사용한다는 점에서 '공동'문화권으로 표현하고, 이 '동문(同文)'문화권에서의 중심국가를 조선 전기에는 중국과 우리나라, 그리고 명(明)이 망한 이후에는 우리나라만이 중심국가라고 자부하였다. '조선＝중화'사상이 바로 그것이다.

　조선 후기의 '중화' 관념은 기본적으로 지역관념이 아닌 문화개념으로 쓰였으며, 요즘 말로 한다면 '문화선진국'의 뜻을 가진 것이었다. 이 경우 문화의 선진과 후진을 가르는 기준은 유교적 가치관에 두었기 때문에 문·사·철 등 인문교양이나 윤리도덕의 높고 낮음이 지표가 될 수밖에 없었다. 그리고 이러한 문화가치는 모든 인류가 공유해야 될 보편적 가치로 받아들이고 있었다.

　이상 조선시대 동국학의 내용을 다시 종합해본다면, 한편으로는 우리나라의 고유한 문화전통을 인식하고 유지하려는 민족적 자아의식을 지향하면서, 다른 한편으로는 유교문화를 공유하는 동문(同文)의 넓은 세계 속에서 우리나라의 중심적 위상을 자부하면서 인류 보편의 문화가치를 추구하려는 양면성을 지녔다고 할 수 있다. 즉, 동국학은 민족지향성과 세계지향성을 함께 갖춘 그러한 학문이었으며, 그것은 현실적으로 우리의 자존과 동아시아세계의 평화에 크게 이바지하였다.

　■ **韓國學의 발전** — 일제시대의 '朝鮮學'
　'동국학'의 형태로 전개되어 온 한국학은 일제시대에 이르러 '조선학'의 명칭을 달고 새롭게 발전하였다. '학'이라는 호칭이 생긴것은 이때가 처음이다.

'조선학'이 발생한 정확한 연대는 알 수 없으나, 아마도 1920년대 초가 아닌가 싶다. 1922년에 최남선(崔南善)이 쓴 〈조선역사통속강화개제(朝鮮歷史通俗講話開題)〉라는 글 가운데 '조선학'을 세워야 한다는 주장이 보인다. 이 해는 조선총독부에 조선사편수회(朝鮮史編修會)가 설립되고, 일본인에 의해 고적조사사업(古蹟調査事業)이 이루어지고 있었다. 최남선은 특히 고적조사사업에 큰 충격을 받은 듯, 이 사업의 의미를 설명하면서 조선인에 의한 조선학의 수립을 역설하고 있다.

> 미운 일본인은 동시에 고마운 일본인임을 생각하지 아니치 못할 것이다. 한 가지, 그래 꼭 한 가지 일본인을 향하여 고맙다고 할 일이 있다. 그는 다른 것이 아닌 '고적조사사업'이다.……민족적 큰 수치……남도 하는데 저는 모른 체 한 ─ 내 집 세간을 샅샅이 들추어 내는 남이 있는 줄을……생각하면……감사하리란 용기조차 나오지를 못할 것이다.……우리가 이제 민족적 일대 각성을 가진 것은 사실이다. 그러나 그 각성은 아직 ─ 혼돈이다.……정신부터 독립할 것이다. 사상으로 독립할 것이다. 학술에 독립할 것이다. 특별히 자기를 호지(護持)하는 정신, 자기를 발휘하는 사상, 자기를 구명(究明)하는 학술의 상으로 절대한 자주(自主), 완전한 독립을 실현할 것이다. 조선인의 손으로 조선학을 세울 것이다. 조선의 피가 속에 돌고, 조선의 김이 겉에 서리는 활발한 대조선(大朝鮮)의 경전(經典)을 우리 자리에서 우리 힘으로 만들어 놓을 것이다. 부끄러운 줄 알 것이다.

다소 지루한 인용이지만, 조선학 제창의 배경이 무엇이며, 조선학의 지향점이 무엇인가를 이 글은 잘 보여준다. 결국 조선학 제창의 동기는 한 마디로 일본인으로부터 정신적 사상적 학술적으로 자주독립하겠다는 것이다. 그리고 우리 손으로 세운 조선학은 자기를 호지(護持)하고, 발휘하고, 구명하는 작업이 되어야 할 뿐 아니라, 조선의 피가 속에 돌고, 조선의 김이 겉에 서리는 것이어야 한다는 것이다. 이를 다시 정리하자면, 조선학의 주체는 우리가 되어야 한다는 것과 우리의 민족적 정서가 담긴 학문이 되어야 한다는 것이 강조되고 있다.

그렇다면, 최남선이 강조하는 조선학의 지역적 범위와 학문분야는 무엇일까.

최남선은 앞에 소개한 글에서 세계를 3대 문화권으로 나누어 인구(印歐)계통문화, 지나(支那)계통문화, 불함(不咸, 弗咸)문화권을 설정하고, 우리나라를 불함문화권의 중심에 두고 있다. 이 불함문화권은 1925년에 쓴 《불함문화론(不咸文化論)》에서 더 구체화되어 조선·일본·동지나(東支那)·오키나와(琉球)·만주·몽고·중앙아시아·발칸반도에까지 미치고 있는데, 이 불함문화권 전체를 '동양학(東洋學)'이라는 이름으로 포괄하고 있다.

그런데 최남선의 동양학은 우리나라의 고전설(古傳說)을 중심으로 하여 추구되어야 한다는 것이다. 여기에서 그의 '조선학'은 한반도만을 대상으로 하는 것은 아니요, 불함문화권이라 불리는 동양(中國 제외)전체를 대상으로 한다는 점에서 '동양학'으로도 불렀다. 다만, 조선학=동양학의 중심과제는 "숨었던 동방고대의 정신적 일대 표치를 가르쳐주는 조선의 고전설을 중심으로 하여 마땅히 개축 또 완성"되어야 한다는 것이다.

최남선은 위와 같은 조선학의 시각에서 우리나라의 고전설, 즉 단군에 대한 연구에 심혈을 기울였다. 따라서 그의 단군 연구는 단순히 한민족의 시조로서의 단군의 위상을 세우려는 것이 아니라, 불함문화권의 보편적 신격(神格)으로서의 위상을 재정립하는 데 특색이 있다. 이러한 최남선의 새로운 단군 연구는 결과적으로 일본의 신도

(神道)까지도 단군신앙과 동일시함으로써 뒷날 신사참배(神社參拜)를 긍정하는 친일논리를 낳고 말았으니, 그의 조선학운동은 너무 영역을 넓게 잡아 분야를 고대신앙에 제한한 것이 화를 부른 것이다.

그러나 최남선의 조선학운동이 그 자신의 불행을 가져왔다 해서 조선학운동 그 자체가 무의미하냐 하면 그런 것은 아니다. 1920년대 말에 이르러 조선학은 방향을 수정하면서 새로운 모습으로 다시 태어났다. 최남선의 조선학이 식민치하에서 지나치게 영역을 확대하고 분야를 축소함으로써 일인에게 역이용당한 것과는 달리, 새로운 조선학은 일제의 동화정책과 사회주의 및 무정부주의 등 소위 서양에서 직수입한 번역문명에 대한 거부감을 가진 민족주의계열의 인사들 사이에서 일어났다.

새로운 조선학운동은 정치적으로는 좌우가 협동하는 민족단일정당을 추구하는 중도이념을 표방하면서, 우리의 언어수호를 핵심과제로 하여 문화·경제·사회·정치 기타 모든 것을 조선화(朝鮮化)하고 조선인 본위로 하자는 것이다. 이각종(李覺鐘)은 1927년에 쓴 〈조선민족 사상변천의 개요(槪要)〉라는 글에서 당시 일부 인사 사이에서 일고 있던 '조선학'의 성격을 다음과 같이 소개하고 있다.

일반 번역문명의 불소화(不消化)에 대한 고민과 동화정책에 대한 반발이 조선인으로 하여금 '조선화(朝鮮化)'라는 목표를 세우기에 이르렀다.……이와 같이 조선인은 떠들썩하게 조선혼(朝鮮魂)의 환기(喚起)와, 조선취미(朝鮮趣味)의 조장(助長)과 조선문학(朝鮮文學)의 부흥에 분주하여 하루 해가 짧을 지경이다. 또한 최근 일부에서 주창하고 있는 '조선학'의 문제는 실로 이러한 조선화(朝鮮化운동)에 권위를 부여하고 이를 완성하려는 것이다(〈朝鮮及朝鮮民族〉에 수록됨).

이 글에서 보여주듯이 1920년대 후반의 조선학은 식민지동화정책과 서양사조의 무분별한 교조적 수용에 반발하면서 모든 부문에 걸쳐 조선인을 본위로 하여 조선화하자는 학문운동이라고 할 수 있다. 그리고 조선혼, 조선취미, 조선문학의 환기·조장·부흥이 이에 맞추어 강조되고 있다.

그러나, 조선학이 추구하는 조선화운동이 단순한 전통문화로의 복귀만을 의미하는 것이 아니라, 정치이념상으로 좌우갈등을 지양하여 제3의 이념을 창출하려고 했다는 점에서 이 운동은 1920년대의 민족주의가 비타협 평등 지향, 민중 지향으로 나아가고, 이와 관련하여 신간회(1927)가 조직되던 분위기와 맞물려 나타난 문화운동이라는 점을 고려해야 한다.

1920년대에 일기 시작한 조선학의 바람은 1930년대 중반에 이르러 학문적 이론적으로 심화되었다. 그 직접적 계기가 된 것은 1934년 9월에 열린 다산(茶山) 서거 99주기 기념강연회 때부터이다. 신조선사(新朝鮮社)에서 주관한 이 강연회에서 정인보(鄭寅普)는 〈조선학상(朝鮮學上)에 있어서 다산의 지위〉라는 제목의 강연을 했는데 여기서 '조선학'이란 용어가 공표되었다.

그러나 '조선학'의 개념을 이론화시킨 것은 정인보보다도 안재홍(安在鴻)이다. 그는 《신조선(新朝鮮)》 1934년 12월호와 1935년 신년호에 잇달아 조선학의 의의와 그 필요성을 역설하였다. 그에 의하면, '조선학'운동은 1930년대의 상황에서 우리가 해야 할 최선책은 아니지만, '최선한 차선책'이라고 그 의의를 평가하고 있다. 이는 1930년대에 들어와 이른바 만주사변(1931)을 계기로 반일정치 투쟁이 극도로 탄압받게 되자, 그 대안으로서 문화투쟁이 일어나게 된 사정을 말하는 것이다.

안재홍은 만주사변 이후 거듭 투옥되는 과정에서 자신이 문화운동으로 전환하게 된 사정을 다음과 같이 쓰고 있다.

만주사변이 부르터난 후 나는 거듭 투옥되고 세국(世局)은 갈수록 험난한 데 빠졌다. 나 영오에서 헤아리건대 정치로써 투쟁함은 한동안 거의 절망의 일이요, 국사(國史)를 연차하여 써 민족정기를 불후에 남겨둠이 지고한 사명임을 자임하였다.(《朝鮮上古史鑑》卷頭文)

그렇다면, 안재홍이 주장하는 조선학의 개념은 무엇인가. 그는 광의와 협의의 두 개념을 제시하는바, 광의로는 "온갖 방면으로 조선을 연구·탐색하는 것"이요, 협의로는 "조선에 고유한 것, 조선문화의 특색, 조선의 전통을 천명하여 학문적으로 체계화하는 것"(〈朝鮮學의 問題〉,《新朝鮮》 1934. 12)이라고 하였다. 위 광의와 협의의 두 개념 가운데 전자는 후자에 의해서 제약되는 것이므로 결국 조선학은 한국문화의 고유한 특색을 찾아내어 체계화하는 것으로 요약될 수 있다. 그리고 그렇게 함으로써 "세계문화에 조선색(朝鮮色)을 짜넣는 것을 임무"로 하는 것이 조선학이라 한다.

안재홍의 조선학 개념은 기본적으로 1920년대의 그것을 계승한 것이지만, 구체적으로 한국문화의 고유한 특색을 역사 연구를 통해 학문적으로 발굴했다는 점에 1930년대 조선학운동의 진일보한 면이 있다. 다산을 비롯하여 실학자에 대한 연구가 붐을 이루어 실학을 민족적 민중적 실용적 학문으로 규정하면서 그 계승을 강조한 것이 그 대표적 학문적 성과라고 할 수 있다. 이 밖에도 정인보·문일평(文一平) 등이 조선의 얼, 혹은 조선심(朝鮮心)을 강조하면서 우리나라 사상사 연구에 힘을 쏟은 것도 그 운동의 결실이다.

1930년대의 조선학 연구자들이 강조한 민족정기, 조선의 얼, 조선심 등은 얼핏 보기에 1910년대의 신채호·박은식 혹은 대종교인(大倧敎人)들이 주장한 낭가사상(郎家思想), 혼(魂), 신교(神敎) 등과 유사하지만 실은 많은 차이가 있다. 1910년대의 강조점은 우리의 고유종교에 있었던 데 비하여 1930년대의 그것은 종교보다는 철학·사상·예술을 포함한 문화 전반에서 민족적 특성을 찾아내려는 것이었다.

　조선학운동은 현실적으로 일제의 침략과 동화정책에 저항하고, 안으로는 외국사조에 따라 현실을 개혁하려는 좌와 우의 노선을 비판하는 목적을 가졌기 때문에, 당연히 좌와 우로부터의 반발을 받게 되었다. 예를 들어 유물사관을 지지하던 백남운(白南雲)은 1934년 《동아일보》와의 인터뷰에서 "조선심·조선혼·조선민족의 본래성(本來性) 등을 찾아보자는 것이 어렴풋이나마 일부 학자들 사이에서 일어나는 것 같다"고 전제한 다음 "조선민족 하면 단군 때부터 있는 줄 알지요. 민족과 종족을 구별하지 못해요"라고 하면서 조선학운동을 벌이던 민족주의학자들을 비판하였다. 좌익 학자들의 비판은 비단 백남운에만 국한된 것은 아닌 듯하고, 그 비판의 강도 또한 만만치 않았던 것 같다. 이는 안재홍이 이들의 비판을 역비판하는 다음의 글에 잘 나타난다.

　　현대조선의 급진적인 선구자로 자임하는 자 중에는 조선적 혹은 민족적인 것을 주장하는 자에 대할 때에 흔히는 문득 그것을 소(小)부르적 배타주의니, 반동적 조수주의니, 또는 감상적 복고주의니 하고, 덮어놓고 비난하려는 태도가 있습니다.……그러나 엄정한 현실에 즉하여 보면 조선적이거나 혹은 민족적인 것을 관심, 토구(討究) 및 그 작(作)하는 것이라고 해서 모두 반드시 반동보수거나 감상적 복고주의거나가 아니겠고, 따라서 소부르적 배타주의만이 아닙니다. 실제로서는 후진 낙오적인 어떠한 국민 혹은 민족에 있어서는 자국적(自國的) 또는 민족적인 충동·각성 및 염원이 도리어 진보적 약진적 그리고 세계적으로 되는 것이다.(1935년 6월 〈世界로부터 朝鮮에〉라는 題下의 民世筆談)

　이로 보면, 좌익계열에서는 민족주의적 조선학을 '소부르적 배타

주의', '반동적 보수주의', '감상적 복고주의' 등으로 매도한 것을 알
수 있고, 안재홍은 이러한 비난이 부당한 것을 지적하면서, 조선학
이 도리어 진보적 약진적 세계적이 된다는 것을 주장하고 있다.

실제로 안재홍은 민족주의자이면서도 배타주의나 복고주의에만
빠져 있지는 않았다. 그는 항상 '민족으로 세계에, 세계로 민족에'
즉 '민족적 국제주의 — 국제적 민족주의'로 나아가야 한다는 것을 역
설하였다. 그러나 그가 이론적으로 민족과 세계의 조화를 추구했다
하더라도 현실적으로 민족에 중심을 둔 것은 사실이고, 이 점이 국
제주의적 프롤레타리아혁명을 지지하던 좌익의 입장과 상치되는 것
은 어쩔 수 없는 일이었다.

안재홍을 비롯한 민족주의자들이 조선학을 통해 거두려는 정치적
목적은 항일의식의 고취가 첫째이지만, 동시에 좌익의 국제주의 혁
명노선을 비판하려는 데도 중요한 뜻이 있었던 것이다. 안재홍이 우
리나라 역사전통 속에서 '조선적'인 특색으로서 '중화동성(中和協同
性)'을 찾은 것은 현실적으로 계급투쟁보다도 계급협동을 강조하려
는 데 있었음을 유념할 필요가 있다. 좌우협진(左右協進)의 민족유
일당으로서 신간회를 창립한 이유가 여기에 있으며, 조선학은 말하
자면 신간회운동을 합리화하는 학문활동이라고 할 수 있다.

조선학운동이 활발해지던 1934년에 진단학회(震檀學會)가 창립
된 것도 의미 있는 일이다. 이 해 5월에 진단학회가 창립되고, 같은
해 9월에 다산 서거 99주기 기념강연회가 있었으니 조선학운동과
진단학회는 서로 어떤 관계를 갖는 것인가.

먼저, 진단학회는 회칙에서 "본회는 조선(朝鮮) 급(及) 인근문화
의 연구를 목적으로 한다"고 하여 연구의 지역적 범위와 분야만을
간단히 언급하고 있을 뿐 구체적 사관(史觀)이나 방법론을 제시하
지 않고 있다. 이 학회의 핵심위원인 이병도(李丙燾), 김태준(金台
俊), 이병기(李秉岐), 김두헌(金斗憲), 김상기(金庠基), 이윤재(李允

宰), 이희승(李熙昇), 손진태(孫晋泰), 조윤제(趙潤濟) 등은 대체로 민족주의를 표방하면서 독립운동을 하던 인사들이 아니라 학문 그 자체를 전문으로 하는 직업적 학자들이라 할 수 있으며, 학문방법상으로는 순수성과 과학성에 기초하여 문헌고증에 치중하였다.

이 학회에는 정회원 이외에 학회의 운영을 후원하는 찬조회원이 있었는데, 초창기에는 권덕규(權悳奎), 권상로(權相老), 김성수(金性洙), 김원근(金璦根), 김진호(金鎭浩), 이광수(李光洙), 이극로(李克魯), 이능화(李能和), 이윤주(李潤柱), 이종인(李鐘麟), 이중건(李重乾), 이중화(李重華), 박한영(朴漢永), 송진우(宋鎭禹), 안일영(安一英), 안확(安廓), 유억겸(兪億兼), 윤치호(尹致昊), 조동식(趙東植), 조만식(曺晩植), 최규동(崔奎東), 최두선(崔斗善), 한규상(韓奎相), 현상윤(玄相允), 홍희(洪憙), 황의돈(黃義敦) 등이 참여했고, 뒤에는 방응모(方應謨), 최남선(崔南善), 여운형(呂運亨) 등 저명한 정치인·언론인·경제인들이 거의 다 망라되었다.

이들은 크게 보면 민족계열 인사들로서 일제 초기에는 민족운동에 투신한 이도 적지 않았으나 1930년대에는 타협주의로 흐른 인사가 많이 나왔다. 따라서 이러한 구성원의 성격으로 볼 때, 진단학회의 성격 자체도 일제와 투쟁한다는 목표보다는 일인과 학문적으로 경쟁하면서 근대학문을 이 땅에 뿌리내리겠다는 데 목표를 둔 것이라 하겠다.

진단학회가 창립되고 그 기관지로서 《진단학보》가 발간되면서 타협적 민족주의계열에서는 대대적 환영을 보인 반면, '조선학'을 주도하던 비타협적 민족주의계열에서는 소극적 환영을 보이면서 이에 적극 참여하지는 않았다. 한편, 유물사관을 지지하던 좌익학자들은 진단학회의 출범을 원칙적으로 환영하면서 동시에, 그 학문방법에 대해서는 비판적 자세를 가졌다. 예를 들어, 1930년대에 백남운과 더불어 마르크시즘 역사가로서 쌍벽을 이루었던 이청원(李淸源)은

1935년 《동아일보》에 기고한 〈진단학보 3권을 읽고〉라는 글에서 다음과 같이 학회활동을 평가하고 있다.

작년 중춘(仲春) 진단학회가 이 나라의 일부 인사들의 기대 아래에 서 창립되고 그 회보로서 진단학보(震檀學報)가 3권까지 세상에 나왔 다. 이것은 빈약한 우리 학계에 있어서는 의미있는 일이었다. 그러나 그와 동시에 좋지 못한 결과도 산출하였다는 것을 조금도 숨겨서는 아 니된다. '사회적 운행(運行)을 초월한 순수사유'니 '순수한 개인의 자 기사상(自己史上)'이니 하는 따위의 '늘 점차적으로'라는 기분좋은 선 율에 나아가는 관념론적 사관으로 이 나라의 젊은 학구자들에게 소화 불량의 결과를 주었다는 것이 즉 그것이다. 우리는 늘 이상과 같은 관 점과 준비 아래서만 이 회에 대한 정당한 평가를 내릴 수 있는 것이다 (《진단학보》 제4권, p.155).

이청원은 순수사상을 표방하는 진단학회의 학문태도를 '관념론적 사관'으로 규정하고, 그것을 좋지 못한 결과라고 평가하고 있는 것 이다.

이청원의 이와 같은 평가는 유물사관의 시각에서 당연한 것이지 만, 《진단학보》에 실린 개별논문에 대한 평가에서는 상당히 긍정적 인 태도를 보이고 있다. 이제 그의 말을 더 들어보기로 하자.

인제 제3권의 내용을 보건대 그에는 당연히 제기하여야 할 상당히 귀중한 문제가 많이 있으며, 종래의 퀴퀴묵은 통속사가(通俗史家)들보 담 엄청나는 발전의 자취가 보인다. 그러나 발전이라는 것은 선행자들 과 전연 본질적으로 다른 발전이 아니고, 오직 그들 선행자들의 제기한 명제를 일반화하고, 수정하고, 보충하고, 다른 일면을 분리하였다는 의 미에서이다. 이 의미에서 우리 학계에 남겨준 업적은 결코 과소평가할 수 없는 것이다. 더군다나 시민적 유산(市民的遺産)도 받지 못한 이 나라의 신흥사학계(新興史學界)에 있어서는…….

위 인용문에서 보듯이, 이청원은 《진단학보》에 실린 논문들이 "종래의 퀴퀴묵은 통속사가들보담 엄청나는 발전의 자취"가 있고, 따라서 "우리 학계에 남겨준 업적은 결코 과소평가할 수 없다고 긍정적 평가를 내리고 있다. 유물론과 관념론이라는 사관의 차이에도 불구하고, 관념론적 사관 속에서의 엄청난 발전을 인정하고 있는 것이다. 여기서 특히 이청원이 진단학회를 이른바 '통속사가'와 비교한 것은 주의를 요한다. 그가 말한 '통속사가'는 민족주의계열의 역사학자들을 가리키는 것으로 보인다.

이청원은 자신의 저서 《조선역사독본(朝鮮歷史讀本)》, 《조선사회사독본(朝鮮社會史讀本)》 등에서 민족주의사학을 배타주의, 보수주의, 감상적 복고주의 등으로 비난한 일이 있고, 안재홍이 이를 되받아 역비판하였음은 앞에서 설명한 바와 같다. 여기서 한 가지 흥미있는 사실이 발견된다. 항일투쟁이라는 측면에서 보면, 유물론자와 민족주의자가 더 가깝고, 일제와의 타협성이 짙은 진단학회가 더 멀다고 할 수 있다. 그러나, 학문태도나 수준으로 볼 때에는 유물론자와 진단학회가 더 가깝다는 사실이다. 여기서 우리는 일제시대의 한국학을 '항일'이라는 하나의 잣대로만 평가할 수 없는 또 다른 측면, 즉 '학문'의 측면이 있음을 알 수 있다.

이상 1930년대의 우리나라 학계에 나타났던 세 흐름을 소개하였거니와 이 세 흐름 가운데 조선학을 내건 것은 비타협적 민족주의 계열이며, 나머지 진단학회 그룹과 유물론자 그룹에서는 '조선학'이라는 호칭을 쓰지 않았다. 그것은 이 두 그룹이 다같이 '조선적 특색'을 찾기보다는 인류역사의 보편성을 더 주목하면서 우리의 역사와 문화전통을 연구한 까닭이었다. 다만, 사관(史觀)에서는 양자의 차이가 현저하여 진단학회 그룹은 일본을 통해 들어온 근대서양의 문화주의사관을 따랐기 때문에 상부구조와 관련된 문화 전반의 연구에 중심을 둔 반면에, 유물사관론자들은 하부구조와 관련된 사회경제사에 치중한 것이 달랐다.

한편, '조선학'을 표방한 민족주의학인들은 독립운동과 학문연구를 병행시킨 까닭에 학문의 대중성 확보와 대중계몽에는 크게 기여하였으나, 학문으로서의 전문성을 심화시키는 측면에는 상대적으로 뒤떨어졌다. 이것이 일제시대 '조선학'의 근본적 한계이며, 8·15해방 후 대학 강단을 학(學)의 전문성을 지닌 진단학회 그룹과 유물론자들에게 내주는 결과가 된 것이다. '조선학' 주도자들은 해방 후 일제시대의 독립운동의 공이 더 높이 평가되어 학자로서보다는 정치인으로서 크게 활약하게 되었다.

◼ 해방 후의 韓國學

8·15해방은 일제시대에 분화되었던 민족주의사관, 문화주의사관, 유물사관이 서로 보완 협력하면서 더 차원 높은 한국학으로 발전할 수 있는 절호의 기회였다. 자주적 민족통일국가의 수립이 시대적 과제였던 8·15 직후의 상황에서 민족주의사관은 그 당위성이 여전히 유효하였다. 계급 위주의 유물사관은 민족문제의 해결에 한계성을 가질 수밖에 없었고, 문화주의사관은 전통문화에 대한 이해의 폭을 넓히는 데는 기여하였으나 역시 당면한 시대적 과제를 해결하는 데는 직접 기여함이 적었다.

그러나, 민족주의사관이 학문의 실용성에서는 의의가 가장 크다고 할지라도 학문으로서의 전문성과 과학성이 뒤떨어지는 것은 큰 약점이었다. 바로 이 약점은 문화주의사관과 유물사관에 의해서 보완될 필요가 있었다.

8·15해방에서 1948년의 남북분단이 고정되기 이전까지의 시기에는 위 세 흐름이 서로 보완되면서 새로운 단계로 도약할 조짐이

없지도 않았다. 이른바, '신민족주의사관(新民族主義史觀)'이 대학강단에서 일기 시작한 것은 바로 그러한 새로운 조짐의 한 표현이었다. 민족주의를 바탕으로 하면서도 유물사관의 평등주의와 문화주의사관의 전문성을 절충하는 입장을 취했던 신민족주의사관은 국사와 국문학 연구자들 사이에서 새 바람을 일으키고 있었다.

그러나, 6·25전란을 계기로 신민족주의 학인들의 대부분이 대학을 떠나게 되고, 동서냉전의 격화로 민족주의 바람이 잠재워지면서 이 학풍은 더 이상의 발전이 저지되었다. 이를 대신하여 이념이 탈색된 문화주의학풍이 학계를 대신하게 되고, 이러한 추세는 미국과의 정치적 문화적 결속이 강화되면서 더욱 심화되어 갔다. 말하자면 일제시대에 성립된 진단학회의 학풍이 우리 학계의 주류를 형성하게 된 것이다.

1960년대 이후로 학계의 세대교체가 이루어지면서 민족주의 및 유물사관과의 교섭이 다시 나타나고, 그런 가운데 이념지향성을 함축한 문화주의 학풍이 오늘의 우리 학계를 지배하고 있다고 할 수 있다. 연구자의 확산이나 연구소의 설치, 논문 생산량도 옛날에 비할 것이 아니다.

그럼에도 불구하고, 오늘 우리 학계에 '한국학'에 포괄되어야 할 학문분야가 무엇인가는 제대로 논의된 일이 없다. 최근 20〜30년간 우리나라가 국제사회에 부상하면서 외국에서 우리나라를 연구하는 학자들이 많이 늘어나고 있다. 외국인들은 한국에 대한 학문적인 연구를 'Korean Studies'라고 하는데, 여기에는 주로 한국어를 중심에 두고, 한국의 전통문화를 포괄적으로 연구한다. 또 나라마다 사정은 조금씩 다르지만, 한국학을 독립된 학과나 학문으로 취급하기보다는 '동아시아'라는 큰 지역을 단위로 묶고, 그 지역 속에서 한 지방문화의 차원에서 한국문화를 연구하는 경향이 많다. 이 경우, 한국이나 한국문화는 중국과 일본이라는 거대한 문화집단 사이의 조그만 존재로 비쳐지며, 중국 및 일본과의 비교문화의 차원에서 접근하는 경우가 많다.

외국인의 한국학은 그 나라의 대외정책과 긴밀히 연결되기 때문에, 현재의 상황에 표준을 두고 과거를 이해하는 경향이 크기 마련이다. 그렇기 때문에 현대 한국의 정치·경제 등에 관심이 많은 사회과학도들도 한국학자로 불리는 사례가 적지 않다.

우리나라에서 '한국학'의 개념 정립이 쉽지 않은 이유 가운데 하나는 용어 표기와 실제로 포괄하는 학문영역의 구분이 되지 않는 데 있다. 외국의 이른바 한국학자들과 교류가 빈번해지면서 그들과 '한국학국제심포지움'을 자주 열고 있으며, 한국문화를 연구하는 연구기관에서는 대체로 그 이름을 영문으로 쓸 때 'Korean Studies'로 표현하고 있다. 예를 들면 한국정신문화연구원을 'The Academy of Korean Studies'라고 한 것이나, 서울대학교의 한국문화연구소를 'The Institute of Korean Studies'로 쓰고 있는 것이 그 예이다. 이 밖에도 'Korean Studies'로 쓰고 있는 연구소는 매우 많다.

이와 같이 우리나라의 한국학 연구기관들이 '한국학'이라는 용어를 많이 애용하고 있지만, 실제로 그 운영과 포괄하는 학문영역은 가지각색이다. 대부분의 대학연구기관에서는 사회과학이나 일반 어문계 학문은 제외하고 국어·국사·종교·철학 등이 중심을 이루면서, 부분적으로 기타 학문분야를 포괄하는 연구체제를 이루고 있다. 이것은 말하자면 전통적인 인문학 중심의 연구체제를 계승한 것이라 할 수 있다. 또 최근 30년 이내의 현대사회보다도 과거에 중심을 두고 연구하는 것도 마찬가지다.

그러나 한국정신문화연구원과 같이 국어·국사는 물론이요, 정치학을 비롯한 일반 사회과학을 넓게 받아들여 과거와 현재를 동시에 연구하는 기관도 있다. 이 경우는 서양식에 가깝다고 할 수 있는데, 그 표기의 적합성을 둘러싸고 학계의 의견이 엇갈리고 있는 것도 사실이다.

한편, 북한이나 중국과 같은 사회주의국가에서는 조선학이니 중국학이니 하는 말은 쓰지 않는다. 그것은 모든 학문이 실제로 국학의 성격을 띠고 있는 까닭에 구태여 다른 학문과 국학을 구별할 필요가 없기 때문이다. 북한의 경우 실질적인 국학연구기관은 사회과학원이며, 이른바 '사회과학'이라는 이름의 한국학 속에 언어, 문학, 역사, 철학, 경제, 고고민속, 법학, 교육, 고전 등의 연구소를 두고 있다. 이러한 연구분야는 그들의 입장에서는 사회과학이라고 부르지만, 남한의 시각에서 보면 인문학이 중심을 이루고 있다고 할 수 있다. 그리고 이러한 연구체제는 방법론의 차이를 제외하고 보면, 우리의 전통적 한국학의 형식을 계승한 것이라고 하겠다.

현재 우리나라의 '한국학'은 그 용어의 범람에도 불구하고 아직 그 개념과 분야를 확정하지 못한 채 전통적인 것과 서양적인 것이 혼재되어 있다고 할 수 있다. 또 전통적인 것이라 하더라도, 민족주의적 '조선학(朝鮮學)', 진단학회류의 문화주의적 학풍, 그리고 유물사관 등이 서로 귀일점을 확립해놓은 것도 아니다. 하지만, 이러한 사관과 방법론의 차이에도 불구하고, 전통적인 한국학은 국어와 국사를 중심에 놓고 인문학을 넓게 포용하면서 과거의 역사와 문화전통을 탐구한다는 데에는 대체로 합의를 이루고 있다.

이에 반하여 서양식 '한국학'은 동아시아 세계를 지역단위로 설정하여 비교연구 하는 측면에서 다루고, 과거와 현재를 모두 포괄하며, 언어를 핵심에 놓고 기타 정치·경제·사회·역사·문학·종교 등을 '문화' 일반으로 보면서 다학문적 접근방법(multi-disciplinary approach)을 시도하는 것이 특색이다. 이는 바꿔 말하면 인문학 중심이 아니요 인문학과 사회과학이 통합된 연구체제라고 할 수 있다.

그런데, 서양식 한국학방법론과 그 개념을 도입할 경우 우리나라에서는 그 어느 학문분야도 한국학이 아닌 것이 없을 것이다. 정도의 차이는 있을지라도 한국인으로서 한국문화에 대하여 학문적 관심을 갖지 않은 이가 없기 때문이다. 실제로 서양식 한국학 개념 때문에 우리나라에서의 한국학은 상당한 혼란이 일어나고 있다. 가령, 연구소를 운영하는 데서 연구주제의 중심을 과거에 두느냐 현재에 두느냐, 학문분야를 인문학에 한정할 것인가 사회과학을 포용할 것인가 등의 문제가 논란의 대상이 될 수 있다.

또한, 가장 중요한 문제로서 '한국학'이란 한국문화의 민족적 특색을 찾아내는 것이냐 인류문화의 보편성을 확인하는 것이냐도 간단치 않다. 다시 말해, '한국학'이란 기본적으로 지역적인 개념이냐 민족적 개념이냐의 문제가 있는 것이다. 한국학을 지역적인 개념으로 생각할 때에는 한국적 특수성을 찾는다는 것은 의미가 없다.

그러나 한국학을 민족적인 개념으로 받아들일 경우에는 당연히 한국문화의 민족적 특성을 찾는 것이 궁극적 과제가 된다고 할 수 있다. 만약, 후자의 입장이 타당한 것이라면, 서양식 한국학의 개념과 방법론은 우리 현실에 맞지 않는다고 보아야 한다.

흔히 사회과학도들이 주장하는 다학문적 접근방법은 학문간의 협동과 이해를 증진시키며 한국사회와 한국문화를 포괄적으로 이해하는 데 도움을 줄 수도 있다. 그러나 다학문적 접근방법은 흔히 서양 학문의 이론틀을 빌려다 기계적으로 우리나라에 대입하는 사례가 많다. 이 경우, 이념은 명쾌하고 산뜻할지 몰라도 우리 민족의 진정한 정체성을 간과하는 오류가 적지 않다.

우리나라처럼 민족국가의 전통이 오래되고, 고대·중세·근대문화가 중층적으로 복합되어 있는 나라에다 근대의 경험만이 축적된 미국식 다학문적 접근방법을 시도하는 것은 위험한 요소가 많다는 것을 유념할 필요가 있다.

　그런 점에서 우리의 '한국학'은 민족적 특성을 밝혀 우리의 문화적 정체성을 확인하고, 그것이 지닌 세계적 보편성을 찾아가는 데 주력하는 학문이 되어야 할 것으로 믿는다.

〈《한국학연구》 1집, 단국대학교 한국학연구소, 1994〉

우리나라 古地圖 제작의 역사적 배경

　우리나라 고지도는 세계지도(천하도), 동아시아지도, 전국도, 도별도, 군현도(郡縣圖 ; 邑地圖), 관방도(關防圖) 등으로 구별할 수 있으나, 18세기 중엽 정상기(鄭尙驥) 지도가 출현하기 이전까지는 관찬지도(官撰地圖)가 주류를 이루었다. 정상기 지도의 출현 이후에도 그 성과를 흡수한 관찬지도가 영·정조시대에 여러 차례 제작되어, 18세기 말까지 지도 제작의 주도권을 국가가 쥐고 있었다고 할 수 있다.

　18세기 말에서 19세기 초의 학인 홍석주(洪奭周 ; 1774~1842)는 "우리나라의 지지(地志)는 중국에 비하여 매우 소략하지만, 지도의 자세함은 중국을 능가한다"고 하여 우리나라 지도의 우수성을 자랑하고 있는데, 현존하는 수천 점의 조선 후기 고지도는 그의 말이 과장이 아님을 보여주고 있다.

　우리나라 고지도가 뛰어난 것은 "도(圖)는 형(形)이요, 서(書)는 언(言)이다. 형(形)이 있고 나서 언(言)이 있다"고 한 정조의 말에서 보이듯이, 지도의 중요성을 국가가 충분히 인식하고 지도 제작에 임하였다는 데 원인이 있다. 지도 제작에 여러 분야의 전문가를 참여시키는 것도 지도 제작에 대한 국가의 성의를 말해준다.

산수(山水)의 형세를 풍수지리적으로 읽어내는 상지관(相地官), 거리를 측량하는 산사(算士), 지지(地誌) 전문가인 관리, 그리고 지도를 직접 채색하여 그려내는 화원(畵員 ; 지방의 경우 畵師軍官)의 협력이 지도 제작의 전형적인 형태이다.

사찬지도(私撰地圖)는 이러한 협력체제를 갖출 수 없어서 관찬지도를 토대로 재편집하는 형태로 이루어진다. 이 경우 거리실측은 개인이 할 수 없지만, 편집기술은 관찬을 능가할 수도 있기 때문에 정상기 일가나 정후조(鄭厚祚) 일가, 그리고 김정호(金正浩)와 같은 우수한 지도제작자가 나오게 된 것이다.

이 글에서는 관찬지도를 중심으로 그 편찬배경과 우리나라 고지도의 풍수지리적 특성을 이해하는 데 중점을 두려고 한다. 사찬지도가 우세한 19세기 이후는 이 글에서 다루지 않으며, 천하도류(天下圖類)도 논외로 해둔다.

▣ 풍수지리적 특성

지도 제작은 토지측량 및 좌표설정 등 편집방법과 관련되는 과학의 발달에 따라 시대가 내려갈수록 정밀해진다. 지도발달사의 시대구분이 그래서 가능하다. 그러나 우리나라 고지도는 근대지도학이 수용되기 이전까지 지속적으로 유지되어 온 초시대적 특성이 발견된다. 그것은 음양오행사상에 바탕을 둔 풍수지리 관념의 투영이다.

우선, 우리의 국토를 살아있는 인체에 비유하여 그려내고 있다는 점이다. 18세기에 제작된 것으로 추정되는 〈서북피아양계만리일람지도(西北彼我兩界萬里一覽之圖)〉(규장각 소장) 하단에는 백두산이 인체의 머리요, 大嶺(白頭大幹)이 척추요, 호남의 제주도와 영남의 대마도를 두 다리에 비유한 설명문이 보인다. 이러한 설명문은 모든 지도에 있는 것은 아니지만, 실제의 지도에서는 거의 공통적으로 대택(大澤 ; 天池)을 안고 있는 백두산을 크게 강조하고, 거기에서 뻗어내린 백두대간을 끊어지지 않은 척추의 모습으로 그려내고 있다. 제주도는 우리 땅인 만큼 당연하지만, 우리 땅이 아닌 쓰시마섬(對馬島)도 적어도 지리적 관념으로는 국토의 한 다리로 인정하여 어김없이 그리고 있다.

조선 후기에 풍수지리적 국토관을 정리한 《산경표(山經表)》에서는 우리나라의 산계(山系)를 백두대간과 장백정간(長白正幹), 그리고 13개의 정맥(正脈)으로 체계화하고, 그 정맥의 이름을 수계(水系)를 기준으로 붙이고 있다. 또한 18세기의 지리학자 신경준(申景濬)이 《산수고(山水考)》에서 산은 하나에서 시작하여 만 개로 나누어지고, 물은 만 개가 합하여 하나로 된다는 표현도 국토를 음양분합(陰陽分合)의 생명체로 보는 시각이 담겨져 있다.

우리의 고지도는 바로 이러한 생명체론에 입각하여 그려지고 있기 때문에 그 생명체적 요소들을 특별히 강조하기 위해 산수화의 예술적 기법을 도입하고 있는 것이다.

조선시대 고지도의 풍수지리적 특성은, 실은 고려시대에 정착된 것으로 보인다. 고려 말 정몽주(鄭夢周)가 쓴 〈여진지도(女眞地圖)〉라는 글에 '눈 덮인 백두산이 남쪽으로 멀리 뻗었다(雪立白山 南走遠)'는 구절이 보인다. 태조 때 이첨(李詹)이 쓴 〈삼국도후서(三國圖後序)〉에도 백두산에서 뻗어내린 산맥이 태백산·소백산 등으로 이어졌다는 표현이 보인다.

8도의 읍치를 5방색(方色)으로 채색한 것도 풍수지리 관념의 투영이다. 경기도를 중앙의 황색(黃色)으로, 전라도와 경상도를 남방의 적색(赤色)으로(약간의 예외도 있음), 강원도를 동방의 청색(靑色)으로, 황해도와 평안도를 서방의 백색(白色)으로, 함경도를 북방의 흑색(黑色 ; 변형된 흑색)으로 채색한 것이 그것이다. 서울을 중심에 둔 방위 개념은 바다에도 그대로 적용되어 서해[黃海], 동해, 남해로 표시되고 있다.

풍수지리는 현대과학의 관점에서 보면 불합리한 점도 없는 것은 아니다. 그러나 우리나라의 산천 형세는 산과 강이 불가분의 관계에 있어 풍수지리적으로 설명하기에 알맞게 되어 있다는 점을 고려해야 한다. 또한 풍수지리는 땅을 살아 있는 생명체로 보고자 했다는 점에서 자연환경에 대한 애정과 외경심을 북돋아준 것도 사실이다. 말하자면 풍수지리는 일종의 생명지리학인 동시에 환경지리학이라고 할 수 있다.

우리가 고지도를 대할 때 과학적 정밀성에서는 현대지도에 못 미치는 점이 있지만, 국토에 대한 애정은 오히려 고지도가 한층 강하게 유발시켜주는 것을 느낀다. 그것은 고지도에 우리의 고유한 정서, 생명체적 지리관이 배어 있기 때문이다.

■ 15～16세기의 지도 제작

조선시대에 지도 제작이 가장 왕성했던 시기는 15세기와 18세기(영·정조시대)이다. 문화의 융성과 지도 제작이 병행했음을 말해 준다.

15세기의 대표적 관찬지도는 잘 알려진 바와 같이 1463년에 시작하여 10년 만에 완성된 양성지(梁誠之)와 정척(鄭陟)의 〈동국지도(東國地圖)〉이다. 이는 전국도와 도별도, 그리고 군현도(郡縣圖)까지 합쳐진 지도집으로 보이며, 성종 때 편찬된 《동국여지승람(東國輿地勝覽)》과 아울러 조선왕조 초기의 국토 인식 수준을 보여주는 기념비적 저술이라 할 수 있다.

그러나 이 지도집이 나오기까지에는 고려지도의 연장선상에서 이를 실측 보완하는 작업이 근 1세기간 계속되고 있었다.

고려시대 지도로는 지금까지 고려 전기의 〈오도양계도(五道兩界圖)〉, 공민왕 때 나흥유(羅興儒)가 중국과 우리나라를 합쳐 만든 지도가 알려지고 있다. 그러나 이 밖에도 만국삼라(萬國森羅)와 우리나라를 함께 그린 〈화이도(華夷圖)〉가 있었음이 이규보(李奎報 : 1168~1241)의 《동국이상국집(東國李相國集)》에 보이고, 정몽주가 〈여진지도(女眞地圖)〉에 대하여 쓴 글도 있다. 또한 1071년경 고려 사신들이 송나라에 가서 그곳의 지방지도들을 구하고 다녔다는 기록이 서거정(徐居正)의 《필원잡기(筆苑雜記)》와 심괄(沈括 ; 宋人)의 《몽계필담(夢溪筆談)》에 보이고 있어서, 고려 조정의 지도에 대한 관심이 비상했음을 말해준다.

조선 태종 2년에 의정부 대신들이 주도하여 만든 〈혼일강리역대국도지도(混一疆理歷代國都之圖)〉는 고려시대의 〈화이도(華夷圖)〉를 계승 발전시킨 것으로 보이며, 이를 거꾸로 해석하면 고려시대의 지도제작이 상당한 수준에 있었음을 느끼게 한다. 다만 현전하는 이 지도의 모사본(模寫本)에 백두산의 장엄한 모습이 보이지 않는 것은 하나의 의문점이다.

조선왕조가 건국되어 영토 확장과 중앙집권체제가 강화되어 가던 세종조 이후로 지도 제작은 새로운 차원을 맞이하게 된다. 중앙정부의 계획하에 전국의 수령으로 하여금 군현도를 그려 바치게 하고, 중앙의 지리 전문관료와 상지관(相地官), 화원을 파견하여 도별도와 국방요새지를 그리도록 하는 것이 관행으로 자리잡았다. 앞서 소개한 양성지·정척의 〈동국지도〉는 이러한 새로운 지도 제작 시스템의 결과로 얻어진 것이다.

15세기에는 〈동국지도〉 이외에도 수십 종의 도별도·군현도·북방연변도 등이 제작되었음이 확인되고 있으며, 1454년에는 수양대군이 주도하여 정척·양성지 등 지리전문가와 문인화가인 강희안(姜希顔), 상지관인 안효례(安孝禮), 산사(算士)인 박수미(朴壽彌)

등과 더불어 〈경성도(京城圖)〉를 제작하기도 하였다. 지리전문가·화가·풍수가·산사 등 각계 전문가들의 협동에 의한 지도 제작의 모범적 사례라 할 수 있다.

15세기 관찬지도는 〈혼일강리역대국도지도〉를 제외하고는 지금 남아 있는 것이 없다. 그러나 16세기에 제작된 〈조선방역지도(朝鮮方域之圖)〉(국사편찬위원회 소장), 〈화동고지도(華東古地圖)〉(규장각 소장), 〈혼일역대국도강리지도(混一歷代國都疆理地圖)〉(仁村기념관 소장) 등을 통해서 15세기 〈동국지도〉의 모습을 유추할 수 있을 뿐이다. 이 지도들은 압록강·두만강의 수계(水系) 표현이 아직 미숙하지만 〈혼일강리역대국도지도〉에 비해 개선된 모습으로 나타나고, 우리 나라 전도(全圖)를 그린 경우 만주지역을 포함시키고 있는 것이 특징이다. 이는 15세기의 적극적인 고토수복정책과 만리국가(萬里國家) 의식이 지도에 반영된 결과이다.

16세기에는 15세기와 같이 전국적인 규모로 지도를 실측 제작한 일이 없지만, 16세기 중엽에 〈한양궁궐도〉를 비롯하여 평양, 성천(成川), 영흥(永興), 의주(義州), 영변(寧邊) 등 주요 북방지역의 지도를 각각 대형 병풍으로 제작하고 명신(名臣)들로 하여금 장편시를 짓게 한 것은 북방에 대한 관심이 다시 고조된 것을 보여준다. 이는 명종대에 요동지방이 어수선하고, 국내적으로 서북지방에서 임꺽정[林巨正] 일당의 폭동이 격화된 상황과 관련이 있어 보인다.

■ 17~18세기의 사회변동과 지도의 변화

16세기 말의 왜란과 17세기 전반기의 호란은 국방에 대한 관심을 크게 드높이는 계기가 되었다. 특히 승리한 전쟁인 왜란보다도 칭신(稱臣)의 굴욕을 받아들인 호란은 더 큰 충격과 복수설치(復讐雪恥)의 분발심을 자극하였다. 청과의 불편한 관계는 17세기 후반 내란에 휩싸인 청이 만주의 본거지로 돌아올지도 모른다는 위기감과 아울러 채삼(採蔘)문제를 둘러싼 분쟁이 겹쳐 18세기 후반까지도 그대로 지속되었다.

이 기간 조선정부는 서울 외곽지역의 방비를 강화하는 한편, 1712년의 백두산 정계비 설치로 청과의 국경분쟁을 일단락 짓고, 함경도·평안도를 비롯한 북방지역에 성(城), 진(鎭), 보(堡) 등을 집중적으로 설치하여 북방경비를 대폭 강화하였다. 그리고 이와 관련하여 이른바 관방지도(關防地圖)의 제작이 홍수를 이룰 정도로 활발하였다.

한편 17~18세기의 활발한 농지 개간과 상품유통경제의 발달도 지도제작의 활성화를 가져오는 큰 요인이 되었다. 서울과 그 외곽의 100리권 지역은 전국적 상업중심지로 변모해갔고, 압록강·두만강 연안 지역의 개발, 그리고 해안 도서지방에 대한 개발이 지속적으로 진행되었다.

국방과 상업에 대한 관심은 자연히 수로(水路)와 도로(道路) 등 교통로의 확장을 가져왔으며, 국토 방위의 범위가 내륙뿐 아니라 바다까지 포괄하는 이른바 '해방론(海防論)'이 유행하게 되었다. 18세기 중엽 신경준이 《도로고(道路考)》를 편찬한 것은 당시의 활발한 도로 확장과 관련이 있으며, 17세기 말 안용복(安龍福)이 울릉도 영유권을 확립시키기 위해 분투한 것은 조선 후기 해방관념(海防觀念)의 일면을 보여준다.

영토확장과 경제권의 확산은 국가경영에서 국방의 의미를 한층 다원적인 것으로 만들었다. 국방은 경제를 보호하는 수단이며, 외침과 더불어 빈발하는 내란에 대비하는 이중의 의미를 가지고 있었다. 또한 국방은 붕당정치의 군사적 경제적 기초로서도 무시할 수 없는 의미를 지니고 있었다. 각 붕당이 특정한 군영(軍營)과 연결되어 축성(築城) 등 국방사업과 관련하여 적지 않은 정치자금을 조달하고 있었음은 잘 알려진 사실이다.

국방과 치안, 경제 발전과 붕당정치가 표리관계로 얽혀서 역동적으로 변해가고 있던 조선 후기 국가경영에서 국토의 공간적 파악에 도움이 되는 지지(地誌)와 지도의 정밀한 제작은 필수불가결의 요소였다. 조선 후기의 연속적인 지지 및 지도 제작은 이러한 배경에서 이해되어야 할 것이다.

조선 후기 지도는 세계지도, 동아시아지도, 전국도, 경도도(京都圖), 군현도(郡縣圖), 축성이나 설진(設鎭)과 관련된 관방도(關防圖) 등으로 구분할 수가 있다. 이 지도들의 대부분은 국가의 중앙관청 혹은 지방감사·수령들이 주도하여 만든 관찬지도이며, 지도의 관리는 원칙적으로 비변사가 맡고, 일부를 모사하여 홍문관 등에 보관하기도 하였다.

17세기 이후 개인이 만든 사찬지도 가운데에도 우수한 것이 적지 않았다. 예컨대 17세기 중엽 윤영(尹鍈)은 우수한 〈북방관방도(北方關防圖)〉를 제작했다고 하는데, 그는 숙종 초 유명한 북벌론자이던 남인 윤휴(尹鑴)의 서형(庶兄)으로서 아마도 윤휴의 협조를 받았던 것으로 보인다. 18세기 초의 황엽(黃曄)과 윤두서(尹斗緖), 18세기 중엽의 정상기(鄭尙驥)와 그의 아들 정항령(鄭恒齡), 그의 손자 정원림(鄭元霖)은 각각 황희(黃喜), 윤선도(尹善道), 정인지(鄭麟趾) 등 명문의 후예로서 근경(近京) 남인에 속하는 지도제작자들이었다. 이들은 가학(家學)의 전통과 남인 실학의 영향을 받아 지도 제작에 일가를 이루었지만, 역시 관찬지도를 모본(母本)으로 하여 편집 기술을 발전시킨 것이라 할 수 있다.

18세기 후반 이후에는 북학자들과 교유하던 신경준, 황윤석(黃胤錫), 그리고 정일영(鄭一寧)·정운유(鄭運維)·정철조(鄭哲祚)·정후조(鄭厚祚) 등 해주 정씨(海州 鄭氏) 일문이 정상기 지도를 발전시키면서 마침내 19세기의 김정호로 이어지게 되는데, 이들은 상공업을 중시하던 북학풍의 영향을 받고 있었다.

조선 후기 지도는 관찬이든 사찬이든 조선 전기 지도와 다른 몇 가지 특색이 보인다. 첫째, 한반도의 윤곽이 현대지도에 한층 가깝게 정확해지고 있다는 점이다. 이는 꾸준한 북방 경영의 결과로 압록강·두만강의 수계와 함경도·평안도 지방에 대한 지리 파악이 심화되어 한반도 북부지방의 지형이 사실에 가깝게 표현된 까닭이다.

둘째, 해안지방과 도서지역에 대한 개발 및 관심의 증대로 해안선과 도서에 대한 표현이 정밀해진 것이다. 수백 개의 섬들이 그려진 지도는 조선 후기 이후에만 볼 수 있는 현상이다.

셋째, 획정법(劃正法 ; 方眼圖法)으로 불리는 좌표방식이 17세기 중엽 남구만(南九萬)에 의해 시도된 이후 10리 획정, 20리 획정, 혹은 100리 획정법이 유행하여 군현도와 도별도가 한층 정밀해지고, 정밀한 도별도를 바탕으로 전국도의 수준이 자연히 높아질 수 있게 되었다. 18세기 중엽 이후에는 정상기의 백리척(百里尺) 축척법이 수용되면서 지도 제작은 한 단계 높은 수준을 올라서게 되었다.

넷째로, 조선 후기 지도는 산천형세나 행정중심지의 표현에 치중하던 경향을 벗어나 교통로, 면리(面里), 산성(山城), 봉수(烽燧), 사찰(寺刹), 서원(書院), 제(堤), 지(池), 장시(場市) 등 행정·국방·경제·문화에 관련되는 다양한 요소들을 담고 있는 지도가 적지 않아 종합사료로서의 가치를 지니고 있다. 특히 군현지도의 경우가 그러하다. 이는 조선 후기에 이르러 중앙정부의 지방에 대한 관심이 그만큼 다원화되었음을 보여준다.

■ 17~18세기 지도 편찬의 추이

조선 후기에 제작된 수천 점의 지도와 지도집들에 대한 개별적 연구는 극히 초보적인 상태에 있다. 제작연대와 제작자가 밝혀지지 않은 지도가 많고, 문헌기록에 대한 조사도 매우 불충분하다. 문헌기록에는 보이나 현물이 없는 경우가 있고, 현물은 있으나 문헌기록이

없어서 양자의 통일적 연구가 매우 어려운 것이 지도 연구의 큰 난
점이다.

현대까지 조사된 문헌기록에 의하면, 17~18세기 관찬지도 제작
사업의 각 왕대별 추이는 다음과 같다.

우선, 왜란이 시작된 선조 말년에서 영조 치세 전반기까지는 주로
국방과 관련된 관방지도가 집중적으로 제작되었다. 그 중에서도 지
도 제작의 빈도수가 가장 높은 지역은 강화도와 남한산성이다. 이곳
은 서울의 외곽 방어 요새지로서 이른바 국가 보장지처(保障之處)
로 인식되어 거듭거듭 축성사업이 이루어지고 그때마다 지도가 제작
되었다.

특히 숙종대(1674~1720)에는 강화도 수비가 대폭 강화되었는
데, 이곳에 대대적인 간척사업을 벌여 농지를 확대하고, 상품경제의
활성화로 강화도 연안 수로가 서울 및 개성을 연결하는 상업 중심로
로 부상한 것도 중요한 배경이 되었다.

압록강·두만강 유역이 농지로 개간되고, 채삼(採蔘) 문제로 청과
의 국경분쟁이 잦아지면서 1712년 백두산 정계비가 세워지는 과정
에서 북방 지역의 축성 설진(設鎭)이 활발해지고, 이에 따라 수많은
관방지도가 제작된 것도 숙종 때의 일이다. 그 가운데 1706년 이이
명(李頤命)이 제작한 〈요계관방도(遼薊關防圖)〉(10폭 병풍)는 관방
지도의 백미로 꼽힌다. 그러나 남구만(영중추부사)이 1697년에 그
린 〈성경지도(盛京地圖)〉나 이징명(李徵明 ; 이조참의)이 1696년에
제작한 〈해서오성지도(海西五城地圖)〉 등도 우수한 관방지도로 보
이며, 특히 남구만의 〈성경지도〉는 영조 때 제작된 여러 종류의
〈서북피아만리지도(西北彼我萬里之圖)〉의 모본(母本)이 된 것으로
짐작된다.

숙종 때의 관방지도는 물론 국방의 필요성에서 제작된 것이지만
당파에 따라 목적하는 바가 조금씩 다르다는 것도 유념할 필요가 있

다. 예컨대 소론파인 남구만이 영토확장에 주안점을 두었다면 〈요
계관방도〉를 제작한 이이명은 내수외양(內修外攘), 즉 국내 정치의
안정을 통해 청에 대한 복수설치를 간접적으로 달성하자는 노론의
입장을 대변하고 있었다.

숙종대에 추진된 북방개척사업은 그 다음 영조(1724~1776) 치
세에도 그대로 지속되고, 두만강·압록강 이남 지역의 확보뿐 아니
라, 강북지역에 대해서도 청인의 거주를 저지시키는 등 한층 적극적
인 자세로 임하였다. 정계비에 언급된 토문강(土門江)을 두만강과
구별하는 지도가 많이 제작되고, 고려시대 윤관(尹瓘)이 세웠다는
선춘령비(先春嶺碑)를 두만강 이북 700리 지점에 그려 넣은 지도가
유행한 것도 그러한 분위기를 말해준다. 우리나라는 원래 동서의 폭
원(幅員)이 만 리가 된다는 만리국가의식이 되살아났다. 〈서북피아
양계만리지도〉의 유행이 그것을 말해준다. 이는 사학사와 관련시켜
볼 때, 이종휘·이익·신경준 등이 고대사의 강역을 새롭게 고증하
고, 고조선 및 발해의 고토수복을 주장하는 사론을 편 것과도 맥을
같이하는 것이다.

한편, 서울의 인구증가에 따라 영조대에는 한강변과 서대문 밖 쪽
으로 행정구역이 확대되는 변화가 있었고, '시전민(市廛民)이 나라
의 근본'이라는 인식 아래 시민 중심의 도성 방위체제가 성립되었으
며, 도성의 보수와 청계천의 준설공사 등 서울 재건사업이 활발히
진행되었다. 그리고 이러한 서울의 위상 강화와 관련하여 많은 도성
도(都城圖)가 제작되었다.

지도 제작과 관련하여 특기할 것은, 전국적 규모의 지리지와 지도
편찬사업이 영조대에 이루어진 것이다. 1757년에 정항령가(鄭恒齡
家)의 〈동국대지도(東國大地圖)〉와 〈팔도분도첩(八道分圖帖)〉을 모
사하여 비변사와 홍문관에 비치케 한 것은 그 첫번째 사업이며,
1765년에 전국적 지리서인 〈여지도서(輿地圖書)〉를 편찬하면서 전

국 군현의 열읍도(列邑圖)를 함께 수록한 것은 그 두 번째 사업이다. 그리고 다시 1770년에 신경준으로 하여금 정항령가(家) 지도와 관찬 고지도를 참고하여 한층 정밀한 8권의 〈열읍도〉와 한 권의 〈팔도도〉, 그리고 한 폭의 〈전국도〉를 모사케 하여 이를 〈동국여지도(東國輿地圖)〉로 편찬한 것은 그 세 번째 사업이다. 이 사업은 《동국문헌비고》 편찬과 아울러 국가의 국토 인식이 깊어진 토대 위에서 이루어진 기념비적 국가사업의 하나로 기록될 만하며, 15세기의 국가적 지리지 및 지도 편찬사업이 300년 만에 일대 중흥을 맞이한 것이기도 하다.

영조대의 지지 및 지도 제작이 국토의 외연적 팽창에 토대를 두고 이루어졌다면, 그 다음 정조대(1776~1800)의 지지 및 지도 제작은 국토공간의 정치적 재배치라는 데 의미를 두고 편찬되었다. 정조의 이같은 의도를 가장 상징적으로 드러내는 것은 1788년에 시작된 《해동여지통재(海東輿地通載)》라는 전국지리지의 편찬과 1791년경에 제작된 것으로 추정되는 9권의 《동국지도집(東國地圖集)》이다.

먼저 《해동여지통재》는 착수한 지 8년이 지난 1796년 경에 60권 정도의 분량까지 편찬이 진행되었으나 정조의 타계로 완결을 보지 못했다. 그러나 이 책은 일정한 의례가 없이 편찬된 《여지도서》와 달리, 서울과 그 인근지역을 《삼보황도》의 예를 따라 기록하고, 지방 8도를 송나라 《태평환우기(太平寰宇記)》에 준하여 편찬하려고 한 것이다. 여기서 《삼보황도(三輔黃圖)》란 한·당의 수도 장안(長安)과 그 외곽지역을 하나의 도시권으로 묶고, 황제와 관련된 고적을 기록한 책이다. 정조는 서울과 그 외곽지역인 화성·개성·남한산성·강화도를 한·당의 황제도시인 장안과 비교되는 넓은 의미의 수도권으로 격상시킴으로써 왕권의 위엄을 과시하고자 했던 것이다. 그리고 지방 팔도를 《태평환우기》에 준하여 서술한 것은 지방의 산천 형세와 경제·국방 상황을 지리 고증 방법을 통해 실증적으로 기록하겠다는 뜻이 담긴 것이었다.

정조의 새로운 지리서 편찬은 영조보다도 한층 격상된 왕권을 과시하고자 했던 그의 통치철학이 담긴 것이라 볼 수 있다. 특히 정조 원년(1776)에 청으로부터 수입한 《고금도서집성(古今圖書集成)》〈직방전(職方典)〉에 실린 지지와 지도는 그의 지리서·지도 편찬에 큰 자극을 준 것으로 보인다.

1791년경에 제작된 《동국지도집》은 모두 9권으로서 〈총도〉 1권, 〈팔도분도〉 8권으로 되어 있다 한다. 말하자면 전도·도별도·군현도를 모두 포괄하고 있는 지도집이다. 또한 이 지도는 100리 획정으로 도를 그리고, 10리 획정으로 읍을 그렸으며, 남북극의 도수(度數)를 살펴서 원근을 헤아렸다고 한다. 이 지도 제작 사업에는 누가 참여하였는지 확실하지 않으나 《동국여지통재》 편찬을 주동했던 정원림(鄭元霖 ; 鄭恒齡의 아들)이 관여했을 가능성이 크다.

이 밖에 1794년에 시작하여 1799년에 완성된 〈성도전편(城圖全編)〉은 4도(四都 ; 京都·松都·江華島·華城)와 8로(八路)의 영(營), 곤(閫), 읍(邑), 보(堡)를 그리고 사실을 부기하였다고 하는데, 여기에서도 전국을 4부와 8도로 부각시키고자 하는 정조의 의지가 엿보인다. 그리고 정조대 작품으로 추정되는 〈도성도〉(족자, 규장각 소장)가 유일하게 북쪽에서 바라본 서울지도라는 것도 정조대 지도 제작 분위기의 일면을 보여준다.

19세기 이후의 지도발달사는 이 글에서 다루지 않았으나, 관찬지도의 쇠퇴와 사찬지도의 활성화를 이 시기의 특징으로 이해할 수 있다. 김정호의 일련의 업적은 19세기 지도 제작의 백미를 이룬다. 그러나 19세기에는 이 밖에도 《접역도(鰈域圖)》(규장각 소장)를 비롯하여 정상기 지도를 발전시킨 우수한 지도들이 적지 않았음이 알려지고 있다.

　또한 전국적 규모의 지도 제작은 없었다 하더라도 서울·평양·전주·강화도 궁전 등 대도시의 도회지 풍경을 풍속화 형식으로 그린 대형 병풍이 제작된 것도 주목할 만하다. 이는 국방이나 행정의 필요성에서 제작된 것이라기보다는 국왕이나 감사(監司) 혹은 세도가의 위엄을 과시하고, 도시적 번영을 묘사한 것이라 할 수 있다.

　19세기의 지도 변화는 상품화폐경제의 발달에 따른 지도의 대중적 수요를 반영하는 것이기도 하다. 분첩(分帖) 방식의 도입과 목지도의 유행이 그것을 말해준다. 김정호에 대한 전설이 사실 이상으로 과장되어 퍼진 것도 지도의 대중화에 공이 큰 그에 대한 대중들의 사랑이 쏠렸기 때문이라 보인다.

　우리나라 고지도의 대미를 장식하는 것은 1872년경에 제작된 전국 읍·진 지도이다. 현재 규장각에 소장되어 있는 450여 장의 읍·진 지도는 두 차례 양요를 경험한 대원군의 국방 관념에서 제작된 것이지만, 지도의 크기에서나 그 속에 담긴 정보량에서 과거의 어느 읍지도와도 비교가 되지 않는다. 이 지도는 각 읍의 성곽 형태, 도시공간 배치, 장시, 사창, 포구, 도로, 촌락, 고적, 연못, 우물, 봉수, 산성 등을 상세히 담고 있어서 앞으로 지방교통망 연구, 지방행정구역 연구, 지방경제 연구, 지방지명 연구, 도시구조 연구, 읍성과 산성의 구조 연구, 문화재분포도 연구, 지방방어체제 연구 등 여러 방면의 지방사 연구는 물론이요 파괴된 문화재 복원사업에도 중요한 자료로서 활용될 수 있을 것이다.

(서울대 규장각 주최 국제학술심포지움,
‘한국의 고지도—다학문적 접근’ 발표논문, 1995. 5. 22~23)

규장각 자료의 정리와 활용

    1776년 정조에 의해서 창설된 규장각(奎章閣)은 내년(1996년)으로 220주년을 맞이한다. 이 220년의 역사는 다시 134년에 걸친 왕조시대의 규장각과 86년간의 규장각 도서시대로 구분된다. 1910년 국망(國亡)과 더불어 규장각은 폐지되고, 그 소장도서만 몇 차례 주인을 바꾸면서 '규장각도서'라는 이름으로 우리 손에 넘어왔기 때문이다.

    1992년에 서울대학교 규장각이라는 독립된 연구기관이 탄생하여, 규장각 도서시대에서 다시 새로운 규장각시대로 바뀌어가고 있는 중이지만, 아직은 연구기관의 성격보다는 도서관 기능이 우세한 것이 현실이다. 연구기관과 도서관 기능을 겸하면서 출발한 규장각이 시대가 흐르면서 연구 기능이 약화되고 도서만이 남게 된 것은 우리나라 근대사의 불행과 궤도를 같이한다. 18세기 왕조중흥의 중심기관이었던 규장각이 정조가 타계한 뒤 도서관으로 전락해가면서 마침내 나라를 빼앗기게 된 것은 우연한 일이 아니다. 해방 후 규장각 도서는 다시 찾았지만 정조시대와 같은 학문을 꽃피우지 못한 것은 초창기의 규장각과 비교될 만한 연구기구와 연구체제를 갖추지 못한 데 이유가 있다.

다가올 21세기를 일류국가로 만드는 것이 우리의 과제라고 할 때, 왕조시대의 규장각은 오늘의 우리에게 중대한 의미를 던져준다고 하겠다. 이러한 문제의식에서 이 글에서는 규장각의 변천과 아울러 규장각 도서의 변동 상황을 알아보고, 규장각 도서의 정리와 활용이 어떻게 진행되어 왔는가를 간략하게 검토하기로 한다.

▣ 정조시대의 규장각

25세의 젊은 군주 정조는 즉위한 바로 다음날 규장각 창설을 명하였다. 원래 규장각과 비슷한 왕실도서관을 세우자는 건의는 일찍이 1463년에 양성지(梁誠之)에 의해서 올려진 일이 있었으나 실행하지 못하다가 숙종 때 비로소 종친에 관한 업무를 관장하던 종부시(宗簿寺; 宗正寺)에 내각을 짓고 '규장각'이라는 편액을 걸었다(1694). 규장각은 이와 같이 정조 이전에도 있었지만 정조가 세운 규장각은 기능이 다른 것이었다. 역대 선왕들의 어제(御製)와 어필(御筆)을 보관하는 것이 숙종 때의 규장각이라면, 정조의 규장각은 어제·어필을 보관할 뿐 아니라 왕실에 관련된 모든 문서와 중국 및 우리나라의 귀중도서를 모아놓고, 100여 명의 정예 학자·관료들로 하여금 연구·편찬을 담당하게 하고, 나아가 주요 정책을 주도하도록 한 정치기구라는 것이 크게 달랐다.

정조는 학문과 무예와 그림과 과학에 뛰어난 재능을 지닌 군주로서, 이러한 재능에서 우러나온 자신감을 바탕으로 실학(實學)과 북학(北學)의 개혁사상을 수용하여 국가경제를 재건하고 사회통합을 강화시킴으로써 왕조의 중흥을 가져오려고 하였다. 이는 정치·경제·문화의 여러 방면에서 경(京), 향(鄕)의 분화와 갈등이 심각하

던 당시의 상황에서는 매우 어려운 개혁작업이었고, 따라서 이를
추진할 수 있는 강력한 왕권과 친왕적인 개혁세력의 결집이 절실히
요구되었다. 규장각은 바로 이러한 요구에서 설립된 핵심적 개혁세
력의 정치기구이자 학술기관이었다.

　흔히 개혁을 추진하는 통치자들은 물리적 제재에 치중하는 경향이
있지만, 정조는 학문을 통한 정책 개발에 주력했다는 점에 비범함이
있으며, 그렇기 때문에 그가 남긴 업적이 후대에까지도 크게 영향을
미치게 된 것이다.

　규장각의 학문적 기능을 위하여 도서의 수집과 편찬이 무엇보다
강조되었으며, 창덕궁 안의 여러 곳에 서고(書庫)와 학자들의 집무
소가 건설되었다. 창덕궁 후원(속칭 秘苑)의 주합루(宙合樓), 봉모
당(奉謨堂), 열고관(閱古觀), 개유와(皆有窩), 서고(西庫), 서향각
(書香閣) 등이 서고로 신축되었으며, 인정전 서쪽에 있던 오위도총
부 건물을 규장각 각신(閣臣)들의 집무소인 이문원(摛文院)으로 사
용하였다.

　정조 때 수집된 책은 중국본 2만 책, 한국본 1만 책, 모두 3만여
책이었으며, 한국본은 《규장총목(奎章總目)》, 중국본은 《사고서목
(四庫書目)》, 《누판고(鏤板考)》, 《군서표기(群書標記)》 등으로 해
제 겸 목록이 만들어졌다. 2만여 중국본 가운데에서 특기할 만한 것
은 《고금도서집성》 5,022책을 구입해온 것이니, 이 책이 당시 조선
학계에 미친 영향 또한 적지 않았다. 예컨대 정조의 화성(華城) 건
설에 이용된 거중기(擧重機) 등의 기구는 《고금도서집성》 안에 들
어 있는 테랭 장의 〈기기도설(奇器圖說)〉의 영향을 받아 제작된 것
이다.

　1만여 책의 한국본은 홍문관(弘文館)과 강화도 행궁(行宮)에 보
관되어 있던 도서와 국내에서 사들인 희귀본들인데, 국내의 모든 도
서가 규장각에 모아진 것은 물론 아니었다.

정조는 규장각의 출판 기능을 강화하기 위하여 조선 초기 이래의 국립출판소이던 교서관(校書館)을 규장각에 귀속시켜 '외각(外閣)'이라고 불렀는데, 이곳에서 쓰던 목판 1만 7천여 장이 현재 서울대 규장각에 소장되어 있다.

한편, 귀중도서를 궁중에만 보관하는 것을 불안하게 여긴 정조는 1781년 강화도 행궁 옆에 외규장각(外奎章閣)을 따로 지어 여기에 왕실 관계 귀중 문서들을 보관하게 하였다. 이 외규장각은 1866년 병인양요 당시 프랑스군에 유린되어 6천여 책(1,042종)의 소장도서 대부분이 소실되고, 300여 책의 어람용(御覽用) 의궤류(儀軌類) 대부분이 약탈되었다. 현재 프랑스 정부와 반환 교섭을 진행시키고 있는 파리국립도서관 소장 책들이 바로 이것이다.

정조가 규장각 학자들을 동원하여 편찬한 책은 수백 종에 이르며, 한결같이 내용이나 장정·활자·지질 등에서 우수한 것들이어서 과연 그 시대가 조선왕조 최고의 중흥기라는 것을 실감할 수 있다. 한 가지 아쉬운 것은 정조시대에 편찬된 도서 가운데서 그림이 들어 있는 《해동여지통재(海東輿地通載)》(60권), 《성제도설(城制圖說)》(3권), 《성도전편(城圖全編)》(10권) 등의 귀중도서들이 지금 전하지 않고 있다는 사실이다. 해외에 유출된 도서 가운데 특히 그림이 들어 있는 책이 많다는 사실을 유념하여 이 책들의 행방을 추적할 필요가 있다.

■ 순조~고종시대의 규장각

규장각은 정조가 타계한 뒤로 그 기능이 크게 축소되었다. 정조의 뒤를 이은 순조의 시대는 정조의 정책과 대립하고 있던 이른바 벽파(僻派)가 정치를 주도했으므로 정조대 개혁정치의 핵심기구이던 규장각의 친위세력은 급속도로 와해되었다. 그러나 순조 이후의 규장각이 정조 때와 같은 권위를 갖지는 못했다 하더라도 법제상으로는 규장각의 기능에 큰 변화가 없었고, 세도정치시대의 권신들도 여전히 규장각의 직함을 명예롭게 유지하고 있었다. 전부터 해오던 왕의 일기인 《일성록(日省錄)》과 규장각일기인 《내각일력(內閣日曆)》도 중단 없이 편찬되어 전자는 1910년까지, 후자는 1883년까지 편찬 사업이 계속되었다.

고종이 즉위하기 직전에 규장각에 변화가 생긴 것은 규장각의 하급 잡직인 사권(司卷), 영첨(領籤), 감서(監書) 등이 없어진 것인데, 이는 규장각의 기능이 축소된 것을 의미한다.

1864년에 고종이 즉위하고 흥선대원군이 권력을 잡으면서 규장각에 변화가 일어났다. 1868년에 경복궁이 중건되면서 창덕궁의 규장각도서와 집무소(이문원)가 경복궁으로 옮겨온 것이다. 이때 도서의 이동뿐 아니라, 창덕궁의 주합루에 걸었던 규장각의 현판을 종친부로 옮기고, 규장각에 봉안되었던 열성조의 어보(御譜 ; 왕실족보)와 어진(御眞 ; 왕의 초상화)을 종친부가 봉안하도록 조치하였다. 이는 규장각의 기능이 다소 약화되는 대신에 종친부의 위상이 높아진 것을 의미한다. 대원군은 여전히 세도 가문이 장악하고 있던 규장각 각신들의 위상을 낮추는 대신 종친부와 홍문관의 위상을 높이는 정책을 추진함으로써 세도가문을 억누르고자 하였다. 비변사를 약화시키고 의정부 기능을 강화한 것도 같은 맥락에서 이해된다.

경복궁으로 이동한 규장각 도서는 도서의 성격에 따라 수정전(修政殿), 취규루(聚奎樓), 융문루(隆文樓), 융무루(隆武樓), 동이루(東二樓) 등에 분산 봉안하였다. 수정전에는 주합루에 있던 어진 및 교명책보(敎命册譜) 등이 옮겨왔는데, 뒤에는 이 책들을 관문각(觀文閣)으로 옮기고, 그 뒤 다시 새로 지어진 집옥재(集玉齋)로 이봉(移奉)하였다. 그러나 규장각 도서 전부가 경복궁으로 이동한 것은 아니고, 창덕궁의 봉모당, 열고관, 개유와에는 상당량의 도서를 그대로 남겨두었다.

　규장각의 출판소 기능을 담당하던 교서관의 목판도 함께 경복궁으로 이동한 것으로 보인다. 1975년에 서울대학교 도서관으로 가져온 경복궁 근정전 회랑의 목판 1만 7천여 장이 바로 그것이다.

　대원군이 실각하고 고종의 친정체제가 시작된 1874년 이후로 규장각은 다시 정조대의 수준으로 격상시키는 조치가 내려졌다. 그리고 온건개화파에 속하는 인사들이 각신으로 등용되어 고종을 보필하였다. 온건개화파를 수구파로 이해한 급진개혁파 인사들은 1884년의 갑신정변 때 규장각 폐지를 들고 나왔으나 개화파 정권이 3일 만에 무너져 규장각에는 아무런 변화가 오지 않았다.

　고종은 규장각을 격상시키면서 규장각 도서에 대해서도 비상한 관심을 쏟았다. 우선 규장각 도서에 대한 서목이 새로이 작성되었다. 고종이 친정을 시작한 지 얼마 안 되어 작성된 것으로 보이는 《이문원서목(摛文院書目)》, 《열고관서목(閱古觀書目)》, 《서고서목(西庫書目)》 등이 그것이다. 또한 도서 이용의 편의를 위하여 도서의 발음을 기준으로 한 일종의 색인집인 《내각장서휘편(內閣藏書彙編)》을 편찬하기도 하였다. 그런데 《내각장서휘편》에는 위에 소개한 《이문원서목》, 《열고관서목》, 《서고서목》에 없던 새로운 도서들이 많이 추가되어 있다. 이것들은 고종대에 새로 수집한 도서들로서 중국을 통해 들어온 서양 관련 서적들이 다수 포함되어 있다. 또한 서고가 부족하여 춘안당(春安堂)을 새로이 서고로 사용한 사실도 나타나고 있다.

　고종의 신간서적에 대한 관심이 얼마나 컸던가는 1888년경 상하이(上海)에 있는 16개 서점의 판매도서목록을 모은 《상하이서장각종서적도첩서목(上海書莊各種書籍圖帖書目)》 편찬을 통해서도 알 수 있다.

　'동도서기(東道西器)' 혹은 '구본신참(舊本新參)'으로 표현되는 자주적 개화정책의 추진을 위해 고종이 규장각을 활성화시키고, 서양

관련 서적을 열성적으로 구입했던 사실을 확인할 수 있다.

고종의 각별한 배려로 활성화되어 가던 규장각은 1894년의 갑오개혁으로 그 지위가 다시 격하되었다. 규장각은 규장원(奎章院)으로 명칭이 바뀌고, 궁내부 산하 6개 부속기관 가운데 하나로 되었으며, 각신 대신 경(卿), 사장(司長), 교서(校書) 등이 임명되었는데, 그 지위가 높지 않았다. 규장원에는 교서사(敎書司)와 기록사(記錄司)를 두어 규장각 도서들을 관리하고 문서를 기록하는 일만을 맡겼다. 궁내부는 의정부와 분리되었으므로, 규장원은 자연히 정치와는 거리가 멀어져 단순한 도서관으로 되었고, 왕의 근시(近侍)기관으로서의 오랜 전통이 무너졌다.

그러나 갑오개혁이 실패로 끝나고 관제가 복구되는 과정에서 규장원 산하의 교서사와 기록사가 폐지되었으며, 특히 1897년 대한제국의 성립으로 황제권이 강화되면서 규장원은 규장각으로 환원되었다. 다시금 정치기구로 격상된 것이다. 그와 함께 이른바 광무개혁으로 불리는 구본신참의 자주적 근대화정책이 추진되면서 많은 신서적이 구입되어 규장각 도서의 수량도 갈수록 늘어났다.

■ 통감부 시대의 규장각

1905년의 을사조약으로 통감부 시대가 열리고 1907년의 정미조약으로 국권이 더욱 침탈당하면서 황제의 존재는 유명무실한 상태에 빠지고 규장각은 실질적으로 일본의 침략 의도에 따라 개편되었다.

일본은 식민통치를 위한 기초자료의 수집과 관련하여 우리나라 각처에 흩어져 있는 도서들을 일원적으로 관리하는 것이 필요하다고 판단하였다. 이러한 목적에서 본래의 규장각 도서 이외에 홍문관, 시강원, 집옥재 그리고 지방 사고(史庫)의 도서들도 규장각의 관리 하에 두었다. 지방 사고의 도서들은 경비 부족으로 현지에 둔 채 관리권만을 규장각으로 넘겼지만, 경기사고(京畿史庫 ; 북한산 행궁)의 장서와 정족산사고의 장서 일부, 그리고 경판각의 판목(板木), 주자(鑄字) 등은 규장각으로 옮겨졌다. 사고에 있던 《조선왕조실록》이 규장각 도서로 편입된 것이 바로 이때이다.

이렇게 늘어난 규장각 도서들은 1908년의 도서 정리 이후 '제실도서(帝室圖書)'로 명명되고 '제실도서지인(帝室圖書之印)'이 날인되었다. 1909년 11월에 작성된 《제실도서목록(帝室圖書目錄)》에 의하면, 규장각 도서의 총량은 5,493부 10만 3,680책에 달하였다.

우리나라 도서들을 일원적으로 관리하기 위해서는 그 담당기관인 규장각의 기능과 임원을 확대 강화하지 않으면 안 되었다. 1907년 11월의 관제개정으로 규장각은 종래의 도서관리, 기록관리 이외에 종친부·홍문관의 업무를 모두 통합하게 되었으며, 규장각 임원은 이원적으로 구성하여 명예직으로서 30명 정도의 관원(大提學, 提學, 副提學, 直閣)과 10명의 고문[祗侯官]을 두고, 실무직으로서 경(卿), 기주관(記注官), 전제관(典製官), 주사(主事) 등을 두었다. 당시 조정의 최고 중신들이 규장각 명예직 관원으로 임명되어 외형상 규장각의 위상은 크게 격상되었지만 이는 통감부의 회유정책에 불과한 것이었다.

그 후 1908년 9월에 〈규장각분과규정(奎章閣分課規程)〉이 제정되어, 전모과(典謨課), 도서과(圖書課), 기록과(記錄課), 문사과(文事課) 등 4개의 과가 각기 업무를 분담하고 본격적인 도서정리작업에 들어갔다. 먼저 도서의 대이동에 따른 도서목록의 작성이 진행되었다. 현재 장서각에 소장되어 있는 《규장각서목》(奎11706, 2책 零本)이 이 무렵에 작성된 것으로 보인다. 이 목록은 본래의 규장각 도서를 정리한 것이다. 이 밖에 소장처를 기준으로 하여 《집옥재서적목록(集玉齋書籍目錄)》, 《집옥재목록외서책(集玉齋目錄外書冊)》, 《집옥재서목(集玉齋書目)》, 《춘방장서총목(春坊藏書總目)》, 《북한책목록(北漢冊目錄)》 등이 작성되었으며, 이들을 모두 '제실도서'로 편입한 이후에는 소장처와 관계없이 한국본(朝板), 중국본(唐板), 귀중도서, 별고(別庫)도서로 재분류하여 각각 《조판도서목록》, 《당판도서목록》, 《귀중도서목록》, 《별고도서목록》을 작성하였다. 그리고 이러한 일련의 도서목록을 총괄한 것이 1909년 11월에 간행된 《제실도서목록》(奎25243)이다.

▣ 일제시대의 규장각 도서

일제는 1910년 8월 한국을 강점함과 동시에 규장각을 폐지하였다. 규장각 도서는 잠시 이왕직(李王職)의 도서주임이 관리하였으나, 1911년 2월부터 조선총독부가 강제로 인수하여 취조국에서 관리하기 시작했다. 학술에 이용되어야 할 도서가 취조국에서 관리하게 된 것은 식민통치를 위한 구관제도(舊慣制度)조사 사업을 목표로 하였기 때문이다.

취조국이 접수한 자료는 규장각 소장도서(제실도서)뿐 아니라, 통감부와 정부 각 기관에서 보관하고 있던 정부기록류(公文書), 그리고 왕실재산 관계 서류 등도 함께 포함되었다. 따라서 취조국이 접수한 자료는 도서가 10만 187책, 기록류가 1만 1,730책이었으며, 그 밖에 65만여 개의 활자와 9,500여 장의 판목, 그리고 500여 장의 어제 및 어필 각판 등이 있었다.

그런데 이왕직이 규장각 도서를 총독부에 인계하는 과정에 역대 왕들의 어제(御製), 선원보첩(璿源譜牒) 등 일부 도서를 이왕직 관리하의 도서로 그대로 남겨두었으며, 이 도서의 서고로서 창경궁 안에 일본식 건물인 장서각(藏書閣)을 새로 지었다. 이때부터 이 도서들은 장서각 도서로 불리었는데, 1935년에 작성된 《이왕가장서각고도서목록(李王家藏書閣古圖書目錄)》에 의하면, 1935년 10월 현재 장서수는 고도서 5,382종 5만 6,076책, 신도서 2,577종 4,096책으로서 모두 7,059종 6만 172책에 달하였다. 이 책들은 지금 한국정신문화연구원이 관리하고 있음은 다 아는 사실이다.

취조국이 관리하던 11만여 책의 도서들은 1912년 4월부터 총독부 참사관실에서 관리를 맡기 시작하였다. 이때 규장각 도서로 인계받은 것이 11만 4,257책인데, 이를 다시 점검한 결과 5,600여 책이 늘어났다고 한다. 이 밖에 오대산과 태백산사고에서 1만여 책이 새로 들어오고, 기부에 의해 보관 전환을 받은 도서가 2만 2천여 책, 그리고 새로 사들였거나 등사한 것이 1,600여 책이 되어 이를 모두 합치면 15만 3,602책에 이른다. 그런데 1915년 12월 말 현재 참사관 분실이 보고한 책수는 15만 2,159책으로 위의 숫자와 다소 차이가 난다. 아마 1913년에 오대산사고에 있던 실록 439책을 도쿄제국대학으로 이동시킨 것이 빠졌기 때문인지도 모른다.

참사관실은 분실을 두고 1913년 7월부터 도서정리작업에 들어가면서 도서의 명칭도 '규장각 도서'라 명명하였으며, 이 밖에도 금석문탁본, 읍지, 고문서, 책판(冊板) 등을 계속 수집하고 초사(鈔寫)하였다. 참사관 분실의 도서정리작업은 ① 조선총독부도서지인의 날인, ② 조선본과 중국본의 구분, ③ 경·사·자·집(經史子集)의 4부분류법에 의한 분류, ④ 도서번호의 기입, ⑤ 도서카드 작성, ⑥ 유별(類別) 임시목록 작성, ⑦ 간단한 도서해제로 나누어졌는데, 이때 붙여진 도서 번호가 지금까지 사용되고 있다.

참사관분실의 도서정리작업은 1912~1922년 사이 장기간에 걸쳐 진행되었고, 일본인 학자 이외에 현은(玄檃), 정만조(鄭萬朝), 김돈희(金敦熙), 장지태(張之兌), 구의서(具義書) 등 다수의 한국인도 참여하였는데, 도서정리작업의 결실이 《조선도서해제(朝鮮圖書解題)》(19권)와 《조선총독부고도서목록(朝鮮總督府古圖書目錄)》 등으로 출판되었다. 《조선도서해제》는 규장각 도서의 일부만을 대상으로 한 것으로서, 해제사업은 미완으로 끝난 셈이다.

조선총독부는 또한 이른바 다이쇼(大正)박람회에 규장각 도서의 일부와 활자, 고문서, 지도류들을 출품했는데, 그 후 활자들이 거의 없어진 것을 보면, 다른 책이나 지도류들도 얼마나 잘 보존되었는지 의문이 남는다. 《조선총독부고도서목록》과 현재의 규장각 도서목록을 면밀히 대조하면서 일실(逸失) 여부를 검토할 필요가 있다.

'규장각 도서'는 1922년 11월 총독부의 학무국(學務局)으로 이관되었다. 이곳에서는 보관만을 위주로 하다가 1923년에 경성제국대학이 설립되고, 1930년에 같은 대학 부속도서관이 준공되자, 1928년에서 1930년 사이에 세 차례에 걸쳐 부속도서관으로 이관되었다. 경성제국대학이 학무국으로부터 인수한 규장각 도서는 총 16만 1,561책이었는데, 이중에서 2만 648책을 '일반동양도서(一般東洋圖書)'로 편입시켜버리고, 나머지 14만 913책을 '규장각 도서'로 남겨놓았다. 그리하여 참사관 분실에서 관리하던 8만 1,927책의 중국본이 6만여 책으로 줄어든 것이다.

경성제국대학은 인수한 규장각 도서에 '경성제국대학도서장'의 장서인을 날인하고, 내부용으로 《규장각조선본도서목록》(10책), 《규장각도서목록》(1책), 《비밀지도보관원부》(1책), 《방목(榜目)일람》(1책) 등의 도서목록을 작성하였으나 이를 간행하지 않았다. 또한 규장각 도서의 일반인 열람을 금지시키고, 조선사편수회 관련 인사나 경성제국대학 교수에게만 열람을 허용하여 여론의 따가운 비난을 받았다.

■ 서울대학교 도서관 시대

경성제국대학의 관리하에 있던 14만여 책의 규장각 도서는 1946년 10월에 서울대학교가 개교하면서 '서울대학교 부속도서관'으로 이관되었다. 같은 장소에서의 이관이었으므로 소장물에는 변화가 없었다. 35년 만에 다시 찾은 규장각 도서는 처음으로 모든 국민에게 공개되는 감격을 맞이했다.

그러나 1950년에 일어난 6·25 전란은 규장각 도서에 큰 위기를 가져왔다. 《조선왕조실록》(정족산본, 태백산본, 오대산본 25책), 《비변사등록》, 《일성록》, 《승정원일기》, 《승선원일기(承宣院日記)》, 《윤발(綸綍)》 등 국보급 도서 8,657책이 부산으로 긴급 소개되었다. 나머지 도서들은 서울에 그대로 두어 북한군과 미군의 관리하에 들어갔다. 열차에 실려 부산으로 옮겨진 도서들은 관재처 창고, 대한부인회 창고, 경남도청 창고 등으로 옮겨다니다 1954년 6월에 서울로 돌아왔다. 백린(白麟), 김두종(金斗鍾), 호기현(扈基顯) 씨 등이 도서를 호송하는 책임을 맡았다.

6·25전란중에 파손되었거나 산실(散失)된 도서가 얼마나 되는지는 아직도 정확하게 파악되지 않고 있으나 산실된 것이 없지 않은 것으로 추정하고 있다. 전란중에 장서각에 소장되어 있던 적상산본(赤裳山本) 《조선왕조실록》이 북한으로 이송된 것은 다 아는 사실이고, 규장각 도서들도 이북으로 이송하려고 가마니에 넣어 창고로 옮긴 것을 회수하였다.

서울대학교 중앙도서관이 규장각 도서 정리사업을 시작한 것은 1960년대 이후부터이다. 1962년에 《규장각도서한국본서명색인(奎章閣圖書韓國本書名索引)》(4책), 1963년에 《규장각도서중국본서명색인(奎章閣圖書中國本書名索引)》(1책)을 초사(鈔寫)한 데 이어, 하버드-옌칭연구소의 지원금을 받아 동아문화연구소(東亞文化研究所)가 주관하여 1965년에 《규장각도서한국본총목록(奎章閣圖書韓國本總目錄)》을 간행하고, 1972년에는 그 후속편으로 《규장각도서중국본총목록(奎章閣圖書中國本總目錄)》을 간행하였다.

그러나 예산과 인력의 부족으로 여러 면에서 미흡한 점이 많았다. 《규장각도서한국본총목록》은 약 5천 책이 미정리된 상태로 수록되었고, 《규장각도서중국본총목록》은 편저자와 책이름을 뒤섞어 가나다순으로 배열한 것에 지나지 않았다.

서울대학교 도서관에 규장각 일을 전담하는 분실(分室)이 생긴 것은 1975년 3월에 서울대학교가 관악캠퍼스로 이전한 뒤부터이다. 이때부터 '규장각도서관리실'이 도서관 안에 신설되고, 도서관의 1·2층이 서고와 관리 및 열람실로 배정되었으며, 경복궁 근정전의 회랑에 보관하던 목판 1만 7천여 장을 옮겨왔다.

관악캠퍼스로 이전한 후 규장각 도서에도 변동이 있었다. 중앙도서관에서 관리하던 일반고도서(약 2만 책)를 비롯하여 일사문고(一蓑文庫 ; 2,502책), 가람문고(1,612책), 상백문고(想白文庫 ; 1,669책) 및 경제문고(經濟文庫 ; 599책, 경성제국대학 경제연구소 소장본)가 새로이 규장각 관리실로 이관되었다. 2만 6천여 책이 늘어난 것이다. 이중 일반 고도서는 해방 이전에 수집한 것(1만 4,257책)과 해방 이후 수집한 것(5,377책)으로 나뉜다.

1975～1991년에 이르는 '규장각도서관리실' 시기에는 실장(室長 ; 과장급) 밑에 약간 명의 조교가 있었고, 정부 예산에 규장각 도서 정리사업비가 독립항목으로 배정되어 해방 후 처음으로 국고 예산에 의한 도서정리사업이 시작되었다.

우선 새로 늘어난 도서들을 포괄하여 새로운 도서목록이 간행되었다. 1981년에 《규장각도서한국본종합목록》(2책) 및 색인집을 내고, 1982년에 《규장각도서중국본종합목록(奎章閣圖書中國本綜合目錄)》(1책)을 냄으로써 목록편찬사업이 완결되었다. 이 가운데 《한국본종합목록》에는 그동안 정리되지 못했던 6천여 책이 새로이 정리되어 편입되었으며, 총 11만 3,820책이 수록되었다. 한편, 《중국본종합목록》은 중국에서 간행한 7만 3,101책을 수록하고 일본본(日本本 ; 280책)과 영자본(英字本 ; 25책)을 부록으로 넣었다.

목록편찬과 병행하여 한국본도서에 대한 해제사업이 1973년부터 시작되어 1978～1987년 사이에 총 8책의 《규장각한국본도서해제(奎章閣韓國本圖書解題)》가 연차적으로 발간되었다. 이 책은 지금 규장각 도서 이용자들에게 큰 편의를 주고 있으나, '규(奎)'번호로 분류된 도서 가운데에서 1만 3,062종만을 대상으로 하였기 때문에 전체 한국본 도서의 절반 정도에 지나지 않는다.

규장각 도서에 대한 장서인(藏書印) 날인은 1981~1982년 사이에 이루어졌다. 소장처가 서울대학교이기 때문에 장서인은 '서울대학교도서'로 되었다.

규장각도서관리실이 설치되면서 도서관에서 보관하고 있던 약 5만 장의 고문서도 규장각도서관리실로 이관되었으며, 이어 고문서의 카드 작성과 탈초(脫草)작업이 이루어졌다. 그리고 1986년에 국왕문서와 왕실문서를 《고문서(古文書)》 1책으로 발간한 데 이어 매년 1책씩 발간하여 1995년 현재 11집이 발간되었다.

규장각 도서의 영구보존을 위한 마이크로필름 제작사업도 1975년 이후 본격적으로 시작되어 한국본 도서의 촬영이 완료되었다. 그러나 중국본 도서의 마이크로필름 작업은 착수하지 못했으며, 리더(reader)기의 부족으로 원본 열람이 관행으로 지속되어 왔다.

◼ 서울대학교 규장각 시대

서울대학교 도서관에 규장각도서관리실이 설치된 것은 국학 연구에 큰 보탬을 주고 규장각 도서를 이용한 조선시대 연구가 활성화되는 계기가 되었다. 그러나 규장각 도서가 지닌 엄청난 가치와 학계의 기대에 비하여 인력·시설·예산의 모든 면에서 부족함이 많았다. 이를 해결하기 이 해 1990년 총 1,200평 규모의 독립건물을 짓고 이사하였으며, 1992년 3월에는 서울대학교 설치령이 개정되어 '규장각도서관리실'이 도서관에서 분리 독립하여 '서울대학교 규장각'으로 승격되었다. 그리고 규장각에 연구 기능을 부여하여 관장·연구부장 외에 5명의 학예사가 충원되었다.

규장각의 독립을 계기로 규장각의 연구 기능, 자료보존 기능, 교육 기능이 비약적으로 확대되었다.

첫째, 1993년부터 교육부의 연구비 지원을 받아 아직 해제를 하지 못한 10만여 책에 대한 해제사업이 10개년 사업으로 추진되기 시작했으며, 1994년에 《규장각한국본도서해제 속집(續集)》 1집을 간행한 데 이어 1995년에 2집을 간행하였다.

위 해제사업의 일환으로 문집류에 대한 해제가 독립적으로 착수되었다. 사상사 연구의 기본자료인 문집해제는 한층 상세한 해설이 필요하다는 판단하에 문집마다 작게는 20매에서 길게는 수백 매에 이르기까지 문집의 소항목을 축조적으로 해설하였다. 1994년에 《규장각소장문집해설(奎章閣所藏文集解說)》 1집이 나온 데 이어 해마다 1책씩 간행할 예정이다. 이 사업은 현재 민족문화추진회에서 벌이고 있는 문집총간(文集叢刊) 발간사업과 보완관계를 가지면서 사상사 연구의 활성화를 가져올 것으로 기대된다.

둘째, 규장각도서목록의 수정작업이다. 1981년에 발간한 《규장각도서한국본종합목록》은 그동안 연구자들에게 큰 도움을 주었으나, 이를 이용해오는 동안 많은 오류가 발견되었다. 책이름을 잘못 붙인 것, 편저자를 잘못 파악한 것, 편찬연대를 잘못 파악한 것, 도서번호를 잘못 기입한 것 등이 그것이다. 해제사업은 바로 이러한 오류를 시정하고 미흡한 부분을 보완할 수 있는 계기가 되겠지만, 해제사업의 완결은 오랜 세월을 필요로 한다. 규장각에서는 이러한 사정을 고려하여 우선 급한 대로 약 1,200항목을 수정하여 《수정판(修正版) 규장각도서한국본종합목록》(2책)을 1994년에 간행하였다.

셋째, 영인본 간행사업에 박차를 가했다. 규장각 자료의 이용을 극대화하는 방안은 영인본의 발간과 전산화라 할 수 있는데, 영인본이 나와야 전산화도 원활하게 이루어질 수 있다.

규장각 자료의 영인본 출판은 국사편찬위원회가 주도하여 일찍이 《조선왕조실록》(太白山本), 《비변사등록》, 《승정원일기》 등 국보급

연대기 자료를 영인하여 국학 발전에 크게 공헌한 바 있고, 최근에는 《각사등록(各司謄錄)》 간행이 연속사업으로 추진되고 있다. 또한 민족문화추진회에서 현재 추진하고 있는 '한국문집총간(韓國文集叢刊)' 발간사업도 규장각 소장 문집을 주대상으로 삼고 있다. 그 밖에 민간 출판사에서 간행한 것도 적지 않으나 체계가 없었다.

규장각 자체 사업으로 영인 발간한 것은 1982년부터 시작된 《일성록》이다. 이보다 앞서 1967~1974년에 서울대학교 고전간행회에서 철종 초기 및 고종시대의 《일성록》 580여 책을 영인본(46책)으로 간행한 일이 있으나, 이는 전체 2,300여 책의 4분의 1에 해당하고, 영인상태도 좋지 않았다. 이러한 사정을 고려하여 1982년부터 시작된 재영인(再影印)사업에서는 판형도 키우고 제본도 고급화시켰으나, 예산부족으로 1991년 말 현재 28권을 간행하는 데 그쳤다.

그러나 규장각이 독립기구가 된 후 《일성록》 발간에 박차를 가하여 1995년 현재 75권을 간행하였고, 내년 초에 86권 정도로 완간할 예정이다(1996년 완간됨).

규장각 독립을 전후하여 새로이 추진한 발간사업은 《규장각자료총서(奎章閣資料叢書)》의 간행이다. 이 사업은 금호(錦湖)기금으로 추진되는 '금호시리즈'와 국고(國庫) 혹은 외부기탁금으로 추진되는 일반사업으로 나누어진다.

먼저, '금호시리즈'는 1991년부터 시작하여 1995년 현재 대외관계편 20권, 법령편 3권, 궁내부편 11권, 의정부편 8권, 의궤편 15권을 간행하여 모두 55권을 발간하였다. 특히 국가의 여러 행사를 채색화(彩色畵)를 곁들여 설명한 의궤(儀軌)의 간행은 최초의 일로서 앞으로 의궤 발간은 계속될 예정이며, 이 자료는 생활사·경제사·사회사·과학사·미술사·국어사 등 다방면에 걸쳐 크게 활용될 것으로 기대된다.

'규장각자료총서'에서 채색지도의 발간도 큰 비중을 차지한다. 규장각에서는 1991년부터 도서정리사업의 일환으로 규장각 소장 약 6천 장의 고지도에 대한 정리작업을 시작하여 목록집으로서 《규장각고지도목록》(1책 ; 내부용)을 1993년에 작성하였으며, 고지도에 대한 해제도 함께 진행하여 《규장각고지도해제(1)》(1993)를 내부용으로 작성하였다. 앞으로 이 작업은 계속될 예정이다.

채색지도의 발간은 우리 학계의 오랜 숙원이었으나 막대한 제작비용으로 미루어오다가 1995년에 《해동지도(海東地圖)》(전 3권)를 발간하였다. 영조대에 편찬된 전국 군현지도집(郡縣地圖集)인 이 책은 370여 장의 채색지도와 함께 지지적(地誌的) 정보가 함께 수록되어 앞으로 지방사 연구는 물론이요, 경제사·국방사·재정사·미술사·과학사 등 여러 방면에서 크게 활용될 것으로 기대된다. 더욱이 고지도를 다각적으로 연구한 5편의 논문과 3만 8천여 개의 고지명색인집(古地名索引集)을 별책으로 간행하여 고지도 연구의 길잡이와 고지명사전(古地名辭典)의 기능을 함께 갖추도록 편집한 것도 이 책의 특징이다.

규장각 소장 고지도 가운데 고종대에 작성된 460여 장의 군·현·진 지도는 지방지도의 백미라고 할 수 있을 만큼 가장 풍부한 정보를 담고 있어서 그 가치가 엄청나게 크다. 그러나 슬라이드 제작이 안 되어 있고 원본이 너무 커서 일반 열람이 억제되어 왔다. 이러한 점을 고려하여 규장각에서는 1994년에 원색슬라이드(4×5)를 제작한 데 이어, 1995년까지 114장의 지도를 전지(全紙) 크기로 인쇄하고 180여 장을 인화하였다. 그리고 이 지도들을 판넬로 제작하여 규장각 전시실에서 상설전시하고 있다. 120여 년 전의 도시모습과 성곽·사창(社倉)·장시(場市)·사찰·서원·향교·항만·봉수·선박·읍수(邑藪)·정지(井池)·촌락 등을 아름다운 화폭으로 그려낸 이 지도들은 지방사 연구는 물론이요 파괴된 지방문화재를 복원하는 사업에도 필수적으로 활용되어야 할 것이다.

■ 앞으로의 과제

규장각은 조선시대 전적문화(典籍文化)의 정수를 보여주는 보고인 동시에 세계적인 문화재라 할 수 있다. 해방 후 조선시대 연구가 비약적으로 발전하고 식민사관의 오류를 시정하는 데에서 규장각자료의 공헌은 말할 수 없을 만큼 크다. 특히 최근에는 규장각에 고지도·의궤 등 시각자료를 상설 전시하고, 해마다 특별전시회를 개최하여 학계는 물론 일반시민들의 사랑과 관심이 폭발적으로 증가하고 있다. 일반시민이나 학생들의 견학방문이 줄을 잇고 있어서 현장역사교육의 명소로 자리잡아가고 있다.

규장각 자료의 중요성과 국민적 관심에 비추어 앞으로 해야 할 일은 너무나 많다. 일제로부터 규장각 자료를 회수한 것이 반세기가 되지만 과장급 관리책임자가 임명된 것이 1975년 이후부터이며, 독립운영체제가 이루어진 것은 불과 3년밖에 되지 않았다. 예산·인력 구조로 볼 때 거의 방치되어 왔다 해도 과언이 아니다.

규장각 자료는 보존·정리·활용의 세 가지 과제를 안고 있으며, 이와 관련하여 해야 할 일이 산적해 있다.

첫째, 자료의 보존과 관련하여 파손된 전적의 재장정이 시급하지만 예산 및 장정기술의 한계로 어려움이 크다. 장정기술의 과학화가 절실히 요망된다.

둘째, 자료의 마이크로필름 제작이 다시 시도되어야 한다. 현재 사용중인 마이크로필름은 1970년대에 제작된 것으로 상태가 좋지 않다. 중국본 마이크로필름은 1995년부터 제작을 시작하였다.

셋째, 규장각 자료 가운데 정리가 상대적으로 미흡한 것이 고문서와 대한제국기의 정부기록이다. 고문서의 정리는 탈초인력(脫草人力)이 있는 국사편찬위원회에서 담당하는 것이 바람직스럽다. 정부

기록류들은 계통이 다른 문서들이 합철되어 있는 경우가 많아 이를 장기사업으로 정리하고 있는 중이다.

넷째, 영인본 발간사업이 더욱 적극적으로 추진되어야 한다. 규장각도서의 대부분이 국보급 자료이므로 그 모두가 발간되어야만 국학의 활성화를 기대할 수 있으며, 원본 보존의 측면에서도 바람직스럽다. 현재와 같은 발간속도로는 앞으로 100년이 지나도 완간이 어려울 것이다. 지금 이웃 중국이 건륭(乾隆)황제의 《사고전서(四庫全書)》를 훨씬 능가하는 수십만 권에 달하는 자료총서의 간행을 추진하고 있음을 유념할 필요가 있다.

다섯째, 해외에 유출된 규장각 도서를 조사 수집하는 일도 중요한 과제이다. 특히 정조대에 편찬된 《해동여지통재》(60책), 《성제도설》, 기타 귀중도서들이 《군서표기(群書標記)》에 수록되어 있음에도 불구하고 현존하지 않으며, 그 밖에 각 왕대에 편찬된 기념비적인 전적들이 기록에는 보이나 현존하지 않는 것이 매우 많다. 작년부터 시작된 서울시립대 서울학연구소에서의 해외자료 수집이 상당한 성과를 거두었음을 거울로 삼아, 사료 발간의 주무기관인 국사편찬위원회에서 좀더 조직적인 해외사료 수집사업에 나서주기를 기대한다.

여섯째, 본래 규장각 도서였다가 이왕직을 거쳐 한국정신문화연구원으로 넘어간 장서각 도서는 서울대 규장각 도서와 통합 관리되는 것이 바람직스럽다. 이는 이용자의 편의를 위해서뿐 아니라 일제에 의해서 훼손된 규장각 도서의 정체성(正體性)을 회복한다는 의미에서도 그러하다.

일곱째, 현재 규장각이 소장하고 있는 1만 7천여 장의 목판은 고려대장경판에 버금가는 문화재로서 규장각 도서와 동등의 가치를 지니고 있음에도 불구하고 이에 대한 배려가 없음은 큰 문제라 하겠다. 이는 마땅히 판고(板庫)를 따로 지어 관리하고 일반인들에게도 공개되어야 할 것임을 강조해두는 바이다.

끝으로 오늘날 전 세계 한국학 연구자들이 규장각 도서를 이용하고 있음에도 불구하고 오직 북한만이 소외되어 있음은 안타까운 일이다. 북한의 낙후된 조선시대 연구수준을 높여주기 위해서도 어떠한 형태로든 규장각 도서를 접할 기회를 주어야 한다. 이 점 남북교류사업과 관련하여 반드시 검토되어야 할 문제이다.

앞으로 다가올 21세기는 국가중흥을 가져온 정조의 규장각시대를 다시 열어야 할 것이다. 왕조의 멸망과 더불어 온갖 수난을 겪어온 왕조의 유산이 다시금 민족중흥을 이끄는 위대한 문화재로 탄생할 수 있도록 정부와 국민의 적극적인 관심이 쏠려야 할 것이다.

(국사편찬위원회 주최 광복50주년기념 제21회 한국사관계국제학술회의,
'광복 후 50년간의 사료편찬사업의 성과와 과제' 발표논문, 1995. 10. 27)

韓國文集叢刊事業의 평가와 의의

문집은 서지적인 분류로 볼 때에는 경(經)·사(史)·자(子)·집(集)의 4부 가운데에서 집부(集部)의 별집(別集)을 의미한다(별집은 개인이 쓴 글 가운데에서 經·史·子에 속하지 않는 잡다한 글들을 모은 것이다.)

그러나 문집을 집부의 별집으로 보는 것은 도서분류의 편의에 불과한 것이고, 실제 관행으로는 별집 이외의 책들도 문집으로 보는 경우가 많다. 예를 들면, 두 사람 이상의 글을 모은 책을 보통 총집(總集)이라 하여 별집과 구별하지만, 총집 가운데서도 부자나 형제의 글을 함께 묶은 '세고(世稿)', '합고(合稿)', '합집(合集)' 등을 문집에 포함시키는 경우가 있다. 또한 '실기(實記)'라고 붙인 책은 도서분류상으로는 사부(史部)의 전기류(傳記類)에 속하지만 개인의 인품·행적 등을 이해하는 데 도움이 되기 때문에 흔히 문집에 포함시킨다. 그 밖에 《송자대전(宋子大全)》의 경우처럼 개인의 모든 저술을 모은 것도 문집으로 받아들이는 일이 있다.

문집은 정확한 개념이 없어서 혼란스러울 때가 있지만, 대체로 경·사·자의 경우처럼 일정한 주제를 가지고 체계를 잡아 쓴 책이 아닐 경우, 그 밖의 잡다한 글모음을 문집이라고 부르고 있다.

문집은 잡다한 글모음이기 때문에 경·사·자에 비하여 주제의식이 상대적으로 약하다. 그러나 그 잡다함이 한 개인의 인간과 사상을 가장 포괄적으로 보여주는 장점이 있다.

문집은 대체로 본인이 죽고난 뒤 후손들이 족친이나 향당 유림(儒林)의 의견을 듣고 경비를 모아서 간행하는 것이 일반적이다. 그래서 보통 본인의 아호를 따서 《○○집》 혹은 《○○유고》라고 하는 것이 상례이지만, 특별히 아호 아래에 선생이라는 존칭을 붙이는 경우도 있다. 예컨대 《퇴계선생문집》 같은 경우가 이에 해당한다. 이 존칭은 원칙적으로 유림사회에서 인정을 받아야 붙일 수 있는 것이다.

문집에는 대개 권위있는 당대 명사의 서문이나 발문이 실려 있다. 또 흔한 예는 아니지만 왕의 '어제서문(御製序文)'이나 '어제범례(御製凡例)'가 들어가 있는 경우도 있다. 만약 그러한 서문이나 발문이 있다면 그만큼 그 책의 권위는 높아진다고 보아야 한다. 후손들이 주동하여 문집을 간행하는 과정은 말하자면 권위질서를 세우고 족친과 유림사회의 결속을 강화하는 행사라고 할 수 있다. 따라서 문집에는 본인의 인간과 사상만이 담긴 것이 아니고, 그 책을 발간한 주체들의 정체성이 함께 표현되어 있다고 보아야 한다. 문집에는 본인의 약점이 삭제되는 일이 많고, 또 약점이 노출되는 경우에는 이를 변호하는 글이 들어가는 사례가 많은 것은 이 까닭이다.

흔한 일은 아니지만, 문집을 본인 스스로 편집하는 경우도 있다. 예컨대 허목(許穆)의 《기언(記言)》이 그것이다. 또 《송자대전》의 경우처럼 문집 간행의 주체가 저자의 존칭을 극대화시킨 것도 있는데, 이는 붕당정치(朋黨政治)의 한 부산물로 이해된다.

　　문집의 체제는 특별한 격식이 있는 것은 아니지만, 대체로 문체별로 편집하는 것이 상례이다. 즉 인생의 정서적 감흥을 노래한 시부류(詩賦類)를 앞에 넣고, 생활실용문인 서독류(書牘類), 정사(政事)에 관한 의견서인 주소류(奏疏類), 사실 서술의 성격을 띤 서발기류(序跋記類), 자기 자신을 반성도 하고 남을 칭송하는 잠명송찬류(箴銘頌贊類), 죽은이의 행장(行狀)이나 묘지(墓誌), 묘갈(墓碣)을 쓴 전장비지류(傳狀碑誌類), 그리고 여러 사물·사건에 대한 의견을 적은 잡저(雜著) 등을 수록한다. 그리고 문집의 맨끝에는 저자의 행장(行狀), 유사(遺事), 연보(年譜) 또는 그를 애도하는 만사(輓詞), 제문(祭文) 등이 따른다.

　　문집에 실린 내용은 저자가 평생 어떤 인생관과 학문관, 그리고 시국관을 가지고 살았는가를 총체적으로 보여주기 때문에 개인연구에 절대 필요한 자료이다. 특히《주소류》나《잡저》는 저자의 학문과 시국관이 반영되어 있어 사상사 연구의 필수자료로서의 가치를 지닌다. 또한 서독류도 평범한 인사편지가 아니라 저자의 심오한 이론과 사상이 담겨진 경우가 많아서 결코 소홀히 할 수 없는 자료이다. 퇴계(退溪 ; 李滉)와 고봉(高峯 ; 奇大升) 사이에 벌어진 유명한 사칠논변(四七論辨)이 편지형태로 오간 것은 그 좋은 예라고 할 수 있다.

　　시부류는 저자의 문학사상을 담고 있어서 문학사 연구의 자료가 된다. 동시에 대부분의 문집들이 시부를 담고 있는 것을 보면 우리 조상들이 얼마나 시를 사랑하면서 살아왔는가를 이해하게 된다.

　　문집의 부록에 붙이는 연보·행장·만사 등은 저자의 글은 아니지만 저자의 생애와 업적을 일목요연하게 보여준다는 점에서 문집연구자에게는 중요한 길잡이가 된다.

■ 문집은 얼마나 전해지는가

문집 편찬은 언제부터 시작되었는지 그 정확한 시발점은 알 수 없다. 다만 현재로서는 신라 말 최치원(崔致遠)의 《계원필경집(桂苑筆耕集)》과 《고운집(孤雲集)》이 가장 오랜 것으로 알려지고 있다.

시대가 내려갈수록 문집 편찬은 더욱 성행하여 지금까지 알려진 고려시대 문집은 수십 종에 이르며, 조선시대에 들어서면 가히 폭발적이라고 할 만큼 엄청난 문집이 편찬되었다. 일제에 나라를 빼앗긴 이후에도 문집 편찬의 관행은 여전히 계속되었고, 예전처럼 활발하지는 않지만 해방 이후에도 전통적 형식을 따르는 문집이 심심찮게 간행되고 있다.

우리 역사의 전시기에 걸쳐 생산된 문집의 종류가 얼마나 되는지 정확하게 알 수 없다. 해방 후 처음으로 문집의 기사별 색인집(記事別索引集)을 만들었던 고 윤남한(尹南漢) 교수가 조사한 문집은 대략 6천 종 정도였다. 이것은 국내의 도서관 등 접근 가능한 것만을 대상으로 한 것인데, 해외에 유출된 것과 민간에 사장(私藏)되어 있는 문집까지를 포함한다면 이보다 훨씬 많을 것으로 추측된다.

현재 단일기관으로서 가장 많은 문집을 소장하고 있는 서울대학교 규장각에는 약 2,500종의 문집이 있다. 그러나 이것은 집부 가운데서 별집류만을 의미한다. 만약 사부(史部)에 있는 실기류(實記類)까지도 문집에 포함시킨다면 그 종류는 훨씬 많아진다.

현존하는 문집의 대부분이 조선시대 이후의 작품이라는 것은 조선시대에 문집 편찬이 선비사회에 얼마나 유행했는가를 말해준다. 문집의 저자를 보더라도 위로는 국왕으로부터 아래로는 재야의 처사(處士)에 이르기까지 여러 계층이 망라되어 있다. 만기를 총람하는 가장 바쁜 위치에 있는 군주가 문집을 낸다는 것은 여간 어려운 일이 아니다. 그런 점에서 184권 100책의 엄청난 분량을 지닌 정조의 《홍재전서(弘齋全書)》는 충격적인 일이 아닐 수 없다. 그만큼 군주든 신하이든 공부하고 저술하지 않으면 행세할 수 없는 사회가 되어 버린 것이다.

문집 간행이 시대가 내려갈수록 성행하게 된 것은 여러 가지 요인 이 있었다.

첫째, 학술정치를 강조하는 유교의 발달에 따라 선비＝지식인층 의 확산을 가져오고, 이들의 왕성한 문자생활이 문집 편찬의 성행을 초래했다고 볼 수 있다. 유교가 가장 치성한 조선시대에 문집 간행 이 활발한 이유가 여기에 있다.

둘째, 문집 간행은 출판인쇄문화의 발전과 긴밀한 관련을 갖는다. 넉넉한 종이 생산과 목판 혹은 활자 인쇄술의 진보, 그리고 출판을 후원할 수 있는 친족 및 향당의 결속력이 절대 필요하다. 이러한 여 건이 상대적으로 잘 갖추어진 조선시대에 문집 간행이 성행한 것은 자연스러운 추세라 할 수 있다.

셋째, 문집은 그것을 읽어주는 독자층이 형성되어 있어야 한다. 조선시대에 공·사립 학교, 서원의 증설이 비약적으로 나타났음은 잘 알려진 사실이요, 이에 따라 한문을 해독할 수 있는 교육인구의 확산을 가져온 것이 문집에 대한 수요를 촉발시켰다고 할 수 있다.

이 밖에 국가정책으로 문집 간행을 권장한 것도 간과할 수 없다. 정도전(鄭道傳), 양성지(梁誠之) 등 국초 명신들의 문집이 정조의 왕명으로 규장각에서 보완, 중간(重刊)된 것은 그 좋은 예라 할 수 있다. 선별적이긴 하지만, 중앙정부가 문집 간행을 지원하고, 또 이 미 간행된 문집을 국가의 주요 관서에 보관하여 왕이나 관인들이 열 람할 수 있도록 한 것은 문집이 단순한 향당사회의 지방문화에 그치 지 않고 국가운영에도 적지 않은 영향을 미쳤음을 의미한다.

지금까지 조선시대를 통관하여 문집 편찬의 배경을 살펴보았는데, 조선시대를 다시 미시적으로 살펴보면 조선 전기에 비해 조선 후기의 문집이 압도적으로 많다는 것을 알 수 있다. 이것은 유학의 보급이 향촌사회에까지 깊숙히 미치면서 지방문화가 성장해가는 추세를 반영한다. 조선 전기의 문집이 대부분 중앙관료의 경험을 가진 인사들의 저술이라면, 조선 후기의 문집은 중앙관료뿐 아니라 재야 처사들의 저술이 조선 전기에 비해 상대적으로 늘어나고 있다.

문집의 종류뿐 아니라 문집의 규모도 시대가 내려갈수록 방대해지는 것을 볼 수 있다. 특히 고증학이 발달하고 학자간의 교류가 활발했던 18·19세기의 문집이 내용도 풍부하고 화려하다. 문집의 체제도 한층 정비된 형태로 나타난다.

조선시대의 문집을 이해하는 데서 한 가지 유념해야 할 것은, 19세기 후반기 이후 학인들의 문집 가운데 초고(草稿) 상태로 방치된 채 아직도 간행되지 않은 것이 적지 않다는 사실이다. 이것들은 대개 세도정치기의 복잡한 정치상황과 곧 이은 국망(國亡)으로 문집 간행의 기회를 잃은 것들이다. 이런 것들은 아직 제대로 파악도 되지 않는 상태이므로 발굴·정리·간행사업이 시급한 과제라고 하겠다.

한편, 일제시대에서 해방 이후 시기에 간행된 문집 가운데에는 조선시대 문집 간행의 관례였던 향당, 유림이나 권위 있는 학자의 합의와 검증을 거치지 않고 자의적으로 편집한 것도 없지 않다. 본인이나 후손의 재력에만 의존하여 간행된 이러한 문집들은 엄격한 학계의 검증을 거친 뒤에라야 자료로서의 가치를 인정받을 수 있을 것이다.

■ 문집자료는 어떻게 정리되어 왔는가

전통시대의 문집은 소량으로 간행되었던 까닭에 오늘날과 같이 국학연구자가 늘어난 상황에서는 이용에 불편이 많다. 또한 한문 이해력이 부족한 일반대중이 문집을 읽는다는 것은 거의 불가능하다. 한

문으로 쓰여진 고적(古籍)에 관한 한 우리 국민의 대다수는 문맹자라 해도 과언이 아니다.

  문집 이용의 불편을 해소하기 위하여 먼저 착수된 것은 영인간행사업(影印刊行事業)이었다. 공공기관으로서는 성균관대학교 대동문화연구원(大東文化硏究院), 국사편찬위원회(國史編纂委員會) 등이 1960~1970년대 이후로 문집 간행을 선도하였으며, 그 밖에 여러 개인 출판사에서 산발적으로 문집 간행에 참여하였다. 공공기관에서 간행한 문집은 사계 권위자의 해설도 붙이고 선본(善本) 선정에도 나름대로 신경을 썼으며, 간혹 표점(標點)을 붙인 것도 있었다. 그러나 영세한 개인출판사에서 간행한 문집은 이러한 학문적 절차를 거치지 않은 것들이 적지 않았다.

  출판 여건이 열악했던 1960~1970년대에 영인 혹은 활판 형식으로 출간된 문집은 초창기 사상사 연구자들에게 큰 도움을 준 것이 사실이었다. 지금까지 우리 학계가 생산한 사상사 연구의 주요성과들이 이들 자료에 의거한 것이다. 조선 전기의 성리학(性理學), 조선 후기의 실학(實學)과 북학(北學)에 대한 연구들은 그 대표적 성과라 할 것이다.

  그러나 초창기의 문집 간행은 선본(善本) 선정, 해제(解題), 교감(校勘) 등에 문제가 많았고, 그 종류도 극소하였으며, 색인(索引), 표점(標點) 작업도 거의 없었다. 이러한 상황에서 문집자료의 중요성을 일찍부터 간파하고 문집 목차의 분류색인작업을 시작한 이는 고 윤남한 교수였다. 윤교수는 1962년부터 1979년까지 18년간 오직 개인의 힘으로 6천 종 가량의 문집을 대상으로 목차 제목의 색인작업을 추진하던 가운데 애석하게도 돌연 타계하여 완성을 보지 못하였다. 그가 예상했던 분량은 10책이었으나, 현재 1책만이 《잡저기설류기사색인(雜著記說類記事索引)》으로 출간된 채 중단되었다.

  문집자료에 대한 윤교수의 애정과 노력은 높이 평가할 만하지만,

그것은 개인의 능력으로는 감당하기 어려운 일이었다. 시집(詩集)을 문집의 범주에서 제외하고, 운문(韻文)을 색인 대상에서 뺀 것도 문제려니와, 자(字), 호(號), 성(姓), 관명(官名)만이 기록되었을 때 그 실명을 확인하여 색인 항목으로 넣지 않은 것이 이 작업의 큰 한계점이었다.

더욱이 국내외에 산재한 문집의 종합목록이 작성되지 않은 상황에서, 그리고 문집의 대부분이 복간되지 않은 상태에서의 색인작업은 일의 선후가 뒤바뀐 느낌도 없지 않다. 그동안 도서관 등 공공기관에 소장되어 있는 문집은 해당기관에서 고도서목록에 포함시켜 발간한 바 있지만, 이들을 전체적으로 묶어 하나의 책자로 엮은 것은 1968년 국회도서관에서 펴낸 《한국고서종합목록(韓國古書綜合目錄)》이 최초였다.

그러나 각 기관에서 만든 고도서목록 자체가 미흡한 점이 있고, 또 종합목록이 만들어진 이후의 변동상황이 적지 않기 때문에, 《한국고서종합목록》은 그만큼 한계를 지닐 수밖에 없었다. 그 후 서울대학교 도서관 이상은(李相殷) 씨가 규장각·장서각·국립중앙도서관·국사편찬위원회 등 네 기관에서 소장하고 있는 한국본 도서목록을 모아 1987년 《고서목록(古書目錄)》(2책, 保景文化社)을 발간했다. 그러나 이 역시 위 네 기관 이외의 고도서는 수록하지 못했다. 따라서 문집을 포함한 고도서목록은 아직도 미완의 사업으로 남아 있다.

문집이 지닌 일차자료로서의 중요성에 비추어볼 때, 1970년대까지의 정리·발간사업은 미흡한 점이 많았다. 따라서 이러한 한계점을 극복하여 문집 활용을 극대화하는 새로운 방법과 자세 전환이 절실하게 요구되었다. 대체로 우리 학계가 바라는 문집 정리, 발간사업의 방향은 다음과 같이 정리될 수 있다.

첫째, 국내외에 산재한 문집을 조사하여 종합목록을 만드는 일이

다. 이는 단시일에 이루어질 수 있는 일이 아니지만, 책임있는 공공
기관에서 장기계획으로 추진할 필요가 있다.

　둘째, 주요 문집을 체계적으로 발간하는 일이다. 이를 위해서는
선본(善本)의 선정과 교감, 권위 있는 해설, 한문 이해능력이 부족
한 이들을 위한 정확한 표점, 상세한 색인작업이 필요하다. 해설의
경우에도, 판본(板本)에 대한 해설, 저자에 대한 해설, 문집 전반에
관한 개략적 해설, 나아가서는 문집 내용을 축조적(逐條的)으로 해
설하는 등의 여러 가지 방법이 강구될 수 있다. 색인의 경우도, 목
차와 주요 단어를 망라하여 음순별(音順別), 유형별(類型別) 색인
등 다양한 방법을 도입할 필요가 있다.

　셋째, 주요 문집의 전산화와 번역사업의 추진이다. 최근 일부 문
집에 대한 전산화와 번역사업이 이루어지고 있으나, 이 역시 국가사
업의 차원에서 체계적으로 추진되는 것이 바람직하다. 물론 전산화
사업은 나날이 발전하는 전산기술의 변화를 예측하기 어려우므로 조
심스러운 면이 없지 않다. 그러나 이러한 변화에 대응할 수 있는 준
비를 갖추어두는 것은 고전의 현대화를 위해 꼭 필요한 일이다.

　■ 《韓國文集叢刊》 발간의 의의
　앞에서 문집 자료 활용의 극대화를 위한 몇 가지 방안을 적어보았
는데, 그 가운데서도 가장 중요한 일은 주요 문집을 체계적으로 정
리 간행하는 사업이다.

　국학을 전공하는 연구자가 가장 소망하는 것은 고전적(古典籍)을
항시 머리맡에 놓고 열람하는 일이다. 도서관이나 개인 소장의 전적
을 일일이 찾아다니며 제한된 시간에 열람하면서 연구하는 일이 얼
마나 시간과 노력의 낭비이며 비능률적인가는 누구나 경험하는 바이
다. 또한 아무리 문집종합목록이 훌륭하고 문집색인이 충실하다 하
더라도 문집 자체를 열람하기가 어렵다면 그 이용가치도 크게 줄어

들 수밖에 없다.

고전 국역사업도 고전 영인간행이 따르지 않는다면 그 효과는 반 감되게 마련이다. 아무리 좋은 번역이라도 번역본은 원문의 진의 (眞意)를 완벽하게 전달하지 못한다. 또 실제로 불가능하다. 번역사 업은 한문 이해력이 부족한 일반인에게 기초적인 길잡이는 될 수 있 지만, 전문적 이해에 도달하려면 결국은 원문으로 돌아가야 한다. 또한 거꾸로 고전국역의 충실성을 기하기 위해서도 고전의 정리·간 행은 매우 중요하다. 고전 정리를 통해 선본(善本)이 정해지고 교감 과 해제가 제대로 되어야만 좋은 번역이 나올 수 있는 까닭이다.

고전 간행사업의 일환으로서의 문집 간행은 이렇듯 중대한 의미를 가지는 것이지만 그간의 경험으로 볼 때 이 사업은 개인출판사나 대 학의 연구소 수준에서 할 일이 아니요, 예산과 전문인력을 확보하고 경험 축적이 많은 공공기관에서 추진하는 것이 바람직하다는 것이 학계의 오랜 소망이었다.

그런 점에서 우리나라 고전 국역과 고전 간행의 중추기관인 민족 문화추진회(民族文化推進會)가 1986년부터 20개년 사업으로 추진 하고 있는 '한국문집총간(韓國文集叢刊)' 사업은 매우 중대한 의의 를 갖는다. 이 사업은 처음에는 200책을 목표로 10개년 사업으로 시작하였으나 1992년에 계획이 수정되어 발간 책수를 490책으로 확대하고, 사업기간도 20개년 사업으로 확대하였다.

이미 1994년까지 405종 140책의 발간을 완료했고, 금년 말에 20책이 추가될 이 사업은 우선 권위 있는 공공기관이 치밀한 계획 하에 최초로 벌인 대규모의 체계적 문집 정리·발간 사업이라는 점 에서 지금까지의 산발적이고 무계획적이고 학문적 수속을 충분히 거 치지 않은 문집 간행사업과는 성격을 달리하는 것이다. 민족문화추 진회는 이 사업의 추진 목적을 다음과 같이 밝히고 있다.

한국의 주요 고전적을 종합적이고 체계적으로 집성하고 표점, 해제, 색인의 정리과정을 거쳐 발간하여 학계 및 일반인에게 널리 제공함으로써 국학 연구의 기초를 확립함과 동시에 이를 통하여 국역(國譯)의 충실화를 기한다.

여기에서 "주요 고전적을 종합적이고 체계적으로 집성한다"는 것은 구체적으로 발간 대상 문집을 어떻게 설정하느냐의 문제와 관련된다. 이 점에 대해 민족문화추진회는 첫째, 고려 이전의 문집은 자료가 극히 적다는 점을 고려하여 전체를 편찬대상으로 하고, 둘째, 19, 20세기에 활동한 인물의 문집은 가능한 한 줄이며, 셋째, 당대와 후대에 걸쳐 각 분야에서 영향을 끼친 인물의 문집을 골고루 망라한다는 큰 원칙을 정하였다.

따라서 모든 문집을 총망라한다는 것이 아니라, 그 문집의 저자가 끼친 영향력을 고려하여 선별한다는 원칙이 제시된 것이다. 특히 19, 20세기에 활동한 인물의 문집을 1차대상에서 줄인 것은 이 시기 인물에 대한 학문적 검증이 당대에서나 현재에서 아직 완료되지 않은 사정을 고려한 것이다.

다음에는 선정된 인물의 문집에 대하여 선본을 어떻게 정하느냐하는 문제가 있다. 이 점에 관하여 민족문화추진회는 다음과 같은 7가지 선정기준을 정하였다.

첫째, 간본(刊本)과 사본(寫本)이 있을 경우 특별한 사유가 없는한 간본으로 선정하는 것을 원칙으로 한다.

둘째, 여러 차례 간행된 이본(異本)이 있는 경우는 원칙적으로 초간본을 선정하고, 수록 내용이 증보된 경우에는 증보본을 선정한다.

셋째, 속집(續集)과 별집(別集) 등은 모두 선정하는 것을 원칙으로 한다.

넷째, 문집에 포함되어 간행된 단행본 또는 단행본적 성격의 일기(日記), 기행(紀行), 잡록(雜錄) 등도 모두 포함하여 선정한다.

다섯째, 대상 문집 안에 저자와 유관한 인물의 문집이 부록 또는 부집(附集)의 형태로 합간된 경우에는 이를 대상에서 제외한다.

　여섯째, 부록은 저자의 연구에 필수적인 기본자료에 한하여 수록하는 것을 원칙으로 한다.

　일곱째, 영인의 효과를 감안하여 상태가 양호한 본으로 선정하는 것을 원칙으로 한다.

　이상의 원칙을 통해 문집의 저본이 선정되고 나면 다음에는 표점을 어떻게 하느냐의 문제가 제기된다. 이에 대해서는 〈한국문집총간실무표점안〉(1987. 8. 10)을 만들어 구(句)와 어(語)의 구별을 두지 않고 방점을 사용하였으며, 인명·지명·관직명 등 병렬된 명사 사이에는 간점(間點)을 찍어 구분하였다. 고전영인사업에서 표점을 찍는 것은 문장의 뜻을 이해하는 데 큰 도움을 주는데, 전문인력을 확보하고 있지 않은 기관에서는 시도하기 어려운 일이다.

　다음에 이번 문집총간사업에서 또 하나의 큰 의의를 갖는 것은 '해제(解題)'이다. 이 해제는 문집 영인본에 넣지 않고 따로 해제집을 만들어 단행본으로 간행하였는데 기술 범위를 문집명(文集名), 대본의 기초, 서지사항, 저자, 편찬 및 간행, 대본의 소재 순으로 정하였다.

　사실 고전정리사업에서 가장 어려운 일이 해제라고 할 수 있다. 해제는 서지사항의 파악이 일차적이지만 문집을 읽지 않은 사람이라도 문집 내용을 어느 정도 파악하고 저자의 사상을 이해할 수 있도록 해주는 것이 이상적이라 할 수 있다. 그러나 그렇게 하자면 전문인력이 있어야 하고 많은 시간이 필요하며 그에 따른 예산 부담이 커진다. 해제는 말하자면 연구사업의 성격을 띠기 때문이다. 이러한 사정 때문에 이번 《한국문집총간》 사업에서의 해제는 기초적 서지사항에 치중하여 기대에 못 미치는 감이 없지 않으나 이는 민족문화추진회가 연구 기능을 충실하게 갖추지 못한 여건상의 한계 때문으로 이해된다.

　해제 작업과 관련하여 한 가지 언급해둘 것은 현재 서울대학교 규장각에서 10개년 사업(1993~2003)으로 추진하고 있는《규장각 소장문집해설(奎章閣所藏文集解說)》사업이다. 교육부의 연구비를 지원받아 추진하고 있는 이 사업은 문집의 서지사항은 물론이고, 문집 내용을 목차에 따라 축조적으로 해설하는 방법을 택하고 있다. 다만 해설이 어려운 시만은 제목만을 수록하였다. 그리고 해설집의 부록으로 각 문집별 목차 색인을 실어서 이용자의 편의를 도모하였다. 문집마다 200자 원고지 50매를 표준으로 하였으나 문집의 크기에 따라 원고 매수에 신축성을 부여하여 100매를 넘는 것도 적지 않다.

　서울대학교 규장각의 문집해제사업은 집부(集部)의 별집류(別集類)를 대상으로 하여 추진되고 있으며 1994년에 15, 16세기 문집 가운데 72종(가~다항)을 해제하여 제1집을 간행하였으며, 앞으로 해마다 1권씩 출간할 것을 목표로 하고 있다. 민족문화추진회의《한국문집총간》해제와는 다른 방식으로 이루어지고 있는《규장각 소장문집해설(奎章閣所藏文集解說)》은 앞으로 상호 보완관계를 가지면서 연구자는 물론 일반인들에게도 도움을 줄 것으로 기대된다.

　끝으로《한국문집총간》색인에 관하여 언급하기로 한다. 원래 색인집은 문집 발간이 완료된 뒤에 전체 문집을 대상으로 하여 만드는 것이 이상적이다. 그러나 문집 발간이 20년의 장기간을 요하는 대역사이므로 문집 전체의 완간을 기다려 색인을 만든다는 것은 문집 이용자에게 적지 않은 불편을 주며 문집 발간의 효과를 반감시킨다고도 볼 수 있다. 이러한 사정을 고려하여 민족문화추진회는 제1집에서 제12집에 이르는 67종의 문집을 대상으로 2권의 색인집을 간행하였고, 그 후속 작업이 진행중인 것으로 알고 있다. 지금까지 간행 완료된 140책의 문집과 앞으로 간행될 문집을 합하여 총 490책에 실리게 될 수천 종의 문집에 대한 색인집만 해도 어림잡아 100

여 권에 달할 것으로 예상된다. 그리고 색인집 전체를 다시 풀어서 재편집하는 작업이 뒤따라야만 색인 사업이 완료될 것이다.

이미 간행된 2권의 색인집은 지금까지 시도된 어떤 고전적(古典籍)의 색인집도 따를 수 없는 성실성을 보여주고 있다. 인명·지명 등의 고유명사는 물론이요, 문집의 목차명과 본문의 요어(要語)들을 총망라하였기 때문에 이용자들에게 더없는 도움을 줄 것으로 기대된다.

지금까지 공사기관(公私機關)을 막론하고 고전영인사업에서 가장 소홀하게 다루어진 것이 색인집이라 할 수 있다. 색인이 전혀 없는 것이 대부분이요, 색인을 만드는 경우에도 표제어 정도를 수록하는 것이 보통이다. 이와 같은 영인본 간행의 관례에 비추어볼 때《한국문집총간》색인집은 이 사업의 가치를 한층 돋보이게 하는 동시에 이제 비로소 고전간행사업이 본 궤도에 올라섰다는 느낌을 받는다.

다만 한 가지 아쉬운 점은 색인집 발간속도가 너무 느리다는 것이다. 문집총간 발간이 이미 160책에 이르렀음에도 불구하고 색인집은 뒤늦게 시작하여 12책만을 대상으로 한 데 그치고 있다. 앞으로 색인작업이 촉진되어 총간 발간과 보조를 맞추어주기를 기대한다.

이상《한국문집총간》사업의 기본방향을 개략적으로 소개하였거니와 한 마디로 하여 해방 이후 국가적 차원의 편찬사업 가운데 하나의 이정표를 세우는 대역사라고 아니할 수 없다. 우리나라 역사상 조선왕조시대에 국가적 편찬사업이 대규모로 이루어진 사례가 많지만 문집 하나만을 대상으로 하여 집대성한 것은 이번이 처음이다.

중국의 경우, 청나라 강희제(康熙帝)의 《고금도서집성(古今圖書集成)》발간과 건륭제(乾隆帝)의 《사고전서(四庫全書)》간행이 있었고, 최근 중국 정부는 그 전통을 계승하여 수십만 권을 목표로 하는 고전 간행사업을 추진중이라는 소식을 들었다. 이 일과 관련하여 중화수주(中華書局) 간부들을 비롯한 중국 고위층 인사들이 얼마전 규장각을 방문하여 규장각 소장의 중국본(中國本) 현황을 조사해간 일도 있다. 경제 상황이 좋지 않은 중국이 학술문화사업에 국력을 기울이는 것은 우리에게도 많은 것을 시사한다.

민족문화추진회는 《한국문집총간》 사업을 중국의 《사고전서》에 비교될 만한 대역사라고 자부하고 있다. 《한국문집총간》 사업이 계획대로 완수되고 나아가서 경·사·자·집의 모든 고(古)전적이 이 사업과 같은 규모로 편찬된다면 그야말로 《사고전서》에 비교될 만한 대역사가 될 것이다.

그러나 우리는 300년 전의 《사고전서》를 훨씬 능가하는 야심찬 계획을 현대 중국이 추진하고 있음을 눈여겨보아야 한다. 그리고 《사고전서》를 의식하면서 왕조 문예의 중흥을 가져오려고 규장각을 설치했던 정조의 웅지를 읽어야 할 것이다.

지난 20세기는 근대화의 엄청난 발전을 이룩하면서 동시에 전통 문화의 처절한 파괴를 경험한 시대이다. 세계 어느 나라도 우리처럼 전통과의 단절 속에서 살아가는 나라는 없다. 역사는 법고창신(法古創新)의 논리를 따르면서 변화할 때 주체적인 발전이 가능하다. 옛 것을 배움[法古]이 없는 새것의 창조[創新]는 패배주의와 허무주의에 흘러 중심을 잃고 표류할 위험성이 있다. 지금 우리 사회가 상당한 경제적 성취에도 불구하고 정신적으로는 척박한 풍토에서 벗어나지 못하고 있는 이유도 여기에 있다고 하겠다.

다가오는 21세기는 WTO 체제 속에서 자주성을 지닌 세계화의 필요성이 어느 때보다도 강조되고 있다. 자주성을 상실한 세계화는 자칫 강대국으로의 예속화를 가져올 위험성도 크다.

지금은 법고창신의 신르네상스운동을 적극적으로 펴야 할 시점이며 민족문화의 결정체인 우리의 고전 속에서 법고창신의 지침을 하루 속히 찾아야 할 때이다. 18세기 영·정조의 국가중흥이 왕성한

문예부흥의 기초 위에서 이루어졌음을 주목할 필요가 있다. 오늘의
고전 정리사업도 21세기 민족중흥의 견인차가 되어야 한다는 각오
아래 추진되어야 하며, 여기에 따르는 시설·인력·예산의 지원이 대
폭적으로 개선되기를 기대한다.

(민족문화추진회 창립30주년기념 학술회의,
'한국고전정리사업의 성과와 과제' 발표논문, 1995. 11. 3)